目次

第七章　在上海日本総領事館設立後の日々

第八章 唐山の震災後

第十三章　五つの所感

日本国最後の帰還兵　深谷義治とその家族

第一章　戦場

1　戦争中の日々――深谷義治

私、深谷義治は大正四年（1915年）六月二十日に島根県大田《おおだ》市川合町の吉永神社の高台にある貧しい農家に六人兄妹の長男として生まれた。昭和七年（1932年）四月に（旧制）県立大田中学四年になりしばらく後、貧しさのため学校を中退し、大阪市東区の伊藤岩商店に就職した。

昭和十二年（1937年）七月二十八日、二十二歳になった私は戦時召集令状を受け、同年八月三日、浜田歩兵第二十一連隊第一重機関銃中隊に応召入隊し、予備役日本陸軍歩兵二等兵として従軍した。三瓶山《さんべさん》での訓練後、十二月に浜田歩兵第二十一連隊第一次補充隊の歩兵一等兵に昇進した。そして島根を離れ、広島市の宇品《うじな》港から中国大陸の戦場に完全武装で向かった。

十二月二十日、二十一連隊第一大隊第一中隊が中国の大連港に上陸し、私は日本軍の主力部隊一個連隊の一員として、華北、華南、華中などの最前線で戦闘を展開。激戦中に負傷した。

復帰した翌年三月十四日、沂河南方茶業山への突撃戦に参加。敵側からのチェコ製重機関銃の集中射撃により我が軍は死傷者が続出した。私も右手や右大腿部《だいたいぶ》に銃創を受けつつ突撃。その時、握っていた三八式歩兵銃が直撃弾を受け、使用不能となる。そこで死者の小銃を手にし、戦闘を続行した。上官は戦闘続行は無理だと判断し、私は衛生隊により青島《チンタオ》の日本第一野戦病院（当時の日本高等女学校を徴用）に運ばれることになった。そこで治療を受け四十日後退院し、台児荘東部の第一中隊に復帰した。最初二三八人いた第一中隊の生存者は、その時には私を含めてわずか十八人に減っていた。

昭和十四年（1939年）四月十日、私は青島市砲台駐屯の浜田歩兵第二十一連隊本部に出向き、憧れの日本陸軍憲兵志願試験に合格した。戦時憲兵とは軍隊内部の秩序と規律維持のため、警察権を執行する部隊である。戦地においては、敵対国に対しての謀略作戦も任務のひとつであった。

五月下旬、蘇北の攻略作戦に参加中、軍の無線で「深谷義治はただちに北京の憲兵教習隊第二中隊に入隊すべし」との命令を受けた。阜寧方村落でこれまで生死をともにしていた中隊長以下全将兵と、三八式銃で完全武装し最後の惜別をした。老兵S中尉は私に「一生懸命学べ。おまえが一生軍の飯を食う決心をしたのなら、最初の学校での成績がおまえの一生の運命を決するということを忘れてはならない」と教えてくれた。

私は戦友とともに百名あまりの捕虜を、敵の根拠地になっている蘇北平原経由で日本軍の後方に送ってきたばかりだった。今度は、たったひとりで蘇北平原を横断するという生死を懸けた大冒険をしなければならなくなった。夜間、村落を避けながら、方位磁石を頼りに北へと懸命に歩き続け、明け方に隴海鉄道のレールを見た時の喜びは一生忘れられない。そのレールに沿い、東へ東へと歩き続け、やっと連雲港の日本軍の兵站《へいたん》に着いた時は、よくまだ命があったものだと喜んだ。そこからは船で青島に行き、列車に乗り換え北京に到着した。

六月七日、私は北京の日本憲兵教習隊（対外的には西村部隊と呼んでいた）の第二中隊に配属された。訓練の科目は中国語、中国の歴史と地理、中国共産党史と反諜略などだった。昼間は勉学に励み、夜の消灯後もトイレの電球の下、深夜まで復習を続けた。

昭和十五年（1940年）四月二十九日、私は明治勲章の勲八等を受章した。そして、八月一日をもって一年二ヵ月の訓練を終え、五三六名の同期生の中で優秀な成績で卒業し、陸軍憲兵伍長勤務上等兵になった。同日、同期生四十名を引率し、列車で済南の憲兵隊に赴任した。そこでは警務勤務を一ヵ月、経済班勤務を三ヵ月した。

十二月末、憲兵隊長K中佐から極秘の特殊任務を受けた。世間の目を逸《そ》らすため、憲兵手帳、軍服、武器一切を分隊へ返納し、除隊したかのように装った。

それ以降、憲兵の制服を着ることはなく、「大山岡」という名前で中国人の商人に成りすまし、中国の身分証を所持し、上海を拠点に活動を展開した。私は日本軍の中で華北方面を管轄する、第十二軍の参謀本部に直属した。中国国民党と共産党軍に対する諜報《ちょうほう》謀略工作の命令も、北支那方面軍司令部参謀部から直接受けていた。上海の第十三軍の司令部参謀部の協力も得ており、華北、華南、華中、南太平洋等、どこへ行ってもよい、また共産党軍と国民党軍の内部に入ってもよいという行動の自由を許された。しかし、「いかなる状況下にあっても、軍参謀部直属の謀略憲兵という身分は絶対に暴露してはならない。万一殺されたら、それまでだ」とも厳命された。

その時期のことについては、私が帰国する直前の昭和五十三年（1978年）に、私の元上官、K氏が匿名で『週刊現代』誌（七月六日号）で証言した。以下はその記事の一部である。

「深谷君には昭和十五年、カモフラージュのため憲兵隊を除隊したことにして居留民に偽装させ、上海の参謀と秘密で連絡すべく指示しました」

では、深谷氏はどんな任務をおびていたのか。

「一居留民としてフランス租界での情報収集ですが、そればかりでなくて方面軍の参謀の命令で〝辺区銀行券〟（中国共産党支配地区で流通した紙幣）を偽造しては、綿花や食糧を大量に買いつけ、中国共産党支配下の貨幣相場を混乱させる役割を要求されていた」

『週刊現代』誌はまた、私と日本の家族との通信について、

「北支憲兵隊派遣後、しばらくして、上司の憲兵隊長・K中佐から実家に手紙がきた。『深谷君は今後特別任務に就くので直接連絡も通信もできません』

以後、手紙のやりとりは、そのK中佐経由でおこなうことになった」

と報道した。

特殊任務という機密を守るために、実家に出される封筒の送信人欄には、所属部隊名を伏せ、民間の「北京市浜楽胡同五七吉田敬愛三」という住所と深谷智助という偽名を使った。

テレビ朝日は昭和五十九年（1984年）四月十八日、水曜スペシャル『日本100大出来事』の中で私のことを取り上げてくれた。番組の中で私は特殊工作について、「私は制服姿の憲兵であった時、顔をたくさんの人に知られていた。そこで、人相を変えるために、入れ歯（特殊なマウスピース）を作った。それを入れると、昨日までそばで一緒に仕事をしてきた憲兵さえも、私だと見破ることが不可能になった。このようにして、地下工作に入った。それと同時に中国人の密輸集団に加わり、色々な密輸商売により、工作資金を稼いだ。その資金で次々と仕事を発展させていった」

と語った。

私は尤志遠《ユウシエン》、大山岡、牛振業という中国名を名乗り、単独かつ頻繁に共産党軍の遊撃地区に潜入し、危険と隣りあわせの諜報活動をした。完全な極秘行動で、当時の上海の日本総領事館でさえ大山岡の素性を一時割り出すことができなかった。そういったわけで、私がよく国民党軍と接触したり、共産党軍の根拠地に出入りしたりしているという情報が上海の日本総領事館警察署に寄せられ、「大山岡（私）逮捕を全国に手配する」という命令が出されるというちょっとした事件も起こった。

当時、フランス軍は日本軍と友好関係を保っていたが、私は上海のフランス租界において情報を収集中、隠し持っていた拳銃が発見され、フランス警察に拘束された。私は日本軍第十三軍の専用電話番号を記憶していて、必要な時に電話をかければ協力態勢を取ってくれることになっていたので、フランス警察にこの電話番号を提出した。彼らが電話で連絡を取ってのち、私はただちに釈放された。


昭和十六年（1941年）、戦局が激しくなる中、私は軍の公務のため一時帰国した。実家に立ち寄った時、父は親戚の女性を家に呼び、私とその女性とを婚約させる話を始めた。戦場にいて、いつ戦死するかわからない身だ。私は気が進まなかった。しかし、父の意向を汲《く》み、婚約することを承知した。もちろん式は挙げず、口約束だけだった。それからただちに戦場に戻った。

この時期、激しい戦闘により、日本軍には大勢の犠牲者が出ていた。犠牲者を最小限に止《とど》めるため、第十二軍のM参謀の命令で、中国の山東省魯南に根拠地を持っていた国民党第一方面軍の呉化文大将の部隊に対する法幣工作（敵国紙幣の偽造）を実行することになった。私はM参謀から渡された横浜正金銀行の工作金（資金）五〇〇元の小切手と国民党の紙幣サンプル計五種十余枚を上海に持っていき中国の商人に扮《ふん》し、中国人を雇って民間で紙幣を作るという特殊任務を開始した。

任務を円滑に成し遂げるためには、中国人を装い、身分をカモフラージュすることが必要であった。そのため、軍から、謀略の一環として中国人の女性と結婚することを求められた。

妻、陳綺霞《チンチャ》である。陳綺霞は上海の貧しい家庭に生まれ、両親と姉の四人家族だった。妻の父は服の生地の行商をしていたが、病気がちであったため、とてもではないが一家の生活を維持できる力はなかった。妻の母は、清朝末期の人間である両親の方針で、その時代のしきたりに従って纏足《てんそく》（子供の時から、女の子の親指を除く足指を裏に曲げて布で固く縛り、発育を抑えること）をさせられた。その足のせいで仕事に就くことができなかった。困窮の中で、家の借金ばかりが膨れ上がっていた。妻は小学校五年生の時、学費が払えず中退した。家計を助けるために、映画撮影の現場でエキストラの仕事に就いた。

妻の伯父は紙幣の材料購入担当者として雇われていた。その伯父の紹介で妻と知り合ったが、自分の憲兵という身分や任務については妻に一切秘密にした。妻は私が軍服を着ない日本軍人であることを知っていたが、安定した生活を求め、私と付きあいを始めた。

昭和十七年（1942年）、軍の指示通り、妻の両親の同意を得て、私は「尤志遠」という福建人華僑の商人として上海で妻との結婚式を挙げた。この時、妻は十五歳だった。

そもそも、戦争のさなか、ひとりの戦士が大勢の仲間が血を流している戦場で敵国の女性と結婚式を挙げることなど当然あり得ないことであった。だから結婚といっても、私にとっては特殊任務を成し遂げるための手段に過ぎなかった。そのために、この結婚は軍の機密として日本の親戚や親友に知らせることが許されず、妻が私の日本の戸籍に入ることもなかった。

同時にこの時期、敵国に入り込んだ憲兵の中で敵国の女性と結婚できたのは、日本軍の中でもおそらく私だけだった。そうなると、いやおうなしに私に特殊任務の担い手として期待は集まってくるであろう。その重責を思うと、身が引き締まるばかりだった。

同年、私は信頼できる中国人を指揮し、上官から渡された国民党の紙幣を引き伸ばして、図案を元通りに描き、精巧な偽紙幣を作った。できた紙幣は軍用列車で済南まで運ばれた。第十二軍がその紙幣で山東省の呉化文司令官の根拠地において大量の物資を購入し、済南《さいなん》の日本軍の貨物廠《かもつしよう》に納入することで呉部隊の経済を崩壊させた。そして、無力になった呉司令官の軍は日本軍に投降し、済南の日本軍喜多中将の指揮下に置かれた。

私はひとりでいくつもの師団に匹敵する貢献をしたので、昭和十八年（1943年）、二十七歳で二度目の叙勲を受けた。賞状には「日本国天皇は勲八等深谷義治を勲七等に叙し瑞宝章を授与する。昭和十八年一月十五日宮城において璽《じ》をおさせる」と記されていた。間もなく、北京で三笠宮殿下直々に朝から晩まで一日中、個人的にご指導を賜った。

七月一日、私は日本軍北支方面軍司令部参謀部より、中国共産党軍の支配地区で流通していた北海銀行券を偽造し、それを使い綿花や食糧などを多量に買いつけ、共産党軍の貨幣相場を混乱させるように命ぜられた。そのために抗日根拠地からの委託という口実を使い、再び熟練した中国人の紙幣製造職人を集め、北海銀行券を精巧に作らせた。

その後、私は「尤志遠」に成りすまし、商人の身分で海陽県にある城に入り、膠東半島を支配している国民党部隊の陳舒堂司令官と会談を行なった。陳司令官の部隊は共産党軍との戦闘で、火薬不足に陥り劣勢に立たされていた。戦況を打開するにあたり、第十二軍のY参謀に対する陳司令官の要望は、所有していた大量の塩を売却し、それを元手に上海で火薬の原料を大量に買いつけ、海陽県城に送りたいとのことだった。それに対しY参謀が提示したのは、陳司令官が日本軍に投降するという条件を呑《の》めば、その要望に応じるというものだった。私の工作により、陳司令官は我が軍の条件を受け入れることになった。のち、変装した私が第十二軍の司令部所在地である済南で、投降した陳司令官と道端ですれ違ったが、司令官はその人物が投降の交渉に関わった華僑《かきょう》である「尤志遠」だとは気づかなかった。

その年の半ば、日本の敗戦が避けられない中、諜報謀略で活躍した戦友たちの生命を守るため、軍部はかつて戦友たちと深く関わっていた私を中国大陸に潜伏させることを決定した。そうすることにより、彼らに責任の追及が及ばなくなると考えていたようだ。潜伏に関する知識を学ばせるため、十月一日、私に「東京・中野にある日本陸軍憲兵学校に入校せよ」と命令を下した。

　東京に着くと、学校の丙種学生隊で十ヵ月間学ぶことになった。だが、不利な戦局の状況で、のちに約半年間にまで短縮された。その間、終戦時の情報収集および潜伏時の生計を立てるため、電気関係の知識を習得した。

　学校生活の修了が近づいた昭和十九年（1944年）四月上旬、国益のため、戦友のため、私に命令を下した上官のため、私は大陸で潜伏する決意をした。潜伏中のカモフラージュを完璧なものにするために、軍の指示通り、妻に上海特別市の第二警察局で「中国人、福建省」という偽りの国籍と「尤志遠」という偽名で、私を登録させた。それから、軍の特別な配慮で両親に会う許しを得て、島根県大田市に一時帰郷した。

　私は農家の六人兄妹の長男として両親に大切に育てられた。一兵卒から六年を経て国からふたつの勲章をいただき、両親への恩返しをすることができたのではないかと安堵《あんど》していた。しかし、これからは潜伏するため、肉親と一切の連絡ができなくなるという旨を伝えた。両親は戦局がこれほど厳しくなっていることをまったく知らず、突然の話でことの重大さに驚愕《きょうがく》していた。母が泣き出し、これまで涙を見せたことのない父までもが泣いた。私は親孝行ができないばかりか、潜伏することで今まで以上に心配をかけることにただただ頭を下げて「ごめんなさい」と言うしかなかった。そして、まだ幼い妹・恵子と弟・明義に「私の分まで両親へ孝行を尽くしてくれ」と頼んだ。生き別れる覚悟だった。

中国で軍の謀略による結婚をしたことは秘密だったので、それを両親に告げることはできなかった。一方で、この先とても生存して帰ることはできないと思ったので、以前一時帰国の際にした婚約は両親と婚約者の前で破棄した。

あっという間に滞在の日々が過ぎ、両親、弟妹と別れる時がきた。本当に言いようのない悲しい別れだった。血の繋《つな》がる親子にとって、永遠の別れといっても心の奥で素直に実感が持てるものではない。母は「元気でね」と言い終わると涙をぼろぼろ流し、それ以上何も言わなかったが、悲しい眼差《まなざ》しの奥から「必ず生きて帰ってくるのだよ」という無言の言葉を私は感じ取り、受け止めた。返す言葉が見つからなかったが「万が一、生きながらえることができたら、必ず戻ってくるよ」という意味を込めて母を見つめてうなずき、住み慣れた我が家を後にした。私はその無言の想いを胸に、これからの潜伏の使命を遂行するために、朝鮮経由で再び大陸の戦場に赴いた。

両親に会えなくても、故郷に帰れなくても、せめて最愛の両親の写真と故郷のお守りを胸のポケットに入れることができれば、異域の鬼になっても心残りなく瞑目《めいもく》できると思った。しかし、日本国の兵士として潜伏の任務を無事に遂行するためには、両親の写真、故郷のお守り、自分の日本名までをも伏せなければならなかった。異国で裸一貫になっても、私の体に流れているのは日本人の血であり、胸にあるのは両親の愛情だ。生きて帰ることが果たせなければ、死んで魂となって祖国に戻るつもりであった。

四月中旬、私は上海における軍参謀部の特殊工作任務を終了し、上海を離れて、北京日本憲兵隊司令部警務課情報科に勤務することになった。

北京に着くと、外務省指令により司令部高級部員G憲兵大佐に随行し、濰県城内の外国人拘置所の捕虜の待遇状況を視察した。その間、捕虜の人権は国際法のもとに保護されるなどの知識を得た。そののち、私は憲兵曹長に昇進することとなった。

五月、義父は結核で生を終えた。私は北京での仕事のため上海の葬儀に行けなかったが、送金して墓を作らせた。その後、軍の指示で私は妻を呼び寄せて、北京で生活することになった。子供がいれば、終戦後の潜伏に好条件になる。それを見込んで、間もなく妻は妊娠し、敗戦直前の昭和二十年（1945年）八月一日、上海で長男を出産した。もちろん、長男は私の「中国の福建省」という偽りの国籍に入り、私の「尤志遠」という偽名を継ぎ「尤夢龍《ユウモンロン》」として登録された。それで、私の中国における潜伏の準備が万端整って、あとは上官の命令を待つだけとなった。

2　終戦時――深谷義治

昭和二十年（1945年）八月十五日午前八時、I司令官代理指揮のもと、司令部全員が北京特別警備隊司令部西側広場に集合整列し、重大な放送（玉音放送）を静聴しようとしていた。

電波妨害が激しく、具体的な内容はまったく聞き取れなかった。解散後、司令部庁舎の情報班に入った華北派遣軍司令部参謀部第二課（情報謀略）からの軍用電話で、日本は連合国軍に降伏したと知った。華北派遣軍司令部は隷下各部隊ならびに各機関に、暗号や機密書類など一切をただちに焼却するように命じた。私たちはその旨を上官に報告し、司令部職員全員総動員で、暗号や書類一切の焼却を開始した。それと同時に、情報班はただちに司令部隷下の天津《てんしん》、済南、鄭州《ていしゅう》、青島、太原《たいげん》など各日本憲兵隊本部へ軍用電話でこの重大なる命令を下達しようとしたが、軍用ならびに鉄道の電話線はことごとく切断されており、交信はまったくの麻痺《まひ》状態であった。

終戦時に備えて私が一年前に日本陸軍憲兵学校で受けた訓練が、いよいよ生かされる時がやってきた。私は、降伏後に軍を守る活動に従事することは国際法に違反する行為であり、自分の命をより危険に晒《さら》すことにつながる、ということを十分承知していた。しかし、日本軍が今後安全かつ順調に撤退を遂行し、特に野蛮なソ連軍に遭遇しないようにするためには、情報収集を続行することが不可欠だと考えた。その情報を集めることが私に与えられた使命だったので、捨て身で果たす覚悟だった。

私は終戦の日の当夜、すぐC警務課長から情報収集の許可を得た。暗くなるのを待ち、北京市東交民巷の憲兵司令部から離れ、中国人の良民証を所持し、中国人になりきり北京市前門外西河沿いの平安旅館に投宿した。夜明けから活動を開始した。前門の大柵欄の金銀売買市場で商いをして資金を作り、米軍空軍将校が泊まっているホテルに行き、米ドルの買いつけをしながら情報を収集した。

八月十九日の深夜、私は司令部に戻り、極めて重要な情報をI司令官代理に報告した。ひとつ目にソ連の極東軍戦車部隊が古北口に集結し、華北派遣軍司令官に降伏を迫っていること。ふたつ目に蒋介石《ショウカイセキ》が腹心である秦徳純《シントクジュン》を北京に派遣し、平津地区の日本軍の投降に関する大権を掌握していること。そして三つ目に共産党の八路軍部隊が北京の南に集結し、北京攻略を策謀していること。四つ目に延安から北京に特派された代表が、谷中国大使に多数の日本軍人、居留民を延安に行かせるよう勧告していること、などだった。

I司令官代理は私に再び情報収集を命じた。そして、「戻ってきたら大事なことを伝えねばならぬ」と私に伝えた。しかしその後、司令部は連合軍に占領され、I司令官代理や上官たちも囚われの身となった。私は上官たちの拘束された場所を突き止め、そこに忍び込むことにした。

八月三十日深夜、中国軍の捕虜キャンプになっていた北京市西四牌楼の東北の大きな四合院（北京の伝統的な形式の住宅）内に潜入。すでに連合国軍によって武装解除され、捕虜として拘束されている上官たちに面会した。ますます緊迫している状況を話し、「私の同期生であり親友である室岡憲兵曹長は八月二十五日に国民党の憲兵に『共産党に通じていた』との理由で逮捕され、北京で銃殺刑に処されたと聞きました。私も室岡曹長と同じ立場の工作をやってきているので、私は北京に身を置くことができません。私は自らの生命と私と関わりのある軍人たちの生命と利益を守るため、南方へ下る決心をしました。それをお許しください」と申し入れた。

九月に入ると、I司令官代理は上官たちの前で「きみは偉かった。日本は金がないから負けたのだ」と語り、私の南下を許し、「上海で任務続行せよ」という陸軍最後の極秘の任務を命じた。

敗戦国である日本が終戦後、「任務続行」という命令を出し、戦勝国である中国にスパイを潜入させたことは、繰り返しになるが国際法に違反する行為だった。しかし、特殊任務に従事してきた私にとっては、戦中にしろ終戦後にしろ、上官の命令に従いその通り実行することは決して辞することのできない使命であったため、了承した。

日本陸軍は将官から兵まで十七階級で構成されていた。曹長である私は上から十一番目になり、とてもA級戦犯として軍事法廷で裁かれる地位ではない。また、捕虜や民間人を虐待したり、殺したわけでもなかったので、BC級戦犯としても罪を問われるはずもない。だが、戦争中に諜報謀略に従事してきた私が、投降せずにそのまま中国の最重要都市である上海に潜入すれば、中国側は私を大きな脅威と見るであろう。従って、これから万が一、国民党政府か共産党政権に囚われることになれば、戦中と戦後の日本のスパイとして極刑に処されることは間違いなかった。私は任務を全うする結果、訪れるであろう死を覚悟した。身の引き締まる思いで、I司令官代理以下上官の方々と最後の別れをして、ひとりで大陸の闇に分け入り、いばらの道を歩み始めた。

運命の分岐点に身を置き、今後いつ祖国に帰れるのか、上官や戦友たちと再会できるのか、両親や弟妹と団欒《だんらん》できる日が来るのか、まったく見通しはつかなかった。母国語を話せない逆境の中で、偽の中国人にならなければならない境遇を思うと、かつて一軍人として激しい戦場で血塗《ちまみ》れになっても見せることのなかった涙がこぼれ落ちた。私は祖国の方を向きながら異国の大地を濡《ぬ》らした。

第二章　潜伏

1 中国人に成りすまして ――深谷義治

昭和二十年（1945年）九月三日、私は北京駅で上海行きの特急切符を買い、北京を発《た》った。天津に着くと、水害の影響で列車が前に進むことができなくなっていた。その日は手配した中国人の家で一泊した。そこで出会った商人に案内してもらうことになり一緒に徳州まで歩き、済南に到着した。そこで津浦線に乗り換える予定だったが、白馬駅以南のレールはほとんど八路軍に持ち去られており、立ち往生を余儀なくされた。その商人は上海行き特急の復旧は不可能と判断し、天津へ引き返した。しかし私は任務を負っているため、なんとしてでも前に進まねばならない。その商人と別れてからも、あきらめずに上海へ向かうことにした。

中国の国民党軍と共産党軍が内戦をしている最中だ。私はひとりで南下するのは極めて危険だと判断し、南下していた三〇〇～四〇〇人の中国人の難民集団に紛れ込んだ。難民と同じ粗末な食事を取り、昼は無我夢中で歩き、夜は野宿か民家の軒下や牛小屋で寝泊まりをした。毎晩のように母が夢に現れた。まるで母の我が子への想いが遥《はる》か遠くから異国の地に届き、危険な道のりにいる私を守ってくれているようだった。そして夜明けになると、難民と私は村落の出口かあるいは主要道路の道端に集まり、ひとつの大集団となって南に向かってぞろぞろと動き出した。

九月七日に私は藤県城で、共産党の八路軍の歩哨《ほしよう》から厳しい検査を受けた。持っているカメラが問題視されたのだ。だが、事前にカメラの部品を外していたことが幸いして使用不能だと判断された。さらに上海から妻が送ってきた長男誕生の電報を見せ、それが命綱となり釈放された。

私は共産党の八路軍と国民党軍の戦闘が激しくなっている戦場を命懸けで三十二日間歩き抜き、やっとのことで上海の妻の家に辿《たど》り着いた。やつれた顔には髭《ひげ》も長く伸び、長衫《ちようさん》（丈の長い中国服）は虱《しらみ》だらけですっかり汚れてしまっていた。妻は乞食のような格好をしている私を見て驚き、急いで大きな鍋でお湯を沸かし、服を入れて虱を炊き殺した。

妻は終戦を知り、北京にいる私の安否を心配していた。だが、まさか私が戦場を通り抜け、こんなに早く上海に戻ってくるとは思いもしなかったという。同時に、私が上海で潜伏することは、妻にとっては極めて危険なことだった。私が投降していない日本軍人であることが判明すれば、妻は上海を占領している国民党政府に罰せられることになる。妻はまだ十九歳という若さの上、二ヵ月前に長男が生まれたばかりだった。一瞬当惑の色を見せたが、命からがら逃げてきた私の行くところはもうどこにもなく、この家が唯一の避難場所だと考え、妻は私が潜伏することを了承した。不思議なことに、私はその晩から母の夢を見なくなった。きっと母は、こんな思いやりと勇気のある嫁が息子のそばにいてくれることに安心したのだろう。

私は戦争中、北京の日本憲兵教習隊で中国語の簡単な会話を習っただけで、正式に中国語の教育を受けたことはなかった。私の中国語は、軍の活動の中で次第に上達してきたのだった。中国語にはいろいろな方言があるが、北京語、上海語、福建語などはそれぞれまったく違う言葉である。私は北京では上海訛《なま》りの北京語を使い、上海では北京訛りの上海語を使うことによって、たとえ少し言葉のミスがあってもなんとか誤魔化すことができた。

言葉が不自然なゆえに他人に不審に思われないようにと、私は病院にもほとんど行かなかった。風邪を引けば、自分で塩水を鼻に入れ、口から出す、という軍から教わった手荒い方法で切り抜けた。

また、日本と中国では生活習慣が異なることにも細心の注意を払わねばならなかった。例えばあいさつの時、日本人が当たり前のようにするお辞儀を中国人はしない。また、中国人はタオルを湯か水に浸してそれで顔を洗うが、日本人は手で掬《すく》った水を顔につけて洗い、乾いたタオルで顔を拭く。私は一応軍の学校の訓練で中国の生活習慣をしっかり身につけてはいたが、わずかな油断が自分の命取りとなるだけでなく、妻を危険に晒すことにもなりかねないので、こういうことをいつも肝に銘じ、戦々恐々と潜伏生活に身を置いていた。

そんな中、ある日、妻側の遠い親戚のひとりが私がお金を偽造したことを知り、大金を所持していると思い込み、口止め料をゆすりにきた。ぎりぎりの生活の中、払えるはずもなく、義理の母はショックのあまりその場で脳溢血《のういっけつ》になり、還暦を迎えぬままほどなく息を引き取った。有力な親戚の仲裁のおかげでこの問題は穏便に収まったが、私のせいで妻はかけがえのない母を失うという途轍《とてつ》もない代償を払わされてしまった。

潜伏生活の中、周りの住民の目があるので、ずっと一ヵ所に留《とど》まることができなかった。正体を見破られないようにと用心して、三度も引っ越した。上海の家庭には大体三～四人子供がいるので、疑いの目を向けられないように、終戦後、次男・敏龍と三男・雲龍《ヨンロン》をもうけた。厳しい潜伏生活ではあったが、子供たちに恵まれたことと一家水入らずの生活ができたことは自分と妻にとって何よりの慰めと励ましだった。

望郷の念もあり、両親を安心させようと、昭和二十二年（1947年）、私は友人のアメリカ人スクアイアレスビンガム氏に頼んで、ハワイから実家に食べ物の入った小包を送ってもらった。極秘任務を遂行する身として、自分の名前を小包に書くことはできなかった。実家に滞在した際、情報収集の関係で知り合ったアメリカ人がいることを父に話していたため、アメリカからの発送ということを手がかりに、家族はその小包を私が生きている知らせとして受け止めてくれるだろう。私はそう信じていた。

私は中国の港で何度も、日本に引き揚げていく船を見えなくなるまで見送った。もし私がその船に乗れたなら、日本にいる大勢の兵隊さんの父母たちと同じように私の両親も日本の桟橋で息子と再会することができたはずだ。しかし、私だけは帰りたくても帰れない身。出港する引き揚げ船に乗せることができたのは、両親に対して親孝行ができない息子の悲痛の念と申し訳ないという気持ちだけであった。

私は金銀の売買や株取引などをして、なんとか一家の暮らしを支えた。陸軍憲兵学校で学んだ電気の知識を生かして、天津の第一ガラス工場の技術顧問になった。そして、妻と子供たちがいたおかげで、大都会での潜伏生活はどうにか無事に続けられた。

2　緊迫の情勢　――深谷義治

昭和二十四年（1949年）、中国共産党が大陸から国民党を追い出し、新中国が成立した。それと同時に、私を取り巻く状況も一段と厳しくなっていった。反革命分子（新中国政府に反対する勢力）を懲治する条例が公布され、「三反」が施行された。汚職、窃盗、投機に反対する運動である。

妻の幼馴染《おさなな じ》みである荘さんの夫は、父親が国民党軍の高級幹部で本人は国民党軍の医官だった。国民党の残党を徹底的にマークしていた公安は、一晩で彼ら全員を連行した。その中に彼も含まれており、十年の刑に処された。荘さんは反革命分子家族への差別から逃れるため、本意ではなかったが、愛する夫と偽装離婚をした。そして、彼女は女手ひとつでふたりの幼い子供を抱えるという苦難に立ち向かう道を選んだ。

運動があってもなくても、反革命分子は年中狙われる身である。警察は逃亡中の反革命分子を捕まえるため虱潰しに各家を訪れ、戸籍と相違がないか住民を徹底的に調べ上げた。私の家にも警察の調査が入った。妻は偽った名前と出身地を答え、「主人は福建人だから上海語は流暢《りゅうちょう》ではない」と機転を利かせ庇《かば》ってくれたおかげで、私はまた一難を逃れた。

革命の嵐の中で、社会からの差別は反革命分子本人だけでなく、その人の三代末にまでわたった。また、反革命分子と知りながらその人物を政府に通報しない者に対しても徹底的に追及するという方針が採られた。

妻の親戚は、私が日本人で、中国人と偽っていることを知っていた。彼らが中国政府の重圧に耐えられず、彼らの平穏な生活を守るため、やむを得ず私のことを公安に通報する可能性は十分に考えられた。その不安のため、上海が静まり返る深夜、警察の車両がサイレンを不気味に鳴らしながら家に近づくと、妻は常に神経を張りつめさせ恐怖に震えた。しかし、幸いにもサイレンは家の路地で止まらず遠ざかっていった。

危険が刻一刻と差し迫っていた。一旦私が逮捕されれば、妻と子供たちは大変な苦難に陥ってしまうことは目に見えていた。私は刑務所に入れられる前に、妻と子供たちの存在を両親に知らせ、助けてもらいたいと思っていた。しかし、手紙を出すとたちまち公安に拘束されてしまう。困り果てた状況の中、ある日、絶好の機会が巡ってきた。

私は仕事の関係で上海亜細亜鋼鉄廠を経営する日本人の岡村氏と知り合いになった。

もちろん、彼に私が日本人であることは教えなかった。昭和二十八年(1953年)四月、岡村氏は大阪に帰る前に彼の娘を連れ、私の家を訪れた。私は彼らに妻の陳綺霞と三人の子供を紹介した。そして私は彼に、ひとつ頼みごとをした。大阪の西成区にいる私の母の兄である森脇由太郎を訪ねて、私からの贈り物と「お元気ですか」とだけ書いた信書を渡し、若い時大変お世話になった男が現在上海で妻や三人の子供とともに元気で生活していることを伝えてほしい旨を岡村氏に伝えた。岡村氏はこれを快諾してくれた。

その後、岡村氏は上海に住む私の中国人の友人・邱さん宛に信書を送ってきた。「尤さんに渡す」という中国語で書いた手紙も同封されてあった。

八年間、私は異国で日本国のために苦労を余儀なくされる月日を重ねるとともに、望郷の念を深める一方だった。故郷からの便りは中国の諺《ことわざ》にある「家書抵万金」(家からの手紙は万金に値する)の如《ごと》く心の慰めとなった。私は妻とその喜びを分かちあうため、邱さんから受け取った手紙を開封せず、家へと急いだ。

しかし、妻とふたりで開けた手紙には森脇伯父の筆跡で電報式に「順吉急死」(順吉は私の父の名)としか書かれていなかった。この予想もしていなかった悲報に、私は驚きのあまり呆然《ぼうぜん》としてしまった。

急死した父親の亡骸《なきがら》の前で、心配をかけたことを詫《わ》びることや線香の一本を上げることすらもできず、母の悲しみを慰める手紙さえ書けない。そんな悔しさが私を苦しめた。

まさに八年前の父との生別は、永遠の別れとなってしまったのだ。故郷の方向を向き、無念の涙を流しながら、遥か遠くの異郷から父の冥福を祈ることしかできなかった。

森脇伯父は来訪者が預かってきた信書を開けて、私が書いた一行のあいさつ文にさぞかし驚いたことだろう。私が生きているという証《あかし》を得たのち、岡村氏から私に妻と三人の子供がいることを教えられたのだろう。それから、岡村氏に返事を託したに違いない。今後、妻と子供たちが困った時は、母が私の代わりとなり面倒をみてくれるだろう。そう思うと、ずっと心の中に伸《の》しかかっていた重圧が少し軽くなった。

肉親は私の身の安全を考慮したのか、それきり便りを送ってくることはなかった。私も手元に置いた親族からの手紙が見つかれば、そこから私の身分がばれてしまう恐れがあったので、やむを得ず灰にした。

昭和三十一年（1956年）秋から冬にかけて、日本商品展覧会が戦後初めて北京と上海で開かれた。私は上海の南京東路で英語を使って買い物をする日本人を見かけ、声をかけた。その人はSと名乗った。私は進んでSさんと商人の間の通訳をした後、喫茶店で色々な話をした。そして翌日、妻と子供たちを連れて、Sさんが担当する展示場を訪れた。その後、私たち夫婦は家でSさんと彼の上司を寄せ鍋で歓待した。ふたりと知り合ったばかりにもかかわらず、久しぶりの日本語を話せることもあって、話は尽きることがなく深夜まで続いた。私は自分が生きている証として島根の母に何か贈りたいと妻に話した。妻はそれを聞き、自分も嫁として義理の母に初めてのプレゼントを贈りたい、と大事に収蔵していた高級な狐《きつね》の毛皮を出してくれた。私はSさんに「日本に帰国した際、その毛皮を大田の母に届けてほしい」と頼んだ。Sさんが帰国したあとも関係は続き、私は「尤志遠」という中国人として彼と定期的に手紙のやり取りを続けた。

その頃、反革命分子に対する弾圧が一層厳しくなる中、鉄道局に勤めていた妻の親戚がとうとう私が中国人と偽った日本人であることを公安に通報したようだった。それを皮切りに、私に対する内偵が密《ひそ》かに開始された。

その年末には、私は軍の諜報謀略活動をしてきた職業的な勘で、常にぴったりと何者かに尾行されていることを察知した。中国当局が私への容疑を単なる戦中工作員による戦争犯罪だとしていれば、私をただちに逮捕するはずである。しかしそうはせずに尾行を続けるということから、私に戦後の日本のスパイとしての疑惑をかけているということが察せられた。さらに、ただ単にスパイ活動を裏づける証拠をつかもうとしているだけでなく、私を泳がせ、他のメンバーを一網打尽にしようと目論《もくろ》んでいるのだと私にはわかった。想定していた中で最悪のシナリオだった。

昭和三十三年（1958年）四月九日、故郷大田市の吉永神社の祭りの日と同じ日に娘が生まれた。妻の希望で、綺麗《きれい》な芙蓉《ふよう》の花のようになってほしいという願いを込めて「麗蓉《リヨン》」と名づけた。三人の男の子に続いてやっと生まれた女の子なので、感激はひとしおだった。私の身に起こっていた事態は日に日に緊迫の度を増しており、もしかすると赤ん坊の笑顔さえ見ずに囚われの身になるのではと感じていた。こんな小さな子も上の子たちと一緒に苦難の運命を背負ってしまうのかと思うと、涙が込み上げた。

のちに私服警察の尾行は日増しに激しくなり、明日にでも逮捕されるのではと感じるまでになった。妻が厳しく追及される日ももうそこまで来ていると思われた。妻と四人の幼い子供を守るため、私はあらかじめ妻に「わしが逮捕されてから公安局がおまえに尋問した時は、『夫が日本人であることは知っているが、身分や何をしていたかは全然知らなかった』と言いなさい」と告げておいた。また、私が逮捕された時には、ただちにSさんに手紙で知らせるように頼んだ。

私が逮捕されれば、中国の家族の生活が困窮に陥るのは目に見えていた。そして、その時が来れば母が飢えと差別から家族を救出するため、最善を尽くしてくれると私は信じていた。だから私は妻に「生活ができなくなったら、日本の実家に助けを求めなさい」と言った。公安局の家宅捜索を予見して、私は密かに実家の住所を厚い辞書のページ毎に一文字ずつ記入しておいて、中の文字と数字を順番に取り出して組み合わせれば実家の住所になるように工作をした。このことも妻に伝えておいた。

しかし最大の憂慮は、私の教えを辿って上海の家族が母に助けを求めたとしても、ことはそう簡単に進まないだろうということだった。彼らの間には、言葉の壁だけではなく日中両国の敵対の深い溝が立ちはだかっていた。

私は十二歳の長男に「パパは昔行なったことで警察に逮捕されるだろうから、その時はママを助けてあげなさい。家のことも頼む。これからきっと様々な困難にぶつかると思うが、頑張れば必ず乗り越えられる」と話した。長男は学校の放課後、よく私の仕事を手伝ってくれるしっかり者だった。その話を聞き、長男は涙を流しながらうなずいた。

第三章　地獄の日々

1 上海の家族と生き別れる ——深谷義治

昭和三十三年（1958年）五月二十九日夕方、私は天津に長期出張することになっていた。家を出る時、ここ最近の尾行のしつこさから推測するに、もう逮捕されるだろうと直感が働いた。戦中と戦後の日本のスパイの嫌疑をかけられれば、一旦逮捕されると再び家に帰れる可能性はほとんどないであろうことを覚悟した。

その時、長男は十二歳、次男は十歳、三男は六歳。末娘は生まれてからわずか五十日しか過ぎていなかった。十三年間の潜伏生活の中で、妻は私を助け、支え続けてくれた。それなのに、私は妻と幼い子供たちを養い、守ることさえできない上、私のせいで彼らを反革命分子の家族にしてしまう。彼らの前途を険しいものにさせてしまうかと思うと、胸が裂けそうになった。

永遠に子供たちの笑顔を見ることができなくなるだろう。その定めを前に、私は思わず末娘を抱きしめ無邪気な顔を見つめて、「すまん、すまん」とつぶやきながら、涙を止められずにいた。妻と長男も泣き出した。その重苦しい雰囲気の中、物事がまだわからない次男と三男までもがことの重大さを察知したように呆然としていた。その後、妻は娘を抱き、涙を拭きながら家の前で私を送り出した。昭和十九年（1944年）、両親弟妹と最後の別れをしてから十四年が過ぎ去った今日、また同じように妻と子供たちと生き別れなければならないのか。私は後ろ髪をひかれる思いで家を後にした。

親友に送られて上海駅に着いた時、公安がふたりの監視を私につけていることに気づいた。私はただちに親友に、天津から出す手紙の右上の隅に「・」を打てば逮捕されたと思うよう、妻に伝えてほしいと頼んだ。

天津に着くと、勤めている天津市第一ガラス工場の担当者は、南市公安局の真ん前の旅館を用意してくれていた。相変わらず続く公安の監視の下、私は六月三日に仕事をすませた。翌日の夕方、工場の支配人からこの工場の上海の責任者のところへ行くよう指示を受けた。

六月六日、とうとうその日が来た。天津西駅で上海行き特急列車に乗る際、公安局の私服警察官も後について乗り込んだのがわかった。特急列車が常州駅で停車し、再び発車して間もなく、私は公安の者に車中で逮捕状を見せられ、手錠をかけられた。

上海までまだ一五〇キロメートルほどある蘇州駅で私は降ろされ、待機していた乗用車に乗せられた。すぐに三人の公安局員が乗り込み、車は動き出した。私は蘇州のどこかの刑務所に護送されるのかと思っていたが、実際は違っていた。公安は私を「戦後第一号の日本のスパイ」である重要人物と判断して、彼らが想定している上海にいる私の仲間に察知されないよう、用心深くわざわざ蘇州駅から上海まで私を車で運んだのである。結局、車は「上海市第一看守所」に直行した。兵士が銃で厳重に警備をしている不気味な門をくぐった。

戦争中、私は軍の特殊工作に携わる者として中国軍に甚大な損害を与えた。そして、戦後、投降せず任務を続行してきた。そのため、いったん囚われの身となれば、いつどこで処刑されても不思議ではない身である。もちろん、これも私の定め。「ここ江南の露と消ゆとも可なり」と幾度も口ずさみ、死刑に処せられるだろうと覚悟を決めていた。中国第一の大都市上海で約十三年間潜伏し、私自身尽くすべき任務を全うしえたことが、この上ない慰めであった。

私が逮捕された後、公安は私が当時の権限で作った紙幣の一部分を残してはいないとしても、戦後スパイの活動資金を絶対に持っているはずだと見込んでいた。スパイの証拠を捜すため、上海の家には公安の捜査の手が入った。捜査は十二人もの捜査員を投入し、二階建ての家の隅から隅まで、三日間も続く大がかりなものであった。

妻は私の戦後のスパイ活動について厳しく追及されるも、きっぱりと否定した。公安は所持しているであろうと疑っていた大金についても問いつめたが、妻は私の残した十二元（当時の中国人の平均月収は四十元）しか持っておらず、「これからの生活が困る」と答えたら、彼らは信じられないという目つきで妻を見つめ、「大金は必ず見つかるはずだ」と自信たっぷりに言い張った。

この三日間、妻は食料品を買いにいく時も私服の女性警官に同行され、外と連絡が取れないよう厳重に監視された。

家宅捜索が終わると、妻は第一看守所に来るよう命じられた。自分もこれから拘置されるかもしれない。妻の脳裏に不安がよぎる。生まれてまだ二ヵ月の娘と離れることなどできない。自分が拘束されるなら親子ともに拘束してもらう心構えで、娘を連れていくことにした。それでも幼い三人の子供を残さねばならない。まだ十二歳だった長男にふたりの弟を頼んだものの、妻はその晩、夜通し泣き続けた。

翌日、妻は末娘を抱き看守所に出向いた。厳しい尋問に対し、「夫が日本人だとは知っているが、何をしてきたかについては一切知らない」の一点張りで通した。二日間、尋問を受け続けた。まだ赤ん坊の娘にとっては、公安の怒鳴り声はひどく恐ろしいものであったのだろう。妻に抱きかかえられながら、終始泣きやむことはなかった。人生早々、恐怖の「洗礼」を受けることになった。結局、公安は妻の罪を確定することができなかったため、親子は解放された。

この間行なわれていた公安当局の家宅捜索では、日本刀が一本見つかった。のち、中国政府は判決書に「日本刀を一本没収することにした」と記載した。私は確かに潜伏生活の間、日本刀を隠し持っていた。日本刀と一緒に国に帰還することを、十三年間夢見てきたのである。結局、出てきたのは日本刀のみで、戦後スパイであったという証拠と大金は公安局がいくら捜し調べても発見には至らなかった。

家宅捜索後、妻は私が頼んだ通り、ただちに逮捕されたことをSさんに知らせる手紙を出した。それをきっかけに、Sさんからの手紙は来なくなった。

2　一週間続いた拷問　――深谷義治

「上海市第一看守所」に着いた私は車から降ろされると、取調室に連れていかれた。私を待ち受けていたのは十人の取調官たちで、その人数からも大物スパイに臨むという公安の意気込みがうかがえた。彼らの殺気に満ちた顔を一瞥《いちべつ》しただけで、彼らが公安の有力者たちであることがわかった。彼らを前にして多くの国民党の重要人物が拷問と虐待に耐えられず、屈服し、仲間を売ったという話を聞いたことがある。今、戦後の日本のスパイと見なされた私を取り調べるため、挙《こぞ》ってここに集まっている。戦後の日本のスパイ組織の全貌を引き出そうとする強い思惑は明確で、これから起こる出来事が地獄さながらの凄《すさ》まじい災難になるであろうことは、火を見るより明らかだった。

責任者のような風貌をした人物は「おまえは憲兵として謀略工作に従事し、国家及び人民の利益を侵害した上、中国の抗日事業を破壊した戦中スパイだ」と決めつけてきた。彼らの尋問は十分な調査の上で行なわれていることを感じたので、私はその容疑を認めた。

その場で、日本商品展覧会が開かれていた間の私のすべての行動が厳密に監視されていた事実を知らされた。私がその際にSさんに中国の情報を提供したのではないかと疑われ、厳しく追及された。また、Sさんの帰国後、私たちが始めた文通について、中国の情報を書き込んだのではないか、との疑いもかけられた。取調官は「戦後の日本のスパイであることを白状すれば、ただちにおまえを釈放する」と告げた。

昭和二十九年（1954年）十月、中国紅十字会（赤十字社）の李徳全会長が訪日した際、日本人戦犯に対する「寛大な処置」を言明した。その後、抑留された大多数の日本軍人は釈放された。それらの事実から、私は公安に言われたことは決して虚言ではないことはわかっていた。その話に乗ると、すなわち、戦後の日本のスパイ容疑を認めれば、自由の身になり、妻、子供たちと平和に暮らすことができる。

しかし、私は国に命を捧《ささ》げてきた軍人で、自分が生まれ育った国に戦後にスパイを中国大陸に置いたという汚名を死んでも着せてはならぬという確固たる信念があった。「私は戦後日本のスパイではない」ときっぱり答えたのであった。

そのため、私は拷問されることとなった。何度も意識を失い、その都度、冷たい水をかけられた。意識を取り戻すとまた拷問され、追及された。こうして一週間にわたって昼も夜も寝させない、休ませないという苦しみを与えられ、私は人間の世界にいる気がまったくしなくなった。取り調べの残酷さは地獄に勝るといっても、決して過言ではなかった。

その容赦ない取り調べを受け続け、七日目の時点で、私は自分の身が生命の限界まで来ていると感じていた。それでも私は相変わらず、否定を続けたため、さらなる拷問を受けることとなり、意識を失った。

翌日、拷問の痛みから目が覚めると、連日耳にしたはずの怒鳴り声や罵る叫び声が聞こえず、不気味な静けさが私を包んでいた。最初は自分がまだ生きているとは信じられなかった。きっと、母ヤノが再び私の命を守ってくれたのだ。そう思えて、熱い涙が流れた。

私はもう起きる気力さえなかった。全身が脈打つように痛んでいた。やっとのことで重い瞼《まぶた》を開けると、全身に拷問された跡があった。そして、失神している間、牢屋《ろうや》に入れられていたことに気づいた。特殊工作に携わった最初の日から、いつかこのような目に遭う日が来ることを覚悟していた。

潜伏生活をともにすることを了承し、十三年間もその苦しみを分かちあってくれた妻も同様に厳しく尋問されているに違いない。もし妻も逮捕されることになれば、四人の子供はどうなるのだろうか。極度の心配のせいで、深夜になってもなかなか眠ることができなかった。うとうとすると子供たちの泣き声が聞こえてきた。そして、目が覚めると私の家族の安否への心配は一段と強いものになった。

3　勇気づけられて　――深谷義治

上海市第一看守所は中国の国民党支配の時代に建てられた拘置所で、その主な役目は共産党員を拷問、監禁することであった。共産党が政権を取ってからも、この場所は特殊な拘置所として存続していた。

当時、ここは主に国民党の高級幹部や重要な反体制の政治犯、反革命分子などに対して取り調べや拷問などを行ない、罪を認めさせる場になっていた。

拘禁された囚人は、家族との面会や連絡は固く禁じられていた。囚人同士お互いの名前がわからないよう名前は一切使用されず、番号で識別されていた。私の番号は「１２７２」だった。

看守所の規則は、

一、囚人は全員、思想改造のため、毛沢東の本を毎日学習しなければならない。

二、囚人は自分の罪をすべて自白し、共犯を批判しなければならない。

三、囚人は同室の者が看守所の規則に違反した時は、看守にそのことを報告しなければならない。

という三つだった。囚人間の会話も禁じられ、読めるものは毛沢東の本に限られていた。

各牢屋には開け閉めできる小さい窓がひとつだけあり、スライド式で、囚人は用がある時、窓を開けて看守を呼ぶことができる。しかし、そこから外を見ることは許されず、他の牢屋のことを知ることは不可能だった。公安は囚人同士の会話を禁じ、違反を阻止するため、もしそのようなことを見聞きした時は紙切れを渡し、他人の違反行為の内容を書かせ、部屋の戸の隙間から外の廊下に落とすように呼びかけた。密告者には刑罰を減らすと同時に、違反者には重罰を科す仕組みである。

週に一回一時間、高い塀に囲まれたグラウンドでの散歩、中国語でいう「放風」が許される。労働をしながら、毎日、自身の反革命の罪を書かせられた。物資の乏しい時代だったため、トイレットペーパー（現在のロール式でなく、一枚一枚重ねて使うタイプのザラ紙）も自己批判や自白用の紙として使われていた。

看守所は「坦白従寛、抗拒従厳」、つまり自白する者には寛大な処置をし、抵抗する者には罰を与えるという策を採っていた。私は戦後のスパイ活動を否定するたびに抵抗者と見なされ、罰を受け続けなければならなかった。科された重罰が私に死をもたらす可能性は、十分にあった。

毎月五日は第一看守所の差し入れ日で、家族は日用品を囚人に届けることができる。前日の晩は妻と子供たちの安否を案じて一睡もできず、ずっと妻からの差し入れを待った。たとえ石鹼《せっけん》一個でも届けてくれれば、それは妻が無事でいるということになる。待ちに待った差し入れが看守から渡されると、妻の無事を確認し、ほっと胸を撫《な》で下ろすことができた。

妻が届けてくれたのは夏用の布団や石鹼、トイレットペーパー、タオル、大きなカップと着る物であった。冷たい牢房の中、妻の温かい気持ちを受け取り、それは私にとって地獄で生きていく励ましになった。

妻から二回目の服を受け取った後、これから先何年生きられるかまったく見通しはつかないが、手元の衣服と薄布団でなんとかこれからの歳月を過ごそうと腹を括《くく》った。せめて子供たちが大きくなった時、冷たい風雨に晒されないよう父親の服を身に纏《まと》ってくれれば、あるいはこれらを換金して子供たちがひもじい思いをする日が一日でも少なくなれば、私の心の慰めになる。そのため、三回目からは差し入れられた服は一切受け取らず、看守を通じて妻に返した。

その次の差し入れ日には、看守から意外な物を渡された。それは写真と薬品類だった。「これはおまえの娘の写真だ。規則としては写真をおまえに渡すのは駄目だが、女房の懇願の様子があまりにも哀れで、上司の許可を得てこの写真に限り渡す。でも、罪をちゃんと白状しろ」と看守が言った後に、髪の毛を頭のてっぺんで束ねた可愛《かわい》い娘の写真を渡された。

娘が四ヵ月になり、あやすと笑顔も見せるようになった頃、妻は写真屋で娘の笑った写真を撮ってもらった。「どんな苦しみがあっても、私は絶対にこの子を育てます。娘があなたを『お父さん』と呼べる日が必ず訪れます。過酷な受刑生活ですけど、人生を諦めないでください」そんな妻のメッセージを写真から受け取った。

写真の他に届いたのは、高価なブドウ糖とタラの肝臓の油などの栄養剤だった。私はそれらの差し入れを見て、胸がじんと熱くなった。妻には貯金がない上、手に職もない。四人の子供を養うために家の物を売り、食いつなぐ生活を余儀なくされていることを思うと、栄養剤を妻に返した。釈放されてから知ったのだが、妻は結婚指輪を売り、その金の一部でこのような高い栄養剤を買ってくれたのだそうだ。

その晩、私は写真を見ながらずっと涙を流し続けた。「この子のため、強く生きるよう頑張ってください」という妻のメッセージを受け取ったような気がした。それからは、娘の写真は肌身離さず胸ポケットに入れて大切なお守りにし、受刑の苦しみに耐えていった。

安い石鹼、トイレットペーパーだけを、家族の気持ちとして毎月受け取り続けた。家族と連絡が取れない中、心待ちにしているのはやはり毎月の差し入れの日だった。そのわずかな差し入れは、家族の誰かがまだ無事であるという証だったのだから。

4 虐待の中で生きる　——深谷義治

拷問で私を屈服させることができなかったので、公安は飢えさせるという虐待を実行した。私に与えられた食事は、一日に一食だけになった。空腹の辛さに耐えながら、私の体は痩せ細る一方だった。

釈放されて帰国した後、私は『上海の長い夜』という上海市第一看守所で耐え抜いた中国人女性・鄭念《チエンニエン》の自伝を読んだ。『ワシントン・ポスト』はこの本について、「六年以上にわたる酷寒、空腹、病苦、脅迫、屈辱にさらされながら失われなかったニエン・

チエンの勇気と忍耐そしてなによりも高貴な精神の軌跡を鮮烈に語り伝え、万人の心をうつ『年代記』」と評価した。『ロンドン・タイムズ』などもこの作品を高く評価した。著者も私と同様に、第一看守所に拘禁されてから、病で監獄病院に送られた。

鄭念さんは第一看守所の食事について「べこべこした容器のなかには、四分の三ほど生ぬるく、ゆるいおかゆが入っていて、上に二、三片の漬物の野菜が浮いていた。私は容器の縁をトイレットペーパーでふいて、ちょっと飲んでみた。おかゆはどういうわけか煙のような臭いがして、漬物の塩気で苦かった。食事は私が想像できる範囲を越えたひどさだったが、必死の努力をして半分飲みこんだ」と書いている。

私は一日に一食という生活の中で、「ひもじい時にまずいものなし」という言葉の通り、生きるためにどんなにまずくても、あるいは吐き気をもよおすほどの臭みがあっても、必ず残さず食べた。また、食べ終わったカップに残っているわずかな汁も、人差し指で一滴も残さずに取って口に入れた。飢えの中、故郷のおふくろの味や十三年間慣れ親しんでいた妻の上海料理を思い出すたび、涙が溢《あふ》れた。

カルシウムを補うため、長期間拘束されている囚人から、卵の殻を食べるという知恵を学んだ。ゆで卵は年に一個か二個しかもらえなかったが、その時には中身だけでなく殻まできれいに食べた。

だが私は、当然ながら深刻な栄養不足に陥り、すっかり痩せ衰えて病気に対する抵抗力も完全に失った。同室に肺結核にかかっている囚人がふたりいたので、私もすぐに肺結核に感染した。人間として扱われない環境の中で、結核は酷《ひど》くなる一方だった。体重も著しく減り、監禁されてわずか二年で、骨と皮だけの体になってしまった。このままでは国に帰ることなく、そして肉親に会えないまま、一生をこの冷たい看守所で終えるのではないかと思った。

公安は私に過酷な生活をさせ死の寸前まで追い込み、死の恐怖を与えることで自白をさせることを狙っており、そう簡単に私を死なすつもりはないようだった。昭和三十五年（1960年）三月二十七日から彼らは私を上海市監獄の中にある監獄病院に入院させた。私は痩せすぎのせいで血管が細くなり、注射もできない状態になっていた。医者の懸命の手当の末、なんとか一命を取り留めたのであった。

監獄病院について、鄭念さんはこう書いた。

刑務所の病院の待合室は、まさに地獄絵としか表現できなかった。別に野獣に食われていたり、燃えさかる火のなかで焼かれていたり、煮えたぎる海で溺《おぼ》れている人がいたわけではなかったが、まさに地獄絵だった。それは貧窮と無言の苦悶《くもん》という地獄であり、ぼろをまとってやせ細った人びとが、憔悴《しょうすい》した顔にくっきりと苦痛と苦悶の表情をにじませ、じっと終りを待っているのであった。

病で、あるいは飢えで、もしくはその両方にむしばまれたのか、人びとの様子は医者の技術で、ふたたび健康になれる段階を通り越してしまっているように見えた。

提籃橋（著者注：上海市監獄の別名）では死亡率が高い、ということを私は聞いていた。今、私はすぐに死亡統計の高い数字を上げそうな事例を目の当りにしているのであった。

ベンチで体を曲げて座っている人たちの他に、セメントの床に置かれた汚れた布の担架の上で、つぎの当ったキルト仕上げのかけぶとんにくるまっている人たちもいた。座れと言われて私が座った、ちょうど目の前のこれらの担架の一つに、頭のはげた老人が横たわっていた。半ば開いた口で気ぜわしく、発作的に息をすることを除けば、老人はすでに死んでいるように見えた。閉じた目は落ちくぼみ、透明な皮膚が青白い顔の上でひきつっていた。

私はその内容を読んで、まるで鄭念さんが私の当時の様子を書いてくれたかのように感じた。

六月十五日、私はまだ結核が治っていないまま、病棟から看守所に連れ戻された。その翌年の昭和三十六年（1961年）、また酷い肋膜炎を患った。

昭和三十七年（1962年）の夏、結核と肋膜炎が治っていない状態だった私は、静養さえ許されず、強制的に労働をさせられた。

十一月末、重たい荷物を持ち上げようとした時、ガツッと音がして激痛とともに倒れた。脊椎骨が折れたのだ。しかし、このような大怪我《おおけが》をした後でさえ、看守所側は病院に連れていくような措置をまったく取らず、治療も一切してくれなかった。痛み止めの薬さえもらえなくて、一年あまりの日々、目に見えない「鞭《むち》」は昼も夜も私の体を叩《たた》き続け、二十四時間痛みに苦しめられた。

私は痛みを少しでも紛らわすため、常に腰を曲げた状態でじっと痛みに耐えていた。面倒を見てくれる人もおらず、腰を曲げたまま地面を這《は》いずり回らなければならなかった。怪我はなくても、骨ばかりの肘と足で硬い床を這うだけで痛みを感じる。骨折した腰の部分はギプスで固定されていないので、這うたびに激痛が走った。

牢屋の床はコンクリートの上に直接板を敷く構造だった。また、日本の畳の生活と違って中国では靴を脱ぐ習慣がない。他の囚人が土足なので、牢屋の床は当然不潔だった。私は手と足で這い、全身でモップのように監獄の不潔な床を拭く毎日だった。洗濯をする気力はなく、着る服は汚れ放題であった。だが、胸には常に日本人であるという誇りと「一点の曇りもない日本人魂」を抱いていた。

この地獄のようなところで骨を埋めることにならないように、全身の力を振り絞って必死に這ってでも祖国に帰ろう。私はその強い意志だけで生かされている毎日だった。

真冬になると夜の室内の気温は零下六、七度に下がり、持っている服を全部着込んでもまだ寒さが体を刺すようだった。寒さのため、怪我の痛みが一層増した。ずっと腰を曲げたまま無我夢中で痛みに耐えていたせいで、腰は曲がったままになってしまった。腰をまっすぐにしようと背伸びをしてみたが、また腰の折れそうな激痛を感じ、弱りきった体ではその痛みに耐える気力がないので諦めるしかなかった。

骨折から一年あまりの間、囚人たちとまったく話すこともなく、肉体的、精神的苦痛を痩せ切った体で受け止めていた。治療も薬も、介護もなく、まるっきり看守所側にも見捨てられ、依然として結核に冒され続けていた。それでも、どうにか私の脊椎の骨は自然に繋がったのであった。神様が私の悲惨さに心を痛め、憐憫《れんびん》の情で私の体に奇跡を起こしてくれたのだろうか。あるいは、母が私に頑丈な不死身の体を与えてくれたおかげもあったのだろうか。

痛みに耐えながら、ようやく壁に寄りかかって立てるようになった。一週間後、手を壁から放して一歩踏み出したら、転んでしまった。四、五日後、私は再び支えなしに、一歩、二歩踏み出してみた。フラフラとバランスを崩して、またバタリと倒れた。体を床にぶつけて痛かったが、久しぶりに自力で一歩踏み出すことができた喜びをこの地獄の中で噛《か》みしめたものだった。

しかし歩くことができても、痛みは後遺症として残り、腰も伸びることなく曲がったままであった。腰が曲がったまま生きていくことは、肉体的な負担であるのみならず、精神的にもこの上ない苦しみだった。

昭和四十二年（1967年）、七年間にわたり体をむしばんできた結核からようやく快復し、腰の痛みも大分和らいできた。私は腰を元のようにまっすぐにするため、腕立て伏せを試みることにした。すると骨折した所に負担がかかって、強い痛みが走った。それにもかかわらず、痛みに耐えて腕立て伏せの回数を次第に増やしていった。また、掌を広げて地面を押さえつける方法から、拳を立てて腕立て伏せをする方法に変えて続けた。それから三年くらいの歳月をかけて、不屈の精神でついに不屈の体を作り出した。しかし、この頃には体の真ん中から背骨を十センチも刳《く》り抜かれたように、一七八センチあった私の身長は一六八センチになってしまっていた。

5　人質となった家族　——敏雄・記

父の逮捕を機に、母は父が潜伏中の日本軍人であることを私たちに明かした。そして、父と結婚に至った経緯を話してくれた。戦争中、母の一家が借金によりにっちもさっちもいかなくなった時、日本軍人である父と出会い、父の助けで一家はどうにか一日三食の生活ができるようになったのだと。

当時、中国人が敵の軍人と縁を結ぶことは中国の時勢に逆らうことだったが、生活を維持するために母は自分を犠牲にして父と付き合うことにした。翌年、母は家族を困窮に晒させてはならぬという思いで、父と結婚した。父のおかげで一家が助けられたというありがたみはその後、ずっと母の心に刻まれた。父への恩返しのために、戦後、敵の軍人をかくまう罪を犯してまでも、父の潜伏を助け、父を守った。

母はまた、悲しい口調で「おまえたちのお父さんが罪を犯したと言われるならば、それは戦争中、軍の命令に従った結果なの。一体どんなことをしたのか、まったく聞いていなかったけれど。終戦後十三年間、生活をともにする間、この平和な家庭を壊すようなスパイ行為は断じてしなかったのよ」と教えてくれた。

私たち子供はそれらの話を聞き、中国人だと思っていた父が日本の軍人であったという事実に驚いたが、母が自分自身を犠牲にしてまで一家を支えたことに感動し、これからは父に代わって母を助けて苦難を乗り越えることを心に決めた。

母は四人の幼い子供たちを抱え生活を維持するために、家財道具を売りながら細々と家計をやりくりしてきた。私たち子供の成長とともに一階の応接間から家具などが徐々に消えていき、そのうち家賃が払えなくなって家の一階を親戚に譲ることにした。二階からもだんだん物が無くなり、売れない古いベッド、古びた机と椅子、それと母がボロの服を直す時に使うミシンくらいしか残らなくなった。

その頃、近所のある人が、母が四人の子供たちを育てることに無理があるのではないかと心配してくれていた。ちょうどその人の友人である医者夫婦は、子供を授からないことに悩んでいた。偶然の機会に妹を見て可愛いと気に入り、そして私たちの一家が大変な状況に直面していることを知り、三〇〇元の謝礼を出して妹を引き取るという話を持ち出したのだ。母はすでに、潜伏中の父がいつ逮捕されるかわからない中、どんなに苦しんでも女手ひとつで子供たちを育てることを覚悟していたので、迷わずその話を断った。

昭和三十六年（1961年）春、生活はどうにもこうにも立ちゆかないほど困窮していた。母は父に言われた通り、辞書のページに記されていた父の実家の住所を取り出し祖母に初めて手紙を書き、その中に一家の写真を同封して送った。

昭和三十九年（1964年）の『週刊サンケイ』誌（一月二十日号）に載った「上海の獄窓にいる一人の日本人」という記事が、そのことに触れている。

ところが、三十六年夏（著者注：正しくは春）のこと。大田市の留守宅に「陳綺霞」という中国婦人からの手紙が届いた。

——じつは義治さんと終戦の直前に結婚したもので、二人のあいだには十五歳の夢龍君をかしらに敏龍（十三歳）、雲龍（九歳）、麗蓉（三歳）の三男一女がある（著者注：子どもたちの年齢は、母が父の実家に初めて手紙を出した時のもの）。夫の義治さんは終戦後、上海で「尤志遠」という中国名を名乗り、中国人としての生活を送っていた。もちろん、ちゃんとした仕事につけたわけではないが、一家六人、水いらずで楽しい毎日をすごしていた。しかし、いちばん末っ子の麗蓉ちゃんが生まれて二日目（著者注：正しくは五十八日目）、夫は突然、警察に逮捕され、連れて行かれてしまった。それっきり、家族との面会も許されず、逮捕の理由や刑期もはっきりしないまま、今日にいたっている。

わたしはとくに腕に職があるわけでない。だから、育ちざかりの子どもたちを抱えて、売り食い生活をつづけてきたが、いまはもう売るものもなく、ようやく食べるだけの苦しい生活を送っている。

いままでは、お母さんたちの住所がわからなくて、お知らせもできなかったが、逮捕いらい三年目でようやく住所がわかった。わたしたちも、中国紅十字会に釈放陳情をするから、日本のみなさんも日本赤十字社を通じて、夫が早く帰れるよう運動してほしい。

突然の手紙でびっくりなさったろうが、よろしくお願いします。


祖母は急に異国から舞い込んできた手紙に驚いた。息子が国のため中国に潜伏した挙句、拘束されただけでなく、生死さえ確認できない状況に置かれていることと、大黒柱を失った家族が命の危険に見舞われていることを初めて知った。父と私たち家族を助けるために、祖母はただちに松江赤十字病院で看護婦をしている父の一番下の妹、恵子の元へ相談に行った。

恵子叔母は祖父母とともに戦場へ行く父を見送り、音信不通になってからも父は必ず中国大陸のどこかで生きていると信じてきた。そして戦後、父が岡村氏を通して、大阪の父の伯父に手土産を渡したことによって、父が上海で家族と一緒に生活をしていることを把握していた。

その後、叔母は赤十字の救護班の一員として、中国行きの引き揚げ船「興安丸」や

「白山丸」に乗船した。その時、もしかすると船の中で偶然父に会い、母とその子供たちに会えるのではないかと密かに期待した。しかし、中国の港に接岸後、目を凝らして桟橋から乗り込んでくる一人一人の顔を念入りに確認したが、父と私たちらしい姿はなく、帰航中、父の帰りを待ち焦がれる祖母のことを思うと涙が止まらなかったという。

叔母は松江赤十字病院の武藤多作院長の協力を得て、日赤に父を助け出すよう要請した。また、明義叔父と一緒に周恩来《シユウオンライ》首相や中国紅十字会の李徳全会長らに三回も直訴状を出したが、なんの回答もなかった。そこで恵子叔母と明義叔父は罪のない上海の家族の救済策として、母と私たち四人の子供だけでも帰国できるように、日本の厚生省と法務省に働きかけをした。これらのことに関して、前出の『週刊サンケイ』誌はこう報道した。

> 日赤本社では、中国紅十字会に実状照会の手紙を送った。だが、ナシのつぶて。
> また、義治さんの釈放問題と併行して、一方で家族の引き取り工作も進められた。厚生省の引揚援護局では、これまで、こういった引揚者とその中国人の家族の入国問題をいくつも扱っている。しかし、ほとんどは、引揚者がいっしょに連れてくるといったケース。このばあいは、だいたい無条件に法務省から入国許可がおりているし、帰国旅費もちゃんと国が面倒をみる。が、義治さんの場合は本人がまだ中国にいて、家族だけを引き取るという例外のケースだ。日本の国籍がないものを、

しかも国交のない国から受け入れる根拠がない。

あれこれ、検討されたが、結局、事情が事情だということで、一応、中共（著者注：中国共産党）が出国させるなら、仮入国は認めるとの話し合いが日本の関係当局のあいだでついた。そこで、ふたたび日赤から、家族の出国許可をもとめる要望書が紅十字会にだされた。

ところが、これまたなんの音沙汰もない。国交が開かれていない国との民間団体同士の話し合いだから、返事がこないからといって、抗議するわけにもいかないのだ。

昭和三十六年十一月一日、法務省は特別会議を開き、人道的見地から私たちの入国許可を迅速に決定した。翌年、法務省は入国許可の書類を香港の日本総領事館を通じて母の手元に届けた。それからのち、私たち一家を救出するために、日本側はありとあらゆる手立てを尽くしたが、問題を解決する糸口がつかめない日々が続いた。

母が望んでいたのは、父が早く釈放され家族全員揃《そろ》って帰国することだった。それが実現できないのなら、せめて家族だけでも出国できるようにとの願いを込めた手紙を、何度も中国政府関係者に出した。

ある日、公安の人が来て「深谷の問題が解決しない限り、家族の出国は認められない。今まで中国の指導部に出したおまえの手紙はすべて、公安の手に回された。このような無駄な行為は止《や》めなさい」と母に怒鳴った。

昭和三十八年（1963年）、母は再び祖母に一通の手紙を送った。その内容は以下の通りである。

謹んで申し上げます。お母様の便りを受け取り、一切の状況を知りました。親愛なるお母様に感謝いたします。私と子供たちがまだ日本へ帰っていないのに、すでに私たちのために衣服や日用品などを準備してくださっているとか。私たちのために至る所に請願してくださいまして、私はなんとお礼を申し上げればよいかわかりません。

しかし入国証明書も入港証明書（著者注：当時の帰国ルートはイギリス領の香港経由）もいただいたのに、上海市公安局は上級政府の命令で、深谷義治の問題が解決するまでは私と子供たちが上海を離れることを許さないと言っています。これらのため、私はすでに上海第一看守所、北京の中国紅十字会会長李徳全閣下、中国科学院郭沫若院長（著者注：奥さんが日本人の知日派）に手紙を書き、義治さんの問題をこれ以上野放しにしないよう速やかに解決してくださいと請願しました。現在、私は中国政府からの返事を待っております。

義治さんは中国政府に監禁されてから五年以上になり、いわゆる「有罪」として、面会も許されない状況に置かれています。私と四人の子供に罪はないのに、現在、日本へ帰ることは許されず、上海に住んでいても生活を維持することはできません。子供たちは十分な食事が取れず、痩せる一方で本当に見るに忍びない惨状です。

　時折、私は生きていくより死んだ方がよいのではないかと考え込むことがあります。私ひとりが死ぬのなら何も恐れません。しかし四人の子供は孤児になり、罪人の子供たちは人々から慈善を得るよりも、社会的差別を受け続けることとなるでしょう。それが、私がひとりで死のうと思っても死にきれない理由です。言うまでもなく、子供たちを道連れに心中することも頭をよぎったこともありました。しかし子供たちにキラキラした瞳で「お母さん」と甘えられると、私は絶対に彼らを守りながら生きなければならないと思い直すのです。

　前途に困難が重なっておりますが、やはり生き抜いていかなければなりません。現在、残された救済方法は日本政府と日本赤十字社から中国政府と中国紅十字会へ、私と子供たちの五人が先に日本へ帰れるよう要請していただくことです。同時に私はもう一度北京の周恩来首相宛に請願の手紙を書きます。このふたつの行動があれば、ほっておかれるようなことはないはずです。

　最近、上海は非常に気温が高く、夜は蒸し暑くて眠れません。最後に謹んで皆さんのご健康をお祈りします。

かしこ

嫁、綺霞　一九六三年八月十三日

当時、日中両国が敵対を続ける中、中国政府は日本政府への対抗措置として、私たちの出国を認めないという強硬措置を講じてきた。父の問題がまだ解決されていないという理由で、私たちは人質の身となった。父が戦後の日本のスパイ容疑を否認し続ける以上、その迫害の矛先は父だけでなく、私たち罪のない家族にも向けられた。そして、差別と貧困に喘《あえ》ぐ生活にがんじがらめに縛られるしかなかった。

6　父の友人――敏雄・記

戦後、約二〇〇〇名の日本人が上海に残されていて、そのうちのふたりは父の友人だった。そのひとりはBさんという残留日本人技術者で、戦後からずっと父の親友であった。私たちはBさんを「小伯伯《シヨウパーパー》」（小父《おじ》さん）と呼び、よく父に連れられて彼の家に遊びにいった。もうひとりは橋田録郎さんといった。

昭和三十三年（1958年）、父が逮捕された時、Bさんは我が家に来て、母に「あなたはこれから苦難の道を歩むことになりますけれども、どんなことがあっても、絶対に四人の子供を手放さないでください。『尤さん』が釈放された時、子供がいなかったら悲しい思いをしますよ。頑張ってください」と激励をした。

昭和四十三年（1968年）、橋田さんもスパイ容疑で公安に逮捕され、九年ほど上海市第一看守所に拘束され、父との関係を含めて徹底調査された。そして昭和五十二年（1977年）、懲役十年の判決を受けるが、残り一年の刑期を免除された形で釈放され、帰国した。

『週刊ポスト』誌は橋田さんへの取材で、橋田さんが父と交流していたことを知った。昭和五十三年十二月一日の同誌に、その交流に関する記事を掲載した。

橋田さんは父と最初に会った時のことについて、「深谷さんのことは終戦後の上海で日本人の友人に〝この人は中国人の尤さん〟と紹介され、本当に中国人だと思っていたのです。中国語はもちろんペラペラでしてね。彼が実は日本人だとわかったのは、紹介者の友人が帰国する時に実は……と明かしてくれたからなのですが」と語った。橋田さんの友人というのはBさんのことだった。

この報道の通り、Bさんは父と橋田さんを引き合わせた時、父を中国人として紹介した。その後も橋田さんに父の真相を隠し続けて、帰国直前になって初めて父の過去を明かした。

父が上海での潜伏中にもっとも恐れたのは、「私服憲兵」や「情報収集」という過去を人に知られることだった。そのために、母にも秘密にしていた。Bさんは父を守るために、父の情報を長い間橋田さんに対しても隠し続けていた。

父がいったん公安に拘束されれば、Bさんは公安から父との関係について厳しく追及されるに違いない。その理由からも、Bさんは父の過去を決して人に漏らしてはならないという自覚を持っていたのだろう。

それなのにBさんは、最後の最後で父のことを橋田さんに明かした。危険を冒してまで父の過去を打ち明けたBさんの目的は、一体なんだったのか。

そのことについて、私はこう思っている。

Bさんの帰国は父が拘束されてから六年経《た》った頃だった。恐らく、父はその間、追及されても仲間を売るようなことをしなかった。Bさんはそれに感服したのだろう。そして親友の家族を哀れに感じ、自分の代わりに橋田さんになんとか私たち家族の面倒を見てもらいたいと思ってくれたのだろう。だが、橋田さんが父のことを中国人と思っている限りは、私たちの面倒は見てくれないだろうと思ったのではないか。

当時の父の潜伏中の生活について、橋田さんは『週刊ポスト』誌でこうも証言している。

「当時の私ら技術者は国府（著者注：国民党政権）側からも後の中共（著者注：中国政府）側からも厚遇されていて、給料も中国人一般工員が五十元のところを二百五十元ももらい、住まいも民家を提供されて住んでいたのに、尤さんは中国人ということですから生活は楽ではなかった」

それで、橋田さんの同情を引くために、父が国に尽くした過去の真実を持ち出したのだろう。橋田さんもその話を切り出された時、さぞかし戸惑ったに違いない。

Bさんは帰国することを決めてから、私の兄にこう伝えた。「自分のお金の一部を橋田さんに預ける。そのお金から月々二十元（当時の中国人の平均月収の半月分に相当）を生活費としてきみたちのお母さんに渡してもらうつもりだ」と。その引き換えとして、Bさんの帰国後、父の親戚からBさんにその人民元に相当する円を支払ってもらう段取りであった。苦しい状況下において二十元というお金は、幼い子供たちを養う母としては夢のような金額だった。

帰国の直前というギリギリのタイミングで橋田さんに打ち明けたのは、Bさん自身が事件に巻き込まれるリスクを最小限にするための工夫であったと想像できる。同時に、危険を冒してまで私たち家族を助けたい、というBさんの強い思いも感じられる。

父が逮捕された原因については、前述の『週刊ポスト』誌は橋田さんの話として以下のように書いた。

　１９５６年（昭和31年）上海で日本物産展がおこなわれたが、この時上海に渡ってきていた日本人商社員と知り合いになった深谷さんは文通を始める。中国経済を肌で知っている深谷さんは、この商社員に適切な助言をしていた。橋田氏はいう。「きっと戦時中からの私服憲兵としての体験も役立っていたのだと思いますよ。が、この文通が中国側にマークされたようで深谷さんの過去が洗われたのでしょうか。元憲兵の身分を秘して中国社会に融《と》けこんでいたことも不利な条件になったのでしょう。58年（昭和33年）に天津に出かけていた時に逮捕されたのですが、その二、三日前に彼と路上でばったり出会い、立ち話をして別れたのが最後でした」

上海市第一看守所については、「おそろしく丁寧で気のながい調査と学習が並行しておこなわれた」「どんなにいい扱いを受けていようと、刑務所は刑務所で家族に会えないという寂しさ、それも異国での経験は味わった者でないとわかりませんよ。彼（著者注：深谷義治）はここで二十年（著者注：第一看守所には、正しくは十六年）近い歳月をすごしたわけですからね。どんな心情ですごしていたことか」と、ここに拘束された囚人が家族と会えない実態を証言した。

橋田さんは中国の建国に貢献した日本人の技術者なので、拘束されても、父と異なり比較的丁寧に扱われたと考えられる。Bさんはもし一足早く帰国していなければ、紛れもなく父の親友であり、かけがえのない協力者として、より重い刑罰を受けたに違いない。

帰国後、私は父に、父の友人関係と彼らとともに何をしたのかについて尋ねた。しかし父は、自身が戦後の日本のスパイであることは認めたが、その詳細については歴史の闇に葬ることを決めていたのだろうか、ひと言も口を開くことはなかった。

7　孤立無援の家族　――敏雄・記

私たち家族の苦難の状況は、日々、悪化しつつあった。

Bさんが帰国してから間もなく、兄が橋田さんのところにお金を取りにいった。しかし、日本の親族が支払いを拒否したという理由で、預かっているお金を渡してもらえずに帰ってきた。なぜ日本にいる親族は、Bさんによる私たちへの支援を棒に振るような行為をしたのだろうか。

以前、日本に戻るための入国許可証を私たち宛に送ってきたことがあるように、日本の親族は私たちを救い出し、父の代わりに幼い私たち兄妹を育てる決意を見せていた。にもかかわらず、一体なぜだろう。もちろん、ただ単に私たちを助ける熱意だけがあっても、経済力がなければ私たちを引き取ることは非現実的である。だから、入国許可証を送ってきたということは、親族が経済的に一定の余裕があったことも意味していた。

昭和五十三年十月十二日の『山陰中央新報』は、生前の祖父の熱意を以下のように取り上げた。

父親の順吉さん（当時六十一歳）は、消息不明だった義治さんの生存を信じ「中国大陸のどこかにいるはず。日中国交が回復したら全財産をなげうっても捜しに行く」と言い残して昭和二十六年に他界。

父を捜しにいくために、祖父は財産を使うことを惜しまなかった。そして祖父が亡くなった後も祖父の遺志を継いで、日本の親族も経済的には負担になっても私たちを引き取ることを決意していた。しかしなぜ、日本の肉親がBさんの厚意を受け入れなかったのか。二十元どころか五元、いや、小遣い程度のお金でさえ、困窮中の私たちにとってはありがたい恵みになったのに……。

この理由を、母は以下のように考えていた。

父は戦後の日本のスパイ容疑で拘束された。この状況下で、判決が下される前に日本側から私たちに安易に生活費を送られたとすると、それは父のスパイ活動に対する報酬ではないかと中国政府に疑われかねない。そうすれば、取り調べ中の父に打撃を与えることになる。それで、日本側は父を守るために、家族への金銭的な援助を諦めるという苦肉の策を取らざるを得なかったのだろう、と。こうして、私たち家族は人質になったがゆえに、味方である日本側に見捨てられたも同然の状況に陥った。

その時、すでに父の過去を知っていた橋田さんには、日本にいる肉親たちがどうして援助の手を差し伸べようとしないのか、その理由について恐らく察しがついたのだろう。私たちのあまりにも惨めな境遇に、父の友人のひとりとして義援金を出してくれた。当時、孤立無援であった私たちにとってその援助は一回限りだったが、四人の子供の命を繋ぐ貴重な思いやりであった。

母が家族の困窮を日本側に知らせてから三年が経った。私たちはすでにほとんどの家財を売り尽くし、かつ日本側の援助を少しも得られず、やむを得ず中国政府からのわずかな生活保護費を受けとるという生活をし、困窮を極めていた。母は途方に暮れ、一時は死ぬことまで決意したが、隣人の助けもあって、細々と手内職で暮らしていた。

その頃の状況に関して、前出『週刊サンケイ』の記事はこう伝えている。

陳さん（著者注：母のこと）の手内職はいつもあるとは限らない。里弄《リーロン》（わが国にもあった隣組のような組織）を通じて、ひと月に何日かの仕事が割り当てられるが、とてもそれだけでは生活費には足りなかった。五人家族ではどうしても一か月の生活費に六十元（日本円で約九千円）は必要だ。社会主義への道を歩んでいる中共といっても、まだ国の経済水準は低い。食べるにコト欠く家庭には生活扶助の制度はあるが、上海の場合、家族ひとりあたりの収入が十元未満のばあいだけ、その差額が支給されるにすぎない。しかも夫が刑務所に入っていれば、肩身のせまい生活をするのは、どこの国でも同じことだ。さらに綺霞さんは、生活のつかれが重なって、体の具合がよくない。

記者は取材の中で、現地の残留日本人から「援助したい気持ちはヤマヤマだが、それほどおカネに余裕がないし、反革命罪のレッテルをはられた人の家族にそう接触するのも気が引ける」という私たちが置かれている八方塞がりの状況を語った証言を聞き出している。

母は、難を逃れる唯一の方法は子供たちと一緒に日本に行くことしかないと考えていた。

8　日本人としてのプライドの芽生え　――敏雄・記

父が逮捕されるまで、私たちは上海人として周りの人と同じように生活し、なんの違和感も覚えることはなかった。しかし、父の逮捕後、私たちは反革命分子の家族という烙印《らくいん》を押され、生活は一変した。かつて中国人の子供たちと共有してきた平和な青空は、私たちの心から一瞬にして消えた。私たちが学校に行くと、「おまえは日本の鬼の子」と言われ、いじめられた。人に殴られた痛みは二、三日経つと消えるが、その言葉によって受けた心の傷は、薬でも時間の経過でも決して癒されるものではなかった。

中国の教育では日本の軍国主義は徹底的に批判されていた。戦争中の日本軍人は「日本の鬼」と呼ばれて、恐ろしい形相で描写されていた。しかし、父の姿は教えられていたものとはまったく違っていた。父はよく私たちを虹口公園（のちの魯迅公園）に遊びに連れていってくれた。また、中国の国慶節（十月一日）の日には、私たちを連れてにぎやかな南京路で花火を楽しんだ。妹が生まれる前に日本の松山バレエ団の公演を見にいった時は、兄に「もし女の子が生まれたら、その子にバレエを習わせる」と話した。父は本当に優しくて、家族のために一生懸命働いてくれた。父が反革命の罪で囚われても、子供にとっての父は、教科書に書かれているような悪人ではまったくなかったのである。きっと早く家に帰ってきてくれると信じていた。

　中国では小、中学校の生徒のほとんどは「少年先鋒隊《スオニイエシエンフオンダエ》」という組織に属し、赤い「紅領巾《ホンリンジン》」というネクタイを首につけている。赤色は中国革命に尽くした烈士の血を意味する色だと言われている。父が反革命分子にされたせいで、私は「紅領巾」を、他の同級生たちより二年も遅れてもらうことになった。しかし、皆と同じ「紅領巾」をしても、中国人に嫌われる「日の丸」の赤色としか見られないため、「日本の鬼の子」としていじめられることにはなんら変わることがなかった。

　中学校の音楽の授業中、私は中国の国歌を歌っている時に「中華民族は最も危険な時に直面する時が来た」という歌詞の「中華民族」を間違って「中華民国」と歌ってしまった。すると、男性の音楽の先生はいきなりオルガンの伴奏を止めて、顔を真っ青にして私に「おまえは何を歌ったのか」と怒鳴った。中華民国とは台湾政府であり、当時の中国の敵であった。国の象徴になっている国歌の歌詞を一文字間違えただけで、敵の台湾政府の勇気を称《たた》える内容になってしまったのである。ふつうの子供なら始末書ぐらいですむことだが、反革命分子の子供にとっては絶対に犯してはならないタブーである。どれだけ謝ってもすむことではなく、警察に通報されればただちに反革命の罪で私は少年院に送られることになる。

私は家に帰っても、母に心配をかけまいと思い、このことを告げなかった。何日間もひとりで恐怖の日々を過ごしたが、何も起きなかった。音楽の先生は多分私のような苦しい立場に置かれている罪のない子供に同情し、私の間違い、いや私が犯した「罪」を見逃してくれたのだろう。この出来事は五十年以上も前のことであるが、音楽の先生の怒った顔は今でも忘れられない。もちろん、命を助けてくれた恩人ともいえるその先生への感謝の念もずっと心に残ってはいるが、一方で私はそのショックで音痴になってしまった。

帰国後、兄も作文でその悲しい時代のことをこう書いた。

ある日、中学校のクラスのガキ大将がまた私を「東洋人（著者注：日本人を軽蔑する言葉）、日本の鬼の子」と侮辱した。私はとうとう堪忍袋の緒が切れ、猛然と椅子に上りガキ大将へ飛びかかった。ガキ大将は私をいつもおとなしいと思っていたので、驚いた。つかみ合ったせいでお互いの服が破れてしまい、先生から罰を受けることになった。担任の先生は本当に優しくて、私の弱い立場に同情してくれた。ふたりは先生に呼ばれて、糸と針を渡され、お互いに破れた服を縫った。家に着くと、母の前で私は泣いた。とても悲しく、一日も早く祖国へ帰りたいという切ない思いが改めて胸から湧いてきたのだった。

当時、娯楽は少なく、映画の切符を手に入れるのは大変難しかった。私たちはお金がないので、年に一度か二度しか映画を見にいけなかった。私は映画が反日の内容であるとわかっているものには行かなかった。しかし、反日映画でなくても、上映中に日本人を悪者にするシーンや、「日本の鬼」という台詞《せりふ》が出ると、耐えきれなかった。しかし、即座に退場すれば、抗議と見なされて酷い目に遭う。私は人に気づかれないように慎重に席を立ち、トイレに行くふりをして退場した。

私はその時日本語の「アイウエオ」さえわからなかったが、差別と貧困の中で日本人としてのプライドが芽生えていた。「私の祖国はこの大陸ではない。日の出る方向、海の向こうにある日本だ」と思うようになった。しかし、祖国は一体どんなところなのか、水平線から現れた蜃気楼《しんきろう》とどう違うのか、古代の中国人が探し求めた「桃源郷」と同じようなものなのか、と想像するしかなかった。

私は本を読むのが好きで、ある本から富士山が日本の象徴であることと桜が日本の国花だと知った。私たちの家がある虹口区は戦争中には日本の租界になっており、たくさんの日本人がここで暮らしていた。私は、もしかすると望郷の念から彼らがこの辺りに桜を植えたのではないかと考えた。桜の花を見つけられれば、日本に帰れない私たちの大きな慰めになる。そう思い、日本の建物が残されている周辺を探してみた。しかし、軍国主義の遺物を追放するためか、桜の木は見つからず、市内にあった上海神社も撤去されていた。

その時、私たちの苦しみの原因は日本人でありながら桜の花が見られないということなのではないかと思った。父は桜の花の下で生活できれば、こんなに酷い目に遭うこともなく、私たちと一緒に幸せに暮らせるはずだ。いつか桜の花を目にすれば、きっと私たちに人生の春が訪れる。桜を思うほど桜の国への憧れは一層強いものになり、まだ見ぬ日本へと一層想いを馳《は》せるようになった。

9　耐え忍ぶ――敏雄・記

私たちは中国政府から生活保護を受けて生活していた。お金が入ると、まず借金の返済に充て、次に一番安いお米を買った。そのお米はとてもまずかったが、米であることに変わりはなく、毎回、炊きあがる瞬間を楽しみにしていた。お金が残ると野菜などを買ったが、食事の時、おかずのない日も多かった。まともな肉は買えず、たまに安く買えた豚の骨が一番のご馳走《ちそう》だった。豚の足の骨の場合、噛めるところはすべて噛み砕いて食べ、残るのは白い、硬い部分だけだった。そこでカルシウムをとったおかげで、子供たちは皆痩せていても背だけはしっかりと伸びたのであった。

早朝には私たち子供はよく市場に行き、捨てられた野菜の葉っぱを拾い集め、食材にした。スイカを切って売る店の店頭に、食べ終わったスイカの皮が廃棄されていた。私たちはその皮を拾って帰った。母はその皮の白い部分を包丁で切り取り、漬物にした。

ザーサイを作る時、湿度を保つために載せた一番上の葉は最終的に処分されるが、それも我が家の貴重な食材としてもらってきた。

当時、中国では食材を買うには配給の切符が必要だった。しかし、私たちには魚や肉を買うお金がないので、その配給の切符を近所の人に譲っていた。そのお返しとして、近所の人が買わされたものの、まずくて口をつけられないという塩漬けをタダでもらうこともあった。貧しい生活の中、栄養がほとんどない物ばかりを食べていたせいか、私たちは次第に痩せ細り、顔からは血色がなくなってしまった。

私たちはメスの雛鳥《ひなどり》を二羽買ってきて、ミミズと昆虫などを餌にして育て、卵を産ませた。卵は品不足で簡単に買えない時代。生活費を得るために、いつも産みたての卵を近所の人に売っていた。しかし、旧正月の前、新年を迎えるお金を手に入れるため、親鳥を売らざるを得ないということになり、家族同然だった二羽の鶏は近所の人の新年のご馳走となってしまった。

私と弟は金魚を飼いたいと思っていたが、とてもそんなお金はなく、いつも金魚売りの店で金魚に見とれていた。夏休み中、弟を連れて郊外に行き、小川でメダカを捕って帰った。小川には鮒《ふな》もいて、運よく大きな鮒が捕れた時は母に調理してもらい、久しぶりの魚に舌鼓を打った。川に行くついでに、川辺に生えている雑草から食べられる種類の野草を探し出し、家の食材にした。また、小川で自己流の泳ぎを覚えた。

上海の夏は気温が四十度近くまで上がり、日曜日になると涼むためにプールに行く人が多い。私たちにはプールに行くお金もないし、小川まで行くにもあまりに遠すぎるので、よく近くの長江支流の蘇州河と黄浦江で泳いでいた。川は深く、人がおぼれることもあったが、夏の暑さに耐えられず、いつも母に内緒で川へ泳ぎにいっていた。

中国ではオスのコオロギを捕まえて、オス同士を戦わせる遊びがある。私たち兄弟は秋の深夜、ひんやりとした空気が流れる郊外に行き、コオロギの鳴き声を手がかりにして、懐中電灯の光を頼りにコオロギを捕まえた。それを街で売り、手に入れたお金を生活費に充てた。

その頃、手で布切れから繊維糸を取り出すという内職があった。一生懸命にやってもスズメの涙ほどのお金しかもらえなかったが、家計を助けるために、兄弟は放課後、家でその仕事に取りかかることにした。長時間続けたため、小さい指が痛くなった。解《ほど》く際には埃《ほこり》がたくさん出てきて、不衛生な仕事だった。

のちに兄が上海市第一看守所に拘禁された際、このような布切れを解くという労働を科せられた。特別な作業所はなく、狭い牢屋でこの作業を行なったため、牢屋に埃が充満して肺結核蔓延《まんえん》の温床になったという。罪を償うべき囚人とはいえ、あまりにもひどい労働環境だった。

一家五人の命を繋げるために、母は家で赤ん坊だった妹の面倒を見ながら、ミシンで枕にカラー刺繡《ししゅう》を施す内職をしていた。作りあげた枕の上の牡丹《ぼたん》やバラなどの花の鮮やかさの中には、母が朝から深夜まで労働に身を削らねばならない生活の苦しみが込められていた。しかし、その内職の収入をもってしても到底生活を支えることはできず、父が逮捕されてから四年目、母の愛着ある大事なミシンもとうとう他人の手に渡ることとなった。それから母はセーターの手編みの内職を始めた。寝る時間も惜しんで、大人用のセーターを二日で一着のペースで編んでいた。

父不在の五年目、母は貧困生活に疲れて体調を崩したが、それでも生活のためにと、小さなプラスチック工場で働き始めた。そこでも差別の眼差しは変わることなく母を苦しめた。反革命分子の配偶者という理由で、きつい仕事を割り振られた。仕事の内容はポリ袋を作るために原材料のロールからシートを五、六枚重ね、薄い刃物を使い、裁断するというものだった。長い間、右手の人差し指に常に強い力をかけていたために、いつの間にか人差し指の指先は横に曲がってしまった。今でも、母の右手の人差し指は異常な方向に変形したままである。

お金を稼げそうな手段はなんでも試みた。当時、四〇〇ccの血液は三十六元で売れた。母はその話を聞き、自分の血を売りにいった。しかし、長年の苦難の生活で母は高血圧症になっており、血液は売れず、落胆することもあった。

母は父が残した衣類を売らず、あの手この手で工夫を凝らし、私たちの服に作り直した。しかし、父の衣服もたくさんあったわけではなかったので、ある日ついに底をついてしまった。私たちの身長が伸びると、短くなった袖とズボンの裾を継ぎ足した。その後、時間が経つにつれ服も継ぎだらけになっていった。靴下と手袋さえ買えず、冬が来るたびに、私たちは手足の酷いしもやけで苦しんだ。新品の物が一切買えない中、アルミニウムの鍋は底に穴が空くまで使い、それもできなくなると、底だけ換えて食事を作り続けた。お碗《わん》が割れた時も、職人に直してもらって使った。

10 父の「死亡宣告」——敏雄・記

子供たちが父に会えない寂しさや悲しさを和らげようとするためか、母は父が拘禁されている看守所に差し入れを届けにいく際、よく私たちを連れていってくれた。

看守所の入り口では軍人が銃を構えて警備をしていた。中に入ると広場があり、奥にはもうひとつ壁がある。看守所の内部に通じる扉もあり、その扉の手前には机が並んでいた。差し入れる物の検査を受けるため、囚人の家族は順番待ちの列を作る。順番が来ると、まず囚人の名前代わりの番号を言って、机の上に差し入れを置く。看守はそれらを受け取って、検査してから「もう終わりだ。帰れ」と言う。囚人自身が受け取りの署名をすることは固く禁じられていたので、家族は差し入れが本人の手に渡ったかどうかの確認はまったく取れない。

私は母と一緒に検査の順番待ちをする間、目を閉じ、前と変わらない父の姿を頭に思い浮かべた。ある差し入れの時、父に思いを馳せていたのも束の間《つかま》、私たちは検査の際に看守の取った行動に驚き、恐怖した。看守はトイレットペーパーの一枚一枚に目を通し、手紙が書かれていないかどうか徹底的に検査を行なっていたのだ。石鹼（現在の市販の石鹼とは異なり、洗濯用のものは大変軟らかかった）も千枚通しという太い針で何回も刺し、中に手紙が隠されていないかを調べた。私は容赦なく刺される石鹼を見ながら、体中が震えた。

その出来事が忘れられず、その後再び看守所に行った時、目に浮かんでくる父は、かつて思い描いた穏やかな姿ではなく、映画の中に出てくる罪人のように、手錠をかけられ、足かせをはめられ重い鎖に繋がれ、拷問にかけられているものになってしまった。父のことを思うと、私たちの幼い胸は痛んだ。だが私たちは、どんなに貧乏であっても、借金をしても、石鹼がどんなに刺されようとも、毎月、必ず父への差し入れを持っていった。その差し入れは「お父さん、塀の中の生活は苦しいけど頑張ってください。私たちはまだ生きているので、安心してください」というメッセージだったのだ。

父が凍死をも覚悟して受け取ることを拒否した衣類は、母の手により、四人の幼い子供たちに温もりを与える服へと縫い直された。わずかな衣服しか持っていない父が、果たして上海の氷点下の寒さを耐え凌《しの》げるのか、と私たちは絶えず父の安否を気遣った。

昭和五十三年（1978年）、『朝日新聞』は「早期釈放願い寄せ書き」という見出しの記事で、父について「終戦の二十年八月、憲兵曹長として北京にいたのを最後に消息がわからず、三十三年、死亡宣告された」と報じた。

昭和三十三年、母は父の意向で父が逮捕されたことをただちにSさんに知らせた。S

さんはその前々年に、父から預かった狐の毛皮を祖母に送ったことがあったので、父の逮捕を知れば、即座に祖母か親戚にそのことを知らせたはずだった。それなのに、父が逮捕された年に死亡宣告されたのはなぜなのか。その理由は、恐らく父がSさんに中国の重大な情報を提供したことにある。それはとても重大な情報だったのだろう。情報の重みから、父が中国政府に捕まることがあれば間違いなく極刑にされるという一種あきらめの境地が日本側に生じ、それで死亡宣告に至ったのではないか。

父との音信不通の中、私たちは次第にあの鉄線が張られている上海市第一看守所が、ひょっとするともうすでに父の墓場となったかもしれないと思うようになった。その時は父の「死亡宣告」を知らなかったが、看守所に近づくと墓参りに来ているような沈痛な気分になり、思わず手を合わせたくなった。

11　石川記者の報道 ――深谷義治

昭和三十九年(1964年)、前出『週刊サンケイ』誌の記事を執筆した石川基記者は、取材で上海を訪れる前、日本にいる私の母と弟妹を訪ね、彼らから中国に暮らす私たちへ渡す手紙などを託されていた。もちろん、日本の親族に代わり私の妻と子供たちに会って励ますのも上海訪問の目的のひとつだった。

このときの取材裏話を、記事中に以下のように書いた。

深谷さんと連絡をとるべく、あれこれと条件をだして、中共側当局の意向を打診した。

が、その返事は予想以上に冷たいものだった。

「彼はたしかに、逮捕されている。しかしあなたに会わせるわけにはいかない。妹さんからの手紙と写真も渡すことはできない。罪状も、刑期も、こんごの見通しもいえない。ただひとつ、いえることは、彼の健康はいまのところ心配ない、ということだけだ」——と。

（中略）

当局から数日たってつぎのような説明が記者に伝えられた。

「彼（著者注：深谷義治）の逮捕理由は〝反革命罪〟（著者注：社会主義の中国に危害を加えた罪）です。本来なら、彼の生きていることも、罪名もいえないのです。反革命罪については、一般人民にも知らせてないくらいですから。彼が殺人罪とか、スリをやったというなら、問題はいたって簡単です。あなたの希望はすぐかなえて上げます。

また、戦犯もすでに歴史の遺物になりつつあります。いずれ、いま残っている三人も釈放されるときがきます。だから、あなたにもタップリ会わせたのです（注：十月末に撫順収容所で二時間余り懇談）。が、反革命罪は殺人犯や戦犯の比ではありません。いまの中国では、決してゆるがせにできない重要問題なのです。これだけのことを、あなたに伝えてあげることは異例なことです。だからこれ以上この問題に深入りすることは、あなたのためにも、日中友好のためにもなりません」

（中略）

はっきり証拠があれば、もちろん判決（原則として五年単位）がきまる。が証拠がないばあいでも、しばしば、わが国であったと同じように、未決のまま、何年間も刑務所につながれる。

深谷さんは、五年以上たったいまも、家族との面会が許されていない。現在の中共では、判決がでると、月に一度ぐらい面会が許される建て前になっているから、未決であることは、ほぼ確実だ。おそらく、当局の取り調べにたいして、戦争中の任務について、かたくなに口をつぐんでいるのではなかろうか。あるいは、革命のどさくさ時に国民党の仕事をすこし手伝ったのかもしれない——というのが、関係者の推測だった。

革命後も、特殊なスパイ活動をつづけたとなると、コトは面倒になるが、彼を知るものは、その可能性はまずありえない、と断言している。

日赤本社掛川外事課長は、

「これからも、こりずに紅十字会と連絡をとりたい。家族の問題にしても簡単に解決するとは思わないが、長男が来年には高校を卒業するというから、それまでには、なんとかしてやりたい」

と語る。

記事には、中国政府の取った厳しい姿勢が示されていた。結局、私は、逮捕後から石川記者に報道されるまでの六年間にとどまらず、中国政府の判決を受けるまでの十六年間、外の世界と完全に遮断され、上海にいる妻でさえ私と連絡を取ることは許されなかった。私が生きているのか、死んでいるのか。あるいは、妻と子供たちの生死はどうなのか。それをお互いに確認することが不可能な時期が続いた。

私は戦争中、紙幣を偽造するなどの様々な工作を通じて、中国軍に打撃を与えた過去があった上、終戦後、中国人と偽り十三年間投降せず潜伏し続けたため、戦後の日本のスパイという疑いがかけられることは至極当然であった。中国政府が私の拘束の主な理由を、殺人犯や戦犯よりずっと重い「反革命罪」としても不思議ではない。

だが、日本国の名誉のため、死を覚悟の上で、戦後の日本のスパイであることを終始否認し続けてきた。中国政府による厳しい追及に対して、一切口をつぐみ黙秘した。

中国政府が「彼の逮捕理由は〝反革命罪〟です」と疑念なく記者に伝えたのは、私の自白を引き出せないにしろ、必ずその証拠は見つけられるという自信があったことを記者に示そうとしていたからだろう。

中国政府が中国で証拠を集められないなら、スパイ天国と言われている日本にスパイを送り込み、証拠を探そうとするに違いない。

その可能性を案じ、石川記者は「殺人犯や戦犯より厳しい判決」を下されてしまうことのないよう、日本にいる親戚や私と関係のある人、島根県庁及び日本政府に、慎重な対応を求めた。とにかく私の身の安全のために、不用意な行動を慎んでほしいという警鐘を日本の関係者に鳴らしたのであった。

石川記者は日本の家族から預かってきた手紙と薬を直接私に渡そうとしたが、中国政府に固く拒まれてしまった。そこで、苦しい生活を強いられている妻と子供たちを見舞うために、その手紙と薬を持ち、上海の家を訪れようとした。路地に差しかかり私の住居まであと十メートルほどの所で入り口の写真を撮った。しかしそれより先に進もうとしたところ、尾行してきた私服警官たちが現れ、訪問を無理やり阻止したのであった。それだけでなく、フィルムをカメラから強引に抜きとってしまった。

その翌日、日中敵対の壁にぶつかった石川記者は強制的に国外退去を命じられた。中国を離れる前、宿泊先のホテルの従業員に頼み、日本の妹、恵子から託された手紙などを妻に届けてもらった。

ひとりの記者が、戦争により苦難のどん底に落とされている一家に対し深い同情を抱き、上海を訪れた。だが、結局は中国政府の異常ともいえる反発を招いただけだった。

第四章　文化大革命

1　嵐の中——深谷義治

公安はその後、中国随一の取調官を担当につけ、あらゆる手口で地獄にも勝る苦しみを私に加えた。それでも、私はなお、戦後の日本のスパイのことを否認し続けた。

昭和四十一年（１９６６年）の初め、中国政府は妻に「深谷義治は歴史上（戦中スパイ）の問題であるから、中日関係が少し好転すればただちに釈放する」と言明した。

「おまえの釈放は、今後の中日関係の好転次第だ」

第一看守所の陳という副所長は、私本人に向かってもこのようなことを何度も言った。しかし、それは反故《ほご》にされ、私の釈放は白紙に戻された。その背景には何があったのか。

昭和五十三年（１９７８年）、私が帰国する直前に発売された『週刊現代』誌は、娘が恒松制治島根県知事へ宛てた手紙の中で「父は一九六九年（昭和四十四年）に釈放されるはずだったが、四人組のために刑期を延ばされ……」と書いている、と報道した。

確かにその通りで、昭和四十一年八月、毛沢東による中国文化大革命が始まり、中国全土に災難がもたらされた。健康もすっかり失った私は、再び、戦後の日本のスパイであるという追及に晒され、拷問と虐待に喘いでいた。
前出の鄭念さんは、第一看守所に囚われていた時の恐怖の一幕を著書『上海の長い夜』にこう書いている。

就寝の時間の前に、当番の看守が各部屋を回って囚人たちに静かに座って放送を聴くようにと言った。スピーカーからは男性の声で、第一看守所が軍部の管制下に置かれたことが告げられた。

（中略）

「われわれの偉大な指導者、毛《モウ》主席の政策は、『自白する者には寛大な処置を、頑迷な者には厳しい罰を、そして他の人を非難する、ほめるに値する行為をした者にはほうびを』である。今夜われわれは、われわれの偉大な指導者、毛主席の政策を実行するため、この看守所で未解決のケースのいくつかを処理する」

しばらくの沈黙ののち、男は罪を告白しなかったため死刑の宣告を受ける囚人の名前を、次から次へと読み上げた。男は囚人たちの年齢、住所、職業、「反動的」な家系といった特色を読み上げ、囚人たちの犯した「罪」を説明した。それらの罪というのは、すべて「プロレタリア階級に対する復讐《ふくしゅう》」の部類に含まれるものだった。それらは、実際は文化革命に反対の発言とか、江青、林彪、あるいは毛沢東《タクトウ》をけなした言葉以上のものではなかった。そして男は、大声で叫んだ。

「奴らを連れ出せ！　即刻処刑だ！」

男の声は非人間的なうなりであり、残酷さに満ちていた。私は必死にこらえていたが、ひとりでに体が震えてしまった。

処刑される人たちの名前は、次から次へと読み上げられた。そのあとは無期懲役や、二十五年以上の懲役の判決を下された人たちの名前が続いた。それらはみな十分に告白しなかった者、あるいは告白が不十分だったり不誠実と考えられた者に対する「厳しい罰」だった。

最後に男は、自ら告白したばかりでなく、他の人を非難してほめるに値する行為をしたという理由で、「寛大な処置」を受けた人たちの名前を読み上げた。一人の女性は、香港への逃亡を企てた数名の者の逮捕につながる情報を提供したという理由で、直ちに釈放するように、との命令が下った。その他の者は、三年から五年の懲役という軽い刑だった。

放送が終ったのちも、この男の威嚇する声が私の耳にがんがん響いていた。これまで私は、これほどショッキングなことは聞いたことがなかった。この男が今は第一看守所を担当し、私の運命を握っていると思うと、恐くなった。すでに冷えこんでいた夜が、さらに寒くなったように思われた。看守が就寝を告げるまで、私は体の震えが止まらなかった。他の囚人たちも、おそらく恐怖に身も凍っているだろうと思った。どこからもコトリという音すら、聞えてこなかったからである。

廊下の向う側の端のドアがバタンと開いて、通路に響く皮の長靴の音が聞えた。各部屋の小窓が開けられ、閉められる音がした。

「お前はどうだ、告白したのか。すべてを吐いたか」と大きな声が言って回っていた。その重い足音がだんだん近づいてきた。いよいよ来るな、と私は気を引き締めた。

公安が放送を通じて囚人を恐怖に陥れた後、牢屋を回って罪を吐けと強要することは、それからも定期的に行なわれた。聴取への恐怖は決して収まるものではなく、寝ても覚めても囚人につきまとった。戦後の日本のスパイであったことを認めれば、放送に取り上げられた女性と同じように釈放される。そうでなければ、いつか自分の名前が死刑囚のリストに入り、あの男に読み上げられる日が来る。私に国のため、桜のように散っていく心の準備がいくらあったとしても、母や妻、子供たちの苦しみを思うと、断腸の念で、牢屋にいる時にはずっと涙が止まらなかった。

判決の直前まで中国政府から服と布団をもらったことは一度としてなく、妻が最初に二回差し入れた衣類だけで十五年間冬を耐え忍んできた。長い月日のせいか、それとも拷問で叩きつけられたせいか、着てきた服はボロボロに破れ、唯一の布団は破れてズタズタになっていた。

かつて銃を握った手は、厳寒を生き抜くために、針と糸を使うものになった。着る物がボロボロになれば、二着を一着に縫い合わせた。ズボンが駄目になったら、裾を切って胴回り部分の破れたところに継ぎを当てた。不要なところも捨てず、ボロの上下の服にさらにこれらのボロを継ぎ当てた。服とズボンの数が次第に減っていったが、ボロの上にまたボロを重ねていくうちに、残った服とズボンは厚くなる一方だった。ついに妻が十五年前に差し入れた長袖の服と長ズボンは半袖の服と半ズボンに生まれ変わった。破れた布団のボロ布を一枚の風呂敷に縫いつけた。こうして、ボロの服の上に継ぎだらけの風呂敷を体に巻いて、原始人同然の生活を送っていた。

しかし氷点下六、七度の寒さには到底耐えることはできず、どんなに抑えようとしても体は震え、歯は上下にがたがたと鳴った。横にいる古参の政治犯は、このままでは私が死んでしまうのではないかと、惨めな様子を見兼ねて同情を寄せてくれた。そして「歯を食いしばりなさい。そうしなければ、魂が肉体から次第に離れて死んでしまうよ」とアドバイスをしてくれた。

私はその言葉を受け止め、極寒の中、魂が抜けないよう、渾身《こんしん》の力で歯を食いしばり過ごした。その極限状態の中、母校の校歌や『安来節《やすぎぶし》』や『関の五本松』を記憶から思い起こして、祖国でのありし日を偲《しの》んで心を温めた。

校歌の一節「蛍雪いくとせ同じき窓に　学びて業成るあしたの栄　郷土のほまれを揚げつつ共に　忍ばん母校の親しき姿」の中には、明日の栄光のために、灯油を買えないほどの貧困の中、蛍を集めてその光の下、あるいは、山の雪の反射の光の下で昔の人が勉強に励んでいる情景が表されている。その「業を成し遂げる」という精神に励まされ、学生時代学問に取り組み、戦場の砲煙弾雨の中を何度もくぐりぬけてきた。潜伏生活中だけでなく、刑務所の寒さや飢えの苦しみ、さらには迫害を受けるさなかにも、校歌のリズムは私の心に響き、万葉人に歌枕として歌われた三瓶山が心に浮かび上がってきた。その頂《いただき》にある雪と蛍の光から生きる勇気を与えられていたのであった。

『安来節』を歌うと、日本海の夕日の輝くような日差しが鉄窓に差し込んでくるようであった。『関の五本松』を好んでいるのは、主人公の生きざまが牢屋の中にいる自分の境遇と未来への希望を切に反映しているかのようであったからだ。

私は一晩一晩、そして一冬、また一冬と、歯を食いしばって過ごしたことで凍死から逃れることはできたが、その代償として残っていた二十四本の歯はすべて欠けたりして使い物にならなくなってしまった。それだけでなく、大人になれば歯は伸びないという常識に反して、歯がまさに鬼のもののように伸びてしまった。

私の歯は食べ物を嚙む機能を完全に失い、寒さを凌ぐだけの道具になっていた。食事は口に入れて飲み込むだけだった。そして気づけば、私の顔は鬼のような形相となっていた。

その四苦八苦の中、私は絶えず家族のことを案じていた。妻と子供たちのことを心配し過ぎたせいか、妻が自殺に追い込まれ危険な状態に陥る夢や、子供たちが路頭で物乞いをしている夢をよく見た。驚いて目が覚めると不安にとりつかれ、再び眠りにつくことはできなかった。そんな辛い夜に私ができるのは、鉄窓の外の星に向かって家族の無事をただひたすら祈ることだけであった。月を見上げ、市内の家の窓にも差し込んでいるであろう月光に託したのは、夫として親として苦難を被らせたことへの詫びだった。

娘の誕生日は、故郷の島根・大田の吉永神社の祭りと同じ日である。毎年その日が来ると、会えない娘の様子を懸命に想像した。頭に浮かぶのは、娘が可愛い浴衣を着て、露店が並ぶ神社の前で楽しんでいる姿ではなかった。戦争中に見てきた、やせこけ擦り切れた服を着て、悲しい顔つきをしているひとりの難民の少女の姿だった。その子が私の娘ではないことはわかっているのに、どうしても娘と重ねてしまうのだった。

中国では「好死不如悪活」という言葉がある。変わり果てた姿になったとしても、死ぬよりは惨めながらも生きている方がよい、という意味だ。死んでしまったら、母の現れる夢を見ることもできず、妻と子供たちの誰かが届けてくれる愛の込められた差し入れも受け取れない。どんな怪物になろうとも、日本人の心と日本海の近くで生まれた誇りはなんら変わらなかった。祖国に帰る志は、依然として胸にしっかり持ち続けていた。

私よりずっと前からこの牢屋に入れられていたのは、中国の内戦で共産党軍に敗れた国民党の高官たちだった。その厳しい抑圧の鉄窓の中では、当時の栄光の影も形もなく、名前さえ呼ばれず、私と同様に私服の胸につけた番号で識別されていた。

痛ましい戦場を無数に見てきた彼らも、長い間、凄まじい虐待を受けた私の悲惨な様子を目の当たりにして、呆気《あっけ》にとられていたようだ。「同病相憐れむ」という言葉があるが、看守所の迫害を受けている間、次第に彼らは私が偽装囚人ではなく、密告するような卑怯《ひきょう》な奴《やつ》でもないと確信を得たようであった。かつて日中戦争中、私は彼らとは敵同士だったが、ここではお互い労《いた》わりあい同情しあう仲間になっていた。彼らは国民党空軍地上部隊総司令官、国民党上海周辺警備司令官少将、逃げ損ねて捕虜になった国民党海軍中将、日本軍の副参謀今井武夫と談判した国民党司法中将などだった。彼らの中で国民党の高官・傅作義の参謀長・馬忠義は、苛酷な環境の中で命を落とした。また、国民党の情報課長は残酷な取り調べに耐えきれず、服毒自殺した。

2　農場に下放された私　――敏雄・記

文化大革命が始まった昭和四十一年（1966年）、私は高校二年生だった。それ以降、すべての学校の授業が中止され、教育システムは完全に崩壊状態に陥った。学生が出身などによって「紅五類」（労働者、貧農、革命幹部、革命軍人、革命烈士）と「黒五類」（地主、富農、反革命分子、破壊分子、ブルジョア右派分子）に完全に分類された。私たちは「黒五類」の家族になり、一段と差別されることになった。同級生はほとんどが紅衛兵になり、革命運動の経験を得るために、政府から手当をもらい無料の列車に乗って北京などへ行った。そして上海に戻ると、封建的文化、資本主義文化を批判し、文化財、寺院などを次から次へと壊した。また、「黒五類」の家に押し入っては家の主に糾弾を加え、収蔵していた古い書籍を焼き尽くし、家財を持ち去るなどの非人道的な行為を繰り返した。

その後、一家に子供がふたりいれば、ひとりは都会に残り、工場の労働者となれるが、もうひとりは農民にならなければならぬという政府の規定ができた。農村の仕事はきついだけでなく、その収入が都会の半分以下であった。私は弟が十五歳で農村に行けばきっと苦労してしまうだろうと思い、都会に残るチャンスを弟に譲り、自分が上海の郊外にある「星火農場」に行くことにした。

農場は市内から約八十キロ離れた海の干拓地にあって、私はその二十二連隊に配属された。住むところは葦《あし》と竹でできた簡易建物で、床は土のままなので、土砂降りの時は濡れてどろどろになる。冬には北風が壁の隙間から入り、室内に干した洗濯物も凍結してしまう。就寝の際は、頭からすっぽり布団をかぶらないと寒さで身ぶるいが止まらない。夏になると、蚊帳《かや》の中は暑くて寝られず、一歩外に出れば今度は無数の蚊に襲われる。

部屋には六つの二段ベッドがあり、十二人が住むことになった。私はベッドの上の段にわらを敷き、シーツをかぶせ、家から持ってきた一枚の古い布団を載せ、その上に蚊帳を吊《つ》り、寝床を作った。

農場は機械化されていないので、男が任される仕事は、鍬《くわ》で広大な畑を耕したり、天秤棒《てんびんぼう》と桶《おけ》で肥料として使われる人糞《じんぷん》、牛と豚の糞、水などを畑に運んで撒《ま》くような重労働と決まっていた。

天秤棒の圧力で服の肩部分がすり減ってしまう。私は服を守るために、寒くなければ、上半身裸で荷を担いだ。最初、荷の重みで肩が痛くなり、次第に水疱《すいほう》が生じ、皮膚が剝《む》け、まめができた。布の靴は一足しかなかったので、靴を傷めないように冬を除いては ほとんど裸足《はだし》で作業をした。

冬の二ヵ月の間、天秤棒、鍬とスコップを用い地表から六メートルの深さの川を造成する作業を行なった。河床になるところから土を掘り出し、天秤棒で堤となる両サイドに担ぎ出した。深く掘るにつれて、地下水をたっぷり含んだ土は一層重くなる。日に三度の休憩を除き、朝から晩まで人々は列になって作業を進める。雨の日、河床から堤までの土階段は一段と滑りやすくなった。重荷を担ぎ、階段の途中で滑って転び泥だらけになる人をよく見かけた。

一生懸命学問を身につけたのにこのような骨折り仕事をさせられることに対する反発から、巧みな風刺をこめた歌が青年たちの間で密かに流行していた。「迎着太陽起、伴着月亮帰、沉重的修地球是我光栄神聖天職、我的命運……」。この意味は、朝日を迎えながら起き、月に伴われて帰る。(一日中)地球を直すという重労働は私の「光栄」かつ「神聖」な天職である。これは「私の運命だ」というものである。歌に興味を持っていない私でも、その歌には大いに共鳴していた。もちろん、当時はこのような歌を公で口ずさむだけで反革命分子になる。

農場に来た知識青年たちのほとんどはなんの苦労も知らずに育ってきたタイプなので、厳しい環境の中すぐにホームシックにかかった。私は彼らと違って、自分の生活だけでなく、家の借金を返済する使命も背負っていたので、この地で嫌でも頑張らなければならないという気概があった。そのために、上海の家への恋しさは感じたが、ホームシックにはならなかった。

女の子たちは予想を遥かに超えた苦しみに耐えきれず、夜中に泣き出していた。男子は強いアルコールで憂さを晴らした。酒など買えない私は、いつも自分自身の精神力で苦境を切り抜けていた。

日本側との連絡は途切れてしまっているが、祖母が私たちのことを諦めるはずはない。きっと毎日のように日本海の浜辺で大陸に向かって「義治よ、帰ってこい。嫁と孫たちよ、会いたい」と泣きながら、声を嗄《か》らすまで呼んでいるだろうと私は常に信じていた。

女の子たちの泣き声が止んだ後、周囲は静まり返り、耳を澄ますとざわざわと静かに響く波の音に祖母の悲痛な呼び声も混じっているように聞こえてくるのであった。

悲しみに満ちた農場の夜。しかしそうやって枕元で波の音を聞くうちに、眠りに入って見る夢に、祖国に帰っての一家団欒の光景が映し出されることがあった。その時だけは、苦しみから逃れ、つかの間の幸福に包まれた。

やがて、唯一の靴が次第に破れ、これでは冬を越すのは無理ではないかと悩んでいた時に、折よく農場で献血が行なわれ、私も参加した。献血の代金として、十八元も手に入れた。早速母に十四元を送金したが、家の厳しい台所事情には焼け石に水に過ぎなかった。残りの四元で新しい布靴を買い、ボロの靴に別れを告げた。

おかず代を節約するために、よく休みの時間を利用して灌漑《かんがい》の水路に入り、素手で鮒や小魚、カエルを捕った。自分のご馳走になるだけでなく、帰省する時には土産として上海の家に持ち帰った。

青年たちの中には、厳しい生活の中、励ましあい、労わりあっているうちに結ばれたカップルも少なくなかった。しかし、階級を重視する文化大革命の風潮の中で、反革命分子家族という最低の階級に置かれた私と付きあう人はまったくいなかった。家にいる時は服が破れれば母が直してくれたが、彼女がいない私は自分の手で針と糸と当て布を使い、二着しかない服の寿命維持に努めた。

農場生活二年目には、三〇〇人分の食事を作る食堂での調理と食材の仕入れ係になった。給料も四元増えた。朝三時頃に起き、ひとりで天秤棒とふたつの麻袋を持って、商店街に食材の仕入れに行った。六キロほどの道のりを、片道五十分くらいかけて歩いた。荒涼たる開拓地で街灯はほとんどなかった。月がない日の夜は真っ暗で、勘に頼って先へ進むしかない。さまざまな食材を仕入れ、五十キロにもなった荷物をふたつの麻袋に入れ、天秤棒の両端にぶら下げる。まず右肩で担ぎ、疲れたら左肩に代えて担いで戻ってくる。また、天秤棒に桶をかけて、川から水を汲《く》んで約十回往復し、食堂のかめに入れるのも私の日課だった。

革命の壁新聞は、ついに海のほとりの農場にまで貼られることになった。革命派のリーダーは全員を集めて、社会主義にふさわしくない他人の行為を書けと命じ、ノルマを課した。その後、食堂の中だけでなく外の壁も壁新聞で埋め尽くされた。私はもしかするとその中に自分の名前があるのではないかとハラハラしながら、一枚また一枚と読み回った。すると恐れていた通り、「反革命家庭出身の尤敏龍は、いつも寮の蚊帳の中で反革命的日記を書いている。日記を出せ」という記述が目に飛び込んできた。

日本への憧れや現状への不満を書くと、国への裏切りという反革命の罪になることは百も承知だったので、当たり障りのない日記を書いていた。しかし、父に会えない寂しさと日本への憧れを日記の中に、密かに、遠回しに織り込んだことが多少あった。もし根掘り葉掘り調べられれば、身の危険に繋がる可能性があった。

日記を提出しなければ、強制捜査の手が入る。切羽詰まっている中、なんとかして問題になりそうな部分を隠滅しなければならないと真っ先に思った。不幸中の幸いだったのは、日記帳を買うゆとりがなかったので、ばらの用紙に書いていたことだった。もはや一刻の猶予も許されない中、仕事を終えるやいなや日記の整理に取りかかり、三日間を費やして、問題になりそうな部分を見つけ出し、食堂の窯《かま》で石炭に交ぜて無我夢中で焼却した。そして、残りの日記を革命派に提出した。

あまりにも多くの紙を燃やしたので、煙突から出た煙に紙の灰が多く見られた。「反革命の日記を燃やしたのではないか」との追及もあったが、「罪」から逃れるために

「それは石炭を燃やしつけるために使った紙の灰でした」と無理やりごまかした。幸いなことに普段一生懸命仕事をしていたので、ばたばたしている革命派は疑心を抱きながらも、それ以上の追及をしなかった。

壁新聞の告発により、連隊の中で五人が「牛鬼蛇神」(反革命分子)として丸坊主にされ、「牛棚」(牛小屋と同様に、わらの上に寝起きする部屋)に押し込まれた。彼らは毎日朝晩、革命派の厳重な監視下で毛沢東の写真の前に立たされ、「請罪」(「罪」を述べて、自己批判をすること)を強要された。また、強制労働を課せられるだけでなく、あちこちの部署で頻繁に設けられた糾弾の場で晒し者にされた。ここで反省の色が見られなければ、刑務所に送り込まれる。

提出した日記は問題がなければ返してくれるだろうと思ったが、返してもらえなかった。もし反革命分子にされれば、どんなに母を悲しませるだろう。そう思うと、三年間の思い出を記した日記が無残にも処分されてしまったことへの悔しさはすっかり消えたのであった。この事件の後から、肉親や祖国に対する思いは、紙の上ではなく心に刻むことにした。

3　山奥に行かされた弟　――敏雄・記

弟は反革命家族というレッテルを貼られたので、なかなか就職できなかった。昭和四十三年（1968年）、「知識青年は農村に行かなければならない」という毛沢東の新たな指示があって、弟も農村に行く運命になった。従わないということは、反革命分子の家族としてなおさら許されることではなかった。

母はせめて弟が自力で生きていけるようにと黒竜江省のきちんと給料がもらえる農場を希望していたが、中国政府は弟が中国と敵対関係を持つソ連へ亡命することを防ぐために「その農場は中ソ国境に近い。駄目だ」と拒否した。

生き抜くため、弟は中国の西南部にある貴州省の山奥の農村に行かざるを得なかった。上海からその山村までは列車で丸二日、さらにそこからバスで六時間かかる。当時そこは「天に三日の晴れなし、地に三里の平地なし、民に三分の銀もなし」という言葉で表現されるほど恵まれない土地。一日中働いても、二食分の日当しかもらえなかった。家からの送金がなければ、一層惨めな生活を強いられることになる。差別の対象になっていた近所の反革命分子や資産階級の子供も、その山村に送られることになった。

都会の知識青年は一旦山村に行ったら、本人の戸籍も山村に移される。そのため、たとえ都会に戻ってきても食料を含む十種類ほどの配給キップがもらえない上、仕事にも就けない。

我が家は多額の借金を抱えていた。そのため我が家の敷き布団は十数年もの間使い続けたもので、外の糸が切れ、中の綿は硬くなりばらばらになっていた。私が農場へ行く時に布団を一枚持って行ったため、兄と弟は残りの一枚の布団の上にわずかな服をのせて冬の夜を過ごしていた。

そうして困り果てていた矢先に、兄の友人が古い布団を一枚くれた。その貴重な布団を前に、母は思わず涙を流した。

上海駅に弟を見送りにいった際、列車は貴州省の山村に送られる知識青年で満員になっていた。プラットホームには見送りにきた家族が溢れかえっていた。皆、身の回りの品を詰め込んだ大きな荷物を担いでいたが、弟の持ち物は二着の着替えと布団のみの小さいものだった。

列車の汽笛が鳴ると、親から子へ、子から親へ、心を切り裂く叫びのような泣き声がホームに響いた。列車が出ても、泣き声は続いた。

他の家族は我が子の様子をいつでも見にいけるが、我が家は弟が急病にかかったとしても、切符を買うお金がないので駆けつけることはできない。夢の中でしか会うことができなかった。母の悲しみは他の家族の何倍も深かった。母の泣く声が未《いま》だに耳の奥に残っている。

その後、母は弟が生きていけるようにと、ほんのわずかなお金を捻出しては弟に送っていた。

4　無実の罪で投獄された兄　――敏雄・記

兄は優秀な成績で高校を卒業したが、反革命分子の家族ということで大学に進学できず、就職の際も正社員にはなれなかった。一家の生活を支えるため、やむを得ず臨時の肉体労働の仕事に就くことになった。正社員の給料は四十八元だったが、臨時の仕事は二十六元しかもらえなかった。兄は稼いだお金のうち二十四元を家の生活費として母に渡し、二元だけを小遣いに充てた。そして母と兄のふたりの稼ぎで、なんとか生活保護を受けないぎりぎりの生活を維持した。

兄は母と一緒に、父が早く家に帰れるよう、日本の祖母に手紙を書き、訴え続けた。返事が届くと、父の親友に翻訳してもらった。祖母は高齢にもかかわらず、息子が罪人になってしまった悲しみに耐え、会うことさえできない私たちに愛情のこもった便りを次から次へと送ってくれた。だが、国交のない時代。日赤がどんなに最善を尽くしてくれても、父の苦しみ、祖母の悲しみと私たちの惨めさを食い止めることはできなかった。

私たちが反革命分子の家族という汚名を着せられていることで、母は息子たちの嫁になる女性が現れないのではと絶えず心配していた。

のち、兄は上海の第五鋼鉄工場で臨時工として働くことになった。その時、見習いで同じ職場にいた女性と知り合った。兄が反革命分子の家族であることは、職場で皆に知られていた。しかし彼女はそのことを気にとめず、兄の恋人になったのであった。兄は母を喜ばせるため、彼女を母に会わせることにした。しかし、反革命分子の家に行くのは後ろ指をさされることでもあるので、兄は人目につきにくいよう、ある夜、彼女を連れて家に帰った。母は長男の嫁になる女性が現れたことに驚きを隠せなかった。その後も暗くなってから彼女はこっそり家に来るようになり、母は彼女を自分の娘のように可愛がった。

昭和四十四年（1969年）、兄が二十四歳になった日、母は早起きし市場に並んで、久しぶりに一匹の魚を買った。夕飯のおかずとして魚料理を作ってから、仕事に出かけた。兄は夕食後、夜勤のため家を出た時、帰ってきた母とばったり出くわした。兄は母に「魚が美味《おい》しかった」と言い残し、工場へ行った。

帰宅した母は妹と食事をしようと、朝作った魚料理を見た。すると、魚の頭がなくなっていただけでほとんど手つかずのまま残されていた。兄は母と妹のため、自身に贈られたご馳走にもかかわらずめったに食卓に上がってこない魚だからと残してくれたのであった。兄はいつもこのように、父が最後に言った「ママを助けてあげなさい。家のことも頼む」という言葉を胸に、親孝行をし、同時に弟妹を大切にしていた。

しかしある日、兄は工場に着くと、公安の手先である革命派に拘束された。そして父の後を追うように反革命の「罪」に問われ、勤務先に拘禁されることになった。

当時、中国とソ連の関係は悪化していて、ソ連軍の空襲に備え、防空壕が至る所に掘られていた。兄は革命派によって、工場の防空壕の前に連れていかれた。中には浸水している三室があり、兄はバケツで真ん中の部屋の水を両側の部屋に移せと命じられた。その作業を終えると、革命派が鉄製のベッドをひとつ、その一室に持ち込んだ。そして、そこは兄を幽閉する独房に変わった。防空壕は昼でも真っ暗で、薄暗い電球が一個、昼夜を問わず点《つ》いていた。天井一面に何か白っぽい物が付いていて、手で拭いてみると越冬中の蚊であった。その頃、時計は月給の三ヵ月分に相当する高価な貴重品で、私たちに買えるはずもなく、時計を所持していない兄はあっという間に昼夜の感覚を失ってしまった。

兄は手紙の翻訳をしてもらうために、上海在住の日本人の家へ行っていた。そのことで公安は、兄が上海の日本人と一緒にスパイ活動をしていると疑ったのであった。父が逮捕された時、兄はまだ十二歳だったので、父からスパイ活動を教わったり、スパイになれたりするはずがない。それなのに、革命派はスパイ活動について兄に厳しく尋問をした。

翌晩、兄の恋人が家に来て、兄が反革命罪で拘禁されたことを母に告げた。真面目な兄は家の面倒を見ながら、一生懸命に働いていた。反革命分子の家族の一員であるという自覚もあり、少しでも疑いを持たれるような行為を決してしなかった。母にとってはまさに青天の霹靂《へきれき》であり、何日も泣き続けた。

兄が拘禁されても、母に情が移った彼女は、反革命分子の家族になるのも辞さない思いで毎日のように母を慰めにきた。心にぽっかり穴が空いた彼女としても、母からの励ましが何よりの心の癒しであった。息子をなくした母と恋人をなくした彼女は、心をひとつにして苦難の道をともに歩もうとしていた。

しかし、地区担当の革命委員会幹部は近所の密告を受け、彼女に疑いの目を向け、母に「この女は誰だ」と聞いてきた。

母は「私の知り合いです」とごまかした。

母は彼女の身に危険が差し迫っていることに気づき、自分と同じ目に遭ってほしくないという強い気持ちから、彼女の家に行き、「息子の問題が解決するまでは家に来ない方がよい」と彼女に勧めた。文化大革命の厳しい現実に逆らえない中、仲睦《なかむつ》まじい嫁《よめ》姑《しゅうとめ》になるはずのふたりは泣きながら傷心の別れをした。こうして母は、兄だけでなく、勇気を持って反革命分子の家族と縁を結ぼうとした彼女をも失ったのであった。

香港《ホンコン》の日本総領事館から私たちに送られてきた法務省の入国許可証は二通あった。ひとつは父と一緒に入国できる入国許可証。もうひとつは父が中国で監禁されていても、父以外の家族だけでも入国が許される特別入国許可証だった。苦しい日々の中、その許可証は私たちが永遠に反革命家族として差別される人間ではなく、いつか必ず祖国に帰れる人間であるという大切な確証であり、心の支えだった。

しかし特別入国許可証が革命派に発見されれば、外国に逃亡する意思を示す証拠になり、兄は言うまでもなく、母も国を裏切る罪に問われる。母は身を切られる思いで、特別入国許可証を焼却した。もう一通は父も揃っての入国許可証なので、追及されまいという思いで家に残しておいた。

案の定、兄の工場の革命派は間もなく家宅捜索をしにやってきた。今回は父の時よりも徹底的に、部屋の壁まで壊して調べた。革命派は朝から晩まで捜し尽くした結果、掲載された毛沢東の写真が少し破損した一枚の新聞紙と入国許可証を発見し、反革命の証拠品として押収した。

それと同時に、親子二代が反革命分子になったことを周辺住民に周知徹底させるため、住居の路地の壁から地面にかけて一面に「打倒反革命分子尤夢龍」「日本のスパイの親子、罪を自白せよ」などといった革命のスローガンをペンキで書いた。

それでもなお、革命派の気は収まらず、その後、予告なしに二度、三度と捜索に来た。我が家に着せられた「反革命分子の砦《とりで》」という汚名は、周辺の人々に広く知れ渡った。

工場は三交代制で、兄は職場の各時間帯で働くすべての人々から批判を受けるため、一日三回糾弾の大会に引っ張り出された。大勢の人の前で、腰を四十五度に曲げた形で木箱の上に立たされた。少しでも頭を上げると若者ふたりが押さえつける。革命派が「おまえの親は軍国主義分子だ。おまえは子供の時から軍国主義の教育を受けた。だから、おまえは軍国主義が支配する国、日本が好きだ。社会主義の中国に敵意を持つスパイだ。早く罪を認めよ」と叫びながら、無理に顔を地面に向けさせる。十五分ぐらいその姿勢を保つと、額から汗がだらだら流れ落ちた。一回の批判時間は二時間。終わると、地面は汗で濡れていた。

それだけでなく、革命派は気が向けば昼夜問わず兄を批判大会に立たせた。従わないと蹴ったり踏んだりの暴行を加えた。防空壕で三ヵ月過ごすと、水が溜まっている両側の部屋からの湿気で、鉄製のベッドのペンキが剝げ落ち、錆《さ》び始めた。兄は一年二ヵ月の間、このような水牢同然の所に監禁されていた。

その後、楊浦公安分局に移された。三メートル四方の四角い牢屋に二十人が寿《す》司《し》詰《づ》め状態で、眠る際は全員が体の側面を下にして寝ないと部屋に収まりきらないほど狭かった。兄は刑事犯と同じ牢屋に入れられ、「どんな容疑で捕らえられたのか」と囚人たちに聞かれた。もし泥棒や強盗だと言えば、仲間入りができる。しかし兄は「反革命の容疑だ」と答えたので、囚人たちに馬鹿にされ、さんざん殴られた。

兄は父と同様に家族との連絡が一切許されず、差し入れの日も父と同じ毎月の五日だった。ふたりの拘禁された場所は異なっていたので、その日になると母は午前中、父に差し入れを持っていき、昼は兄への差し入れに行き、帰るといつも泣いていた。だから、五日は私たちにとっては悲しい日となった。

公安はさまざまな手を尽くしても、父から戦後の日本のスパイ活動の状況について何も聞き出せず、いらだっていた。問題を解明するため兄を取り調べたが、なんの手がかりも得られなかったので、ある日、刑罰を加え、白状させることにした。その日の朝、公安の人間は兄の両手に深く食い込むようにきつく手錠をかけた。そして、十時間くらいそのままの状態で放置した。

この刑罰は殴られる、蹴られるよりもずっと恐ろしい。初めは凄まじい痛みを感じ、そのうち手が痺《しび》れ、次第に両手が黒紫色になっていく。兄はそれを見て、手が失われるのではないかという恐怖に襲われた。兄はそれ以上続けると手が駄目になると思ったようで、手錠を外した。その日の夕食時、兄の手は箸を握ることさえ不可能だった。手錠の食い込んだ跡は、その後三年経っても消えなかった。

拘禁されて三年目、兄は無理やり濡れ衣を着せられ、続けざまに取り調べを受けた。死なせない程度のまずい食事しか与えられない中、手足の骨が浮き上がり、体はすっかり衰え、歩くとふらつくようになった。あまりの苦痛で生きることに絶望し、何日も食事を拒否し続けた。

公安は兄を死なせれば、「戦後の日本のスパイ事件」に関して解明が難しくなるという思惑で、白いご飯と美味しそうな饅頭《まんじゆう》を与えた。しかし、兄は誘惑に惑わされず、食事の拒否を一週間も続けたので、仕方なく兄を監獄病院に入院させた。兄は点滴によって辛うじて死を免れた。

退院後、兄はもし自分が苦痛から逃れるためにあの世に行ったなら、苦しんでいる母にさらに悲しみを与えてしまうと思い、冷静さを取り戻し、死を断念した。辛い日々がいつまで続くのか先がまったく見えない中、兄は過酷な受刑生活を耐え忍んだ。

間もなく、兄も第一看守所に入れられた。兄は十二歳の時から父への差し入れのためにこの場所に来ていて、その時のことをはっきり覚えていた。私たちは父が生きていることを確認できないまま、十数年の歳月が経過していた。鳥になって看守所の塀を飛んで越えて、父親に会いにいければと願っていた。その願いが天に届いたのか、運命のいたずらか、兄は第一看守所に放り込まれた。

第一看守所において囚人たちに最も恐れられていたのは、山東省出身の四十代くらいの中背でがっしりしている刑務官だった。いつも孟宗竹《もうそうちく》を割った一部分を鞭として手に持ち、それで囚人を叩くのが彼の天職のようだった。孟宗竹を使って囚人を拷問するメリットは、痛みは十二分に与えるが、骨を折る心配があまりないことである。その刑務官の手にかかると、歩いて牢屋に戻れる囚人はほとんどおらず、皆、這って呻《うめ》きながら戻ってきた。その刑務官が近づくと、囚人たちは恐怖で体がぶるぶる震えた。その刑務官に拷問された兄は、身をもって父の苦しみを知った。

「看守所の食事は、泥やナメクジが付いていることもあった。大根の季節には大根ばかり、白菜の季節には白菜ばかりだった。漬物はくさい匂いがした。一ヵ月に一度、三センチ程度の肉を一片食べさせてくれた。正月や祭日などの国民の楽しみの日は、三食とも漬物だった」と出所後に兄が話していた。

兄は囚人から「看守所にはある『囚人』がいる。骨だけになって、十五年以上拘禁され、未だ判決が言い渡されていない」という話を聞き、ひょっとしてその囚人は父のことではないか、と思った。週に一回、一時間だけ許されている散歩の際、土気色の顔の痩せた囚人たちの中に父を探したが、見当たらなかった。もしかしたら父はもうこの世にいないのかもしれないと思うと一層の悲しみに包まれたが、一方でこんな地獄ならば父はいない方がよかったとも思った。

兄は盲腸炎を患ったが、放っておかれたため、腹膜炎にまで悪化して、ようやく監獄病院に連れていかれた。しかし、そこには半人前の医者しかいなかったため、麻酔はまったく効果がなく、意識がはっきりした状態のままで手術が行なわれた。医者が実習生らしい人に「もっと長く切ってくれ」と指示を出しているのが聞こえた。そして痛みに耐える中、手術がやっと終了した。

ほどなく、兄は牢屋で流行《はや》っている肺結核に冒され、再度、監獄病院で治療を受けた。退院してから、検査のため、同じ牢屋の十数人と監獄病院の待合室に入った。そのうちの一人が四メートルしか離れていないところにいる黒の囚人服を着ている人を指さし、「彼は日本人だ。わしと同じ牢屋で過ごしたことがある」とこっそり兄に教えた。兄はその話を聞き、父ではないかと思い、涙が出そうになったが、よく見ると記憶の中の父の顔形とはまったく異なっていた上、背も低過ぎたので、別人だと判断した。

父は囚人たちの中に息子がいることを想像すらしていなかった。そして、息子の顔も十二歳の時の記憶でしか思い出すことができず、お互いすっかり変わってしまった姿形に気づくことは不可能だった。

だが、父にとってはそれは「知らぬが仏」とも言えようか。もし、我が子が自分と同じように牢屋の飯を食っているという残酷な現実を突きつけられれば、父にとっては致命的な打撃になったに違いない。簡単に父を死なせないようにと配慮していた公安も、これは父に対するとどめの一撃となってしまうという認識を持っていたようで、父の拘禁中にはその事実を最後まで父に明かさなかった。

このようにして、確かに血がつながっている親子は長い年月を経て、やっと運命の出会いの一歩手前に辿りついたが、互いに親子だと気づくことはなかった。

昭和四十六年（1971年）、公安から家に「兄が看守所で肺結核にかかり、栄養剤であるブドウ糖が必要である」という通知が届いた。私たちは兄との連絡を許されない状況下で、兄はまだ生きているという望みを失ってはいなかった。しかし、兄の生存を感じさせる手がかりに対して、前向きにはとてもなれなかった。ただ、ブドウ糖を持っていかねば兄は死んでしまうという危機感が、私たちの心に重くのしかかった。

物不足の当時の上海でブドウ糖を入手することはとても困難で、値段も高かった。それでも兄を死なせないため、私たちはすでにギリギリの生活費をさらに切り詰めた。電気代を省くために、蠟燭《ろうそく》で明かりを取ることにした。その原始的な光の中で、母と妹は父と兄の写真を見て、彼らの無事を一途《いちず》に祈っていた。地区幹部は常に私たちの行動を監視していて、我が家の窓から電気の明かりが消えたことを不審に思い、調べにきた。どん底の生活で、やむを得ないことは理解されたが、「火事になれば、許さんぞ」と渋い顔をして帰っていった。兄の栄養剤を買うために、十三歳の妹は生まれてから一度も切ったことのない大切な髪を切り、お金に換えた。私たちはあちこちの店に行って、ブドウ糖を探し求めた。そして、なんとかして兄に差し入れることができた。

私と妹は古いセーターを一枚ずつしか持っていなかったが、結核にかかっている兄を助けるために、兄に譲ることにした。母はその二枚のセーターを解き、一枚に編み直し、兄に差し入れた。私たちは原始的な生活をしてでも、空腹であっても、寒さで体が震えても、兄さえ生き延びれば自分を犠牲にしても構わないという意気込みでいた。

5　自殺未遂に追い込まれた母　——敏雄・記

文化大革命の荒波の中で、日本の親戚からの手紙は郵便局員が配達するのではなく、地区担当の公安が持ってきた。その場で母に開封させ、内容を見せず、理由も告げないままに持ち去った。もちろん、手紙を没収されたことを日本側に知らせると、中国のメンツをつぶす反革命行為になる。私たちは公安の検閲を恐れていたので、とてもではないがこういった事情を日本側に伝えられなかった。手紙のやり取りを続ければ、日本からの手紙の内容は完全に公安に知り尽くされる。万が一、日本からの手紙に中国政府が父の疑惑を強める情報があれば、父は一層大変なことになるので、私たちは日本への手紙を中断せざるを得なかった。

こちらから日本へは手紙を出せないので、日本からの手紙も来なくなった。昭和五十三年（1978年）の『週刊現代』誌は「上海の兄嫁・陳綺霞さんからの手紙は、文革が始まってバッタリ途絶えた」と親族の証言を報道した。こうして、祖国に帰る夢は一層儚《はかな》いものになった。

隣家のご主人もいち早く、かつて労働者を搾取した罪で資産階級と指定され、拘束されただけでなく、家宅捜索も受けた。その日、隣があまりにも騒々しいので家のベランダから隣の庭を覗《のぞ》いたところ、革命派が奥さんを庭に引っ張り出しているところだった。洗濯板の凹凸がある面を上に置き、その上に奥さんを正座させた。そして、一時間ぐらい「私は資産階級で、人民を搾取した。私には罪がある」と繰り返し復唱させていた。

わずか十三軒しかない路地の中で、私の家を含めて三軒はすでに反革命分子の家に指定され、捜索済みになっていた。また三軒は資産階級と指定され、紅衛兵の捜索の手が及んだ。母は毎日のように息を殺して、事態のさらなる悪化に怯《おび》えていた。

この時期、中国大陸ではどこにでも人が集まり、毎日朝晩、毛沢東の肖像に向かい、毛沢東語録を持ち、「毛沢東万歳、万々歳」と革命のスローガンを斉唱しなければならなかった。ある日、母の職場で斉唱を行なった際、隣の人が突然母に「おまえの語録に毛沢東の写真がないのはなぜか」と詰問した。もし毛沢東の写真をなくせば、反革命家族が当局に復讐する行為と見なされ、重大な罪になる。

母は仕事が終わるや否や毛沢東の写真を捜すため、急いで帰宅した。実は妹が学校に行く前、自分の語録に毛沢東の写真がないことに気づき、母の語録から写真を剝がし自分の語録に貼りつけていたのである。母はその写真を再び自分の語録に貼りつけ、翌日職場の人に見せ、急場を切り抜けた。妹の古い語録は人目につかないように、こっそりと焼却した。新しく毛沢東の写真がついた語録を買い、妹に持たせて、ようやく難を逃れた。

当時、地区の幹部たちは衛生状況をチェックするという口実で各家を定期的に訪れ、家の内部に反革命の形跡がないかを調べていた。その一番のターゲットは反革命分子の家だった。

家に毛沢東の写真か像を置かねば毛主席に対する忠誠心がないと批判されるから、母は磁器の毛沢東の像を買って、売れずに残っていた不安定な机の上に置いていた。ある日、従姉《いとこ》の幼い娘が遊びにきた時、不注意で机に触れ、像が床に落ち、ふたつに割れてしまった。これはまた重大な犯罪で、いかなる理由があろうとも横にいた母の責任になる。母の顔は恐怖で真っ青になり、その子に「毛主席の像を壊したことを誰にも話さないように。お父さんとお母さんにも言っちゃ駄目よ」と念を押した。その後、母は「犯罪」の証拠を消すため秘かに像を跡形もなく金槌《かなづち》で粉々に砕き、下水道に流した。そののち、前と同じ像を買って、なんとか大事にならずにすんだが、母は反革命分子の家族として生きていくことの難しさを再度痛感した。

中国では若い人が目上の女性に対する時は、日本語の「さん」にあたる「阿姨《アーイー》」をつけて呼ぶのだが、職場の上司は母の目の前で皆に「この人は反革命家族なので、呼ぶときは『阿姨』をつけては駄目だ」と伝えていた。また、母が高血圧症であることを知りながら、意地悪く「高い場所の壁を石灰で塗れ」と命じた。母は逆らえず梯子《はしご》を登ったが、足元がふらつき強い眩暈《めまい》がした。やっとの思いで作業を行なったが、地面に着くやいなやバランスを崩し、倒れた。リヤカーで病院に運ばれ、血圧の数値が二〇〇を超えていると診断され、治療を受けた。しかし、それでも母は家族の明日の食料を確保するために、白い目を向けられる職場で黙々と仕事を続けた。

このように母はいつも職場で非難とさげすみを受け、家の玄関に入るとこらえきれずに涙を流した。そのたびに妹は必死に母を慰めた。妹は「私は母の涙の中で育ってきたようなものだから、その差別といじめに耐えられる強い人間にならなければならない」と心を決めた。

昭和三十三年（１９５８年）の父の逮捕を皮切りに、兄も罪人になり、私は当局によって農村に下放され、弟は遠くの山村に送られ、母と妹だけが残った。事態の悪化はとどまるところを知らず、母は間もなく「軍国主義の母」として壇上に立たされた。殺気だった四〇〇名くらいの革命派の前で頭を下げさせられ、一家からふたりも反革命分子を社会へ送り出したという重大な「罪」があるとして、一時間近く糾弾された。最後に革命派のひとりは壇上で拳を突き上げながら「軍国主義の母を打倒せよ」などと叫び、群衆は一斉にシュプレヒコールを上げた。

母の姉は「反革命家族」の飛び火を恐れ、常に私たちと一定の距離を保っていたが、強引にその会場の観衆席に座らされていた。目の前で自分の妹が酷い目に遭わされているので、伯母は涙をハンカチで拭いた。横にいてその様子に気づいた革命派は「革命とはそんなものだ。同情すれば、おまえも糾弾されるぞ」と物凄い剣幕で怒鳴った。

糾弾のせいで母は夜も眠ることができず、酷い頭痛に襲われ、毛髪が抜けるようになり、精神的に追い詰められて生きる限界を再び感じた。そして、大量の睡眠薬を購入し、自ら命を断とうとした。不審に思った妹が、睡眠薬の大半を隠した。

ある夜、ぐっすり寝ていた妹は凄まじい雷鳴で目覚めて、ふだんは横にいる母がいないことに気づいた。見回すと、稲妻の光で、ベッドの下に横たわりもがき苦しんでいる母の姿が目に飛び込んできた。どうやら薬を大量に服用したようだった。慌てて一階に住んでいる伯母に助けを求めた。

「母を病院に早く連れていってください」と妹は頼んだ。

「駄目だ。病院に行って自殺のことが発覚すれば、『畏罪自殺』(処罰を恐れて自ら命を絶つという反革命的な行為とされ、残された親族も多大な迷惑を被る)になるから」と、伯母は言った。そこで、無理矢理水を飲ませて吐かせ、母はなんとか一命を取り留めた。

妹は生まれてから一度もご馳走を口にしたことがなかった。十三歳になっても新しい洋服を着たことがなく、いつも三人の兄のお下がりだった。その当時、妹の着ていた服は、十三年前に兄が着て、次に私が着て、また弟も着て、もうボロボロになった服だった。妹は学校に通うようになると、兄たち同様社会的差別を受ける運命に立たされていた。だが、外の世界がどんなに冷酷であっても、家に帰れば母の慈しみがあり、兄たちにも大切にされていた。家族の温もりの中で、粗末な食事でも肉親の愛情を感じながら成長していった。

しかし、世間の冷たさから妹を守っていた兄たちは、次々に家から出ていかざるを得なくなり、母と妹とふたり、互いに寄り添ってどうにか生きてきたのだ。その母があの世に行くことを選んだという現実に、妹はとてつもない恐怖を感じた。死から逃れた母に対し、「この恐ろしい世の中に、私を独りぼっちにしないで」と涙を流しながら切に願った。

また「あなたの差し入れは、監獄に閉じ込められた私にとって地獄に差し込む唯一の希望の光だ。その光を消さないようにしてほしい」という父の悲痛な懇願の声も、母の耳に届いたのではないか。

母は苦難の日々に向き合うほどに、生きるのがますます辛くなる一方ではあったが、可哀《かわい》そうな我が娘と囚われた夫と長男を置き去りにすることもできず、ジレンマに陥り、白髪は増える一方だった。「反革命分子の妻」、そして「軍国主義の母」として、凄まじい差別と貧困に翻弄され、幾度も死の淵《ふち》に追い詰められた。それでも、身を削り、力を振り絞って夫と長男への差し入れを持っていき、子供たちを養ってきた。当時、上海に暮らす一〇〇〇万人の中で、母よりも辛い人生を歩んだ母親は恐らくいなかったのではないだろうか。

私はある日、母と妹が心配で、農場から休みをもらい自宅に戻った。母は私を見るなり、泣き出した。たび重なるショックで、母は以前よりずっとやつれていた。がらんとした家にあったのは、言いようもない寂しさと悲しさだけだった。文化大革命の嵐は、心を癒す唯一の場である我が家を無残にも破壊してしまったことを痛切に感じた。

第五章　日中関係正常化

1　田中角栄首相の訪中と通信再開　――敏雄・記

昭和四十七年（1972年）九月二十五日、中国の周恩来首相の招待で、田中角栄首相が訪中した。そして、二十九日に両国の首相の署名によって日中両国の関係が正常化し、国交が樹立された。これまでの敵対関係が終結しただけでなく、中国の戦争賠償請求権が放棄されたことも共同声明に記載された。同日に田中首相一行が周恩来首相の案内で上海を訪れた。

かつて周恩来首相の寛大な計らいで、抑留された日本軍人は現地にいる中国人よりも恵まれた待遇を受け、彼らの大半は早期帰国を実現した。戦犯として裁判を受けた最後の軍人も、昭和三十九年に刑期の終了を待たずに帰国した。

父の問題に関して、日本側も周恩来首相に嘆願書を何度も送った。父が戦中のスパイ容疑だけだったら、周恩来首相はこの機会に田中首相への贈り物として父を釈放するはずであった。また、父が戦後の日本のスパイであることを認めれば、中国の寛大政策にのっとって、これを機に釈放される可能性も大いにあった。

しかしこの時、父と兄の問題にはなんら進展の兆しは見られず、依然として生死を確認することすらできないままだった。もしかすると、父と兄は厳しい監禁の末、この世からいなくなっているのではないか。それとも父は戦後も日本のスパイとして働いたその罪を認めず、重罰を受け続けているのか。兄も、父のことに対する不満から反革命の道に走ったのか。苦難のどん底にいる一家は、日中関係正常化という流れから完全に取り残された。

何ひとつ希望も見えない中、意外な出来事が起きた。

中国政府は父が戦後の日本のスパイであることから、田中首相の一行が上海を訪れる際、きっと父の家族と接触するはずと予想したのだろう。かつて『週刊サンケイ』誌の石川記者が家の前まで来た際、公安の実力行使により私たちとの面会を妨害された出来事もあった。仮に日本政府の関係者が我が家を訪れ、公安がそのような干渉をすれば、やっと築かれた日中友好関係にひびが入りかねないと考えたのだろう。田中首相の上海入りの夕方、地区の革命委員会は突然母に、地区の革命委員会の事務局で夜の当番をするよう命じた。その当時、反革命家族が革命委員会で当番をすることは絶対にあり得ないことであり、母はもしや父と兄のことで尋問があるのではないかと思案を巡らせた。十四歳になった妹は、出かけていく母を泣きながら見送った。そして、母もこれから上の兄のように帰って来られないのではないかと孤独と恐怖に怯えながら、生まれて初めてのひとりぼっちの夜を過ごした。

実際は、田中首相の関係者が家に来ても母に会えないように幹部の監視下に置く、革命委員会の策略であった。母はこうして、この日の夕方五時から深夜十二時まで事務局で事実上軟禁されていた。

その年末、私は農場での五年間の知識青年に対する再教育を終え、上海の建築会社の食堂に転勤させられた。

文化大革命の中、外国に手紙を出しただけで身柄を拘束された例がたくさんあった。日中関係が正常化しても、依然「四人組」の統治下で、日本へ手紙を出すことは危険を孕《はら》んでいた。しかし、刑務所で苦しんでいる父と兄を一刻も早く救出するため、私は出る杭は打たれる覚悟で手紙を出すことに腹を決めた。無謀な行動は命取りになるので、公安の反応を見極めるつもりで、島根県の祖母に簡単な手紙を出してみることにした。

検閲に引っかからないように「魔除《まよ》け」として、中国の指導者を褒め称える言葉と過去の戦争を反省する文言を書き、そして、父は以前と変わらず生死不明の状況であることと兄も拘束されたことを伝えた。やわらかい表現を取り入れ、日本に無事に届けられるという確信が得られるまで入念に何度も書き直した。最後に母のチェックを受け、ようやく一通の手紙を仕上げた。

日本への航空便の基本料金は〇・五二元で、私の日当の三分の一ほどの額だった。父の釈放を求める手紙なので、生活をさらに切り詰めてでも送らなければならなかった。私は郵便局に行き、手紙を窓口に出した。係の人は宛先を読んで、「あんたは刑務所に行きたいのか」と驚きを隠せない目つきで私を見つめた。その時はさすがに恐怖に震えた。投函後は公安の出方を案じて神経を尖《とが》らせる毎日だった。幸いその後何事もなく、しかも日本の親族からの返事は地区担当の公安によってではなく、郵便配達人によって無事に私たちの手元に届いた。

以前、兄は近所に住むある日本人に日本からの手紙を翻訳してもらっていた。しかし、兄の逮捕により、その人も公安に徹底的に調べられたそうだ。再び同じ迷惑はかけられないので、その人に日本からの手紙の翻訳をしてもらうことは諦めた。

私たちは新たに翻訳してくれる人を探したが、なかなか見つけられなかった。日本語ができる人は反革命の嫌疑に巻き込まれるのを避けるため、翻訳などで日本と関わることを極端に敬遠していた。

幸いにも、知人の紹介でやっと翻訳を引き受けてくれる人が現れた。その方は上海の復旦大学で日本語を教えている日本人女性の並河先生だった。在上海の日本人の大半は、中国の様々な政治運動を恐れて引き揚げた。残された人は、なんらかの形で文化大革命の被害を被っていた。先生とその家族も例外ではなかった。

私は迷惑をかけてはいけないと思い、目立たない夜の時間帯を選んで依頼に行った。公安の尾行を避けるため、わざと先生の家とは逆方向に向かうバスに乗り、尾行されていないことを確認して下車し、バスを乗り換え、先生宅に近いバス停で降りた。家から先生の家までは、直接向かえばバスで約二十分の距離なのに、遠回りして一時間ほどかけて到着した。そこでもう一度尾行されていないかを確かめてから、五分くらい歩いて先生の家に着いた。

扉をノックすると、五十代の優しそうな女性が出てきた。その人が並河先生ご本人で、ご主人は入院されており、ふたりの息子さんと暮らしておられた。

私はその時代の厳しさを嚙みしめていたので、自分を守るために、たとえ相手が日本人であっても、決して警戒心を緩めなかった。公安を憎んでいても、彼らに対して抱いた反感を家族以外の人に決して吐露しない。毎回、先生の家に上がって簡単なあいさつをすますと、手紙の翻訳をしてもらってから、ゆっくりせず家に戻る。そんなふうに、先生と不必要に距離を詰めることのないように心がけた。

先生は何回か手紙を訳しているうちに、父が国のために監禁されたことを知り、私たちの不幸に深く同情してくれた。その後、私たちが帰国するまでの六年間、熱心に手紙を訳してくれた。父の釈放のため、私たちが日本と手紙のやり取りをする際の語学の壁を取り除いてくれた。異国にいるひとりの日本人として、苦難の中にある同胞を助けるために自分自身の危険を冒してまでも協力してくれたことに、私たちは今でも深く感謝している。

2　陸軍中野学校とスパイ機密費　――深谷義治

昭和四十八年（1973年）になった。

私は戦中と戦後の日本のスパイ容疑で逮捕されたが、戦中の問題は私が容疑を認めたことによってほぼ決着がついた。だが、戦後の日本のスパイ容疑については、私の自供がない上、直接証拠もなかった。ゆえに、この時まで十五年間も家族に会えず、看守所に身を繋いでいるままであった。

ある日、私は突然取調室に連れていかれた。取調官たちのひとりが「日本の新聞に『深谷義治は日本陸軍中野学校を卒業した』と書いた記事がある。そして日本政府がおまえの親族に多額の金を支給していて、これが『スパイ機密費』なので、おまえは間違いなく日本が潜伏させたスパイだ」と断定した。また、「機密費の問題を正直に白状すれば、ただちにおまえを釈放する」と言った。

日本陸軍中野学校は、戦前から戦中にかけて実在したスパイ養成学校だ。そのために、中国政府は戦後の日本のスパイと疑われた私がこの学校を卒業したものと思い込み、このような狂言を作ったのかと私は推測した。言うまでもないが、私は卒業どころかこの学校の門をくぐったことさえなかった。日本の新聞に取り上げられるようなことはあり得ないと確信していたし、中国当局がいよいよそうした説をでっち上げるに至ったと感じた。

また、私は司令部から離れた時、一円も受け取っておらず、ましてやスパイ機密費がもらえるなんて話は聞いたこともなかった。その根も葉もない、まったく身に覚えのない話に対して、私は疑惑を断固否定した。

そういうわけで、私に対する戦後の日本のスパイについての追及は、一層拍車がかかった。私の痩せ細った体はさらなる拷問を受け、ついに十七度目の死と生の瀬戸際に追い込まれた。その結果、左目がとうとう機能を失い、見えなくなってしまった。

のちに「四人組」は、日本から得た謎の「証拠」に基づき、勝手に「深谷の戦後の現役日本スパイを認める調書」を起草した。そして私に、その「調書」を別の紙に強制的に書き写させた。

3 隠蔽工作——深谷義治

昭和四十八年（1973年）十月、日中間で国交を樹立してからすでに一年が経過したが、私は依然として外の世界から隔離されていた。

その頃、思いがけないことが起きた。日に三度、上等かつ十分な量の食事が私にだけ与えられるようになったのである。なんとかして飢えから逃れたい一心であった私は、十五年ぶりのご馳走に心を奪われ、とにかく無我夢中で胃袋に詰める毎日だった。気がつくと、虐待による痩せこけた体には次第に肉がつくようになった。また、看守所に拘束されればただちに丸坊主にされるのだが、異例にも「おまえは髪の毛を伸ばしてもいい」と言われた。しばらく経つと、紺色の新しい人民服が与えられた。十五年間、新しい服の感触を忘れていた私は、差し出された服に信じられない気持ちで袖を通した。

その一方で、公安が何か企んでいるのではないかと警戒した。粗末な食事がご馳走に変わっても、ボロの服の上に新品の人民服を着ても、囚人の飯と服であることに変わりはない。

その後、公安は突然「おまえの歯を治しに歯医者へ連れていく」と言い出した。私は今まで、一度たりとて囚人を歯医者に連れていくような話は聞いたことがなかった。が、いつも歯の変形により鬼のように見られていたので、治して人間らしい顔に修復されることは悪くはないと思った。

監獄病院には歯科がなかったので、市内の「上海歯科センター」に連れていかれた。逮捕されてから車で街に出るのは二度目だった。一度目は結核で意識朦朧《もうろう》となり監獄病院へ移送された時であったが、その時は街を見て懐かしむ気力はなかった。今回はカーテンの隙間を通して、上海の街が覗けた。馴染んだ佇《たたず》まいは昔のままだったが、十五年前に色とりどりの服を着ていた住民は一色の地味な人民服に身を包んでいて、街の様子は様がわりしていた。

病院に着くと、事前の連絡があったようですぐに診察室に入った。消毒のアルコールの匂いがしている部屋で、一見経験豊かに見える医者が私を待っていた。私の鬼のような顔を見て、医者は怪訝《けげん》な顔をした。私は診察用の椅子に腰を下ろし、口を開け、医者に口内を見せた。前例のない状態だったのだろう。医者はなすすべもなくお手上げだったようで、戸惑った挙句、他の歯科医も呼んで計六名の医者が治療の方法を検討した。

その病院は当時の上海では一流の歯科医院で、治療技術はかなり進んでいた。そのため私の伸びた歯を短くしたり、歯を治したりしてもらえるものだと期待していたが、医者たちは「おまえの二十四本の歯を一日六本ずつ、四回に分けて残らず抜く」という最悪の結論を突きつけた。

歯は親から授かった大切なもので、五十八歳の年齢ですべての歯を失うとなれば、あまりにも悲惨過ぎる。ましてや十五年間、厳寒の中、歯を食いしばることで、命をなんとか維持してきた。それらのかけがえのない歯をすべて抜くなど、我が身を削ることであり、思わず身が震えた。

公安は私に判決が下ったあとの家族や日本政府の代表との面会を前に、長期的な虐待から生じた痕跡を徹底的に消し去ろうとしたのだった。その隠蔽工作を急ピッチで進めるため、歯を一本ずつ治すよりも、手っ取り早く全部抜くという恐ろしい方法を取った。

看守所における罪人としての絶対的な原則は、服従することである。心と体をいくら傷つけられても、歯を食いしばることができなくても、耐えていくしか生きる道はなかった。これは戦後の日本のスパイであることを認めない罪人にもたらされる当然の厳罰だと、私は冷静に受け止めた。

しかし、強制労働による脊椎の骨折で十センチ失った身長と、結核でボロボロになった肺は、私が生きている限りいつまでも体に残る。それは隠蔽しようとしてもできるものではない。

私は目を閉じ、口を開け、じっと施術を待った。すると、始まったのは最新の治療技術による抜歯ではなかった。医者は麻酔をせず、突如、強引に歯を抜き始めたのだった。その痛みは首を切られるようなもので、診察室の椅子に座っているのではなく、まるでいつもと同じ拷問を受けているかのように思われた。一本また一本と計六本抜き取った時、凄まじい痛みで気絶寸前になり、体中にびっしょり汗をかいていた。手術後、激しい痛みは絶え間なく続いた。

一週間ほど経ち、やっと痛みが治まりかけた頃、また歯科に連れていかれ、新たな抜歯の痛みに襲われた。四回目に歯を抜き終えた時、我慢の限界を超え、私の体はぼろ雑巾のようにぐったりと生気を失った。その晩、激痛に耐えながら、牢屋の中、望郷の涙を流した。

長い受刑はすでに私の心と体を酷く蝕《むしば》んでいた。その上、急に体重が増えたことが体にとって過剰な負担になり、血圧が高くなり、心臓病を患うことにもなった。のちに、短期間に多くの歯を抜いたため、長期にわたり炎症と痛みに苛《さいな》まれることにもなった。

4　無期懲役――深谷義治

昭和四十九年（1974年）三月十五日、私は着慣れない人民服を着て、上海市中級人民法院法廷の被告席に立った。密室で家族はひとりもいない。そして裁判官は私に、公安が強制的に書き写させた「深谷の戦後の現役日本スパイを認める調書」に基づき、中国の安全に重大な脅威を与えたとして、すでに十六年間受刑させたにもかかわらず、無期懲役の判決を下した。それと同時に「思想改造すれば無期懲役から有期になり、有期から早期の釈放になる」と、私の思想改造次第では軽減されうるという方針を示した。

判決内容は以下の通りである。

上海市中級人民法院刑事判決書

日本スパイ：深谷義治：別名尤志遠、大山岡、牛振業。男。五十九歳（著者注：中国では数え年のため、実際は五十八歳）。日本国島根県出身。現住所：本市周家嘴路二二八弄六十一号。

犯人深谷義治は長期間我が国に潜伏し、情報特務工作に従事した日本帝国主義のスパイ分子である。一九三七年日本侵略軍に従軍して中国に渡り、前後して済南日本憲兵隊特高課、日本第十二軍参謀部、北京日本憲兵隊司令部情報課で軍曹、曹長として幾度も特務スパイの訓練を受け、情報特務活動に従事し、我が国の抗日事業を破壊した。我が国の抗日戦争中、当犯人は常に我が国の商人を装い、情報人員を配し我々の山東抗日根拠地に潜入。積極的に我々の部隊活動、物資供給、運送及び我が北海銀行の貨幣流通などの、軍事、政治、経済情報を日本軍に提供し、我が国に対して侵略と破壊活動を行なった。

なお、当犯人は大山岡と改名。青年を煽動《せんどう》し中日青年同盟を組織。自ら首領となり、党と抗日活動の情報を収集し、我が党を破壊する陰謀を企てた。同時に、我々の北海銀行券を大量に偽造し、抗日根拠地の金融を破壊した。

一九四五年八月、日本軍投降前夜、深谷義治は、日本スパイ機関の支持を得て同年九月に特務活動資金を持って北京から上海に潜伏、尤志遠と改名。中国人を装って長期潜伏。上海解放後も引き続き積極的に我々の政治、経済などの情報を収集し、国外に通報しスパイ活動を続行した。

以上の犯罪事実は諜報資料が証拠となり、関係者の証言、本人の自供が認めるところである。

本院は、当深谷義治が我が国に潜伏した日本帝国主義のスパイ分子であり、日本軍の我が国侵略戦争期間中に情報収集、貨幣偽造、金融破壊などの重大な罪を犯したことを確認した。日本軍投降以降もなお中国人を装い長期に潜伏。解放（著者注：中華人民共和国が成立）後引き続き、特務（著者注：スパイ）の破壊活動をし、我が国の安全に重大な危害を与えた罪は重い。中華人民共和国の法律に基づき下記の如く判決を下す。
一、日本スパイ深谷義治を無期懲役に処する。
二、全諜報資料と、日本刀を一本没収する。

本判決に不服の場合は本判決の翌日から十日以内に本法廷に上訴するか、上海市高級人民法院に上訴することができる。

上海市中級人民法院

一九七四年三月十五日

判決文の中にはふたつの虚偽があった。

第一の虚偽は、私が「特務活動資金を持って」北京から上海に潜伏したという点だった。私の家は何回も徹底的な捜索を受けたが、特務資金どころか、見つかった現金は当時の中国国民の平均的月収の四分の一に過ぎなかった。しかも私が逮捕されてから、家族が乞食のような生活に転落したという事実から見れば、それは理不尽な指摘であった。判決文は「上海解放後も引き続き積極的に我々の政治、経済などの情報を収集し、国外に通報しスパイ活動を続行した」というが、それを証明できる具体的な事実は何もなかった。

第二の虚偽は、「本人の自供」と書いてある点だ。冷戦下の世界の常識として、敵対国は相手国のスパイを拘束する場合、そのスパイが自供すれば、すなわち自国を裏切れば、保護という措置に切り替えた。アメリカにしても旧ソビエト連邦にしても、自供したスパイを監禁し続けた例はまずなかった。

中国政府も再三にわたり、私が「戦後日本のスパイである」と自供すれば、ただちに私を釈放すると約束していた。もし私の自供があれば、中国政府の政策により、早い段階で自由の身となったはずである。

だが私は、国の名誉を守るため、戦後日本のスパイではないことを繰り返し主張してきた。そして、罪を認めない者に重罰を与える政策により、私は中華人民共和国に抑留されたすべての日本人戦犯より重い刑罰を宣告されるという結果を招いた。この判決を見れば、「自供があった」という主張が見え透いた偽りだということは一目瞭然である。

また「全課報資料と、日本刀を一本没収する」と書いてあるが、全課報資料は単なる公安の捏造《ねつぞう》に過ぎなかった。もしそのようなスパイの証拠資料があれば、十六年間も取り調べを続ける必要はなく、いち早く私に戦後日本のスパイとしての判決を下せたはずだ。

そして、公安が日本から得た「陸軍中野学校卒という経歴」と「スパイ機密費」という謎の「証拠」は判決文に記載されなかった。その理由は、中国政府が日本でスパイを暗躍させた真相を表沙汰にしたくなかったか、それともまったくの作りごとであるため文面に書けなかったのだろう、と私はその時思っていた。

第六章　判決後

1　十六年ぶりの手紙と面会　――深谷義治

昭和四十九年（1974年）三月十八日、私は上海市第一看守所から上海市監獄に移った。この監獄は十九世紀初め、イギリス人が建造した物で、国民党の統治下でも監獄として使われてきた。収容人数の多さから極東第一監獄とも呼ばれ、中には囚人専用の総合病院や工場もある。囚人はここで、労働を通して思想を改造する。胸にあった囚人の識別番号は「労改犯（労働を通じて思想を改造する囚人）6358」と書かれた白い布札へと変わった。

十六年前に差し入れられたわずかな服と布団は奇跡的に形をとどめていたものの、私と同様に本来の姿からは無残に変わってしまっていた。娘の赤ん坊の時の写真も古びてしまった。しかし変わらないのは、写真の中の笑顔と、その娘に会いたいという私の切なる願いであった。

ボロ服は厳寒の中にも温もりを与えてくれたし、写真の中の娘の笑顔は暗い牢屋に希望の光を投じてくれた。これからの厳しい服役生活の中でも、引き続き私の心身を支えてくれるかけがえのない「財産」であった。思想改造の道具である毛沢東の本と一緒に、新たな受刑地に持ってきた。

十六年間欠かさず届いた差し入れは、全員とは言えないまでも、少なくともひとりは家族がこの都会で生存しているという証拠だった。しかし果たして、赤ん坊を背負い三人の幼い子を連れた妻が、長い差別と貧困の「戦火」の中で全員で生きながらえることができただろうか。たとえ生き抜いたとしても、心身にどれほどの深い傷を負っているだろうか。文化大革命という恐怖の中で、反革命分子の家族への差別から逃れるため、親と縁を切る子供も少なくなかったという。子供たちは生きていたとしても、私が父親であることを認めてくれるだろうか。

私が監獄にきてからしばらくして、責任者は上海の家族に手紙を出してもいいという許可を出した。十六年ぶりの手紙なので、私は手紙の冒頭で家族へ謝りの気持ちを伝えねばならないと思った。しかし、罪人としてまず「あなたたちと一緒に偉大な指導者毛主席、中国共産党と政府に感謝いたします」というような文言を書かねばならない。そうして初めて家族への便りが書ける。妻と子供たちに謝る言葉を書こうとしたが、涙が溢れ、便箋はあっという間に濡れてしまった。しばらくして感情を抑え、書き直した。そして「長い間、苦労をかけて、あなた（妻）と夢龍（長男）、敏龍（次男）、雲龍（三男）、麗蓉（長女）に申し訳ない」という詫びの一文を書いた。この文を書いても家族が心に負った深い傷を癒せるわけではないが、謝らずにこのままあの世に行ってしまうよりは心の慰めになる。残りは毛主席の本を学習した感想と戦争への反省などが、便箋の大半を占めた。

四月一日午前中、監獄の陳隊長は手紙を検閲した後、戦争への反省が十分に表れていないと非難した。結局、隊長が納得するまで何度も書き直した。

陳隊長は日本語が堪能で、家族との面会だけでなく、日本政府の代表が私と面会する時も必ず立ち会い、厳しい監視に当たった。また、言葉の「鞭」をふるって、私に思想改造を無理やり押しつけた。広大な上海市監獄のすべての囚人たちの上に君臨している、恐ろしい悪魔だった。それだけでなく、家族が面会の場で中国政府への不満を漏らせばたちまち制裁を加える権限を持つ、上海公安の手先だった。

四月十八日、隊長から家族との面会の規定事項を示した紙を渡され「その内容を読みなさい。家族にもその規則を知らせろ」と言われた。以下はその規則である。

一、接見に来る者は本人の家族に限り、決まった時間内とする。身分を証明するものを持参すること。

二、接見者は囚人である家族にマルクス・レーニンと毛沢東の本を真面目に学び、罪を認め、思想改造に従い、悪を捨て、新しい人間になるよう教育を行なわなければならない。

三、差し入れの範囲：マルクス・レーニンと毛沢東の本及び思想改造に有益な書籍。生活必需品と筆記用具。人民元二元以下。許可のある医薬品。これらの差し入れの品名を書類に書き込み、検閲を受けること。直接囚人に渡すことは厳禁。
四、接見中、隠語と外国語を使ってはならない。判決内容と思想改造に害を加えることに言及禁止。勝手に手紙、紙切れや品物を渡すことを禁止。違反した場合、即座に面会と仕送りを取りやめとする。

その規則書の下に署名をすませ、私は隊長に連れられて肉親との対面の場に赴いた。久しぶりの肉親との再会といったような感激はまったくなく、まるで戦場に生き残った戦友を捜しにいくような重苦しい心情だった。

間もなく、私は狭い部屋の前に連れてこられた。私が隊長の後についてその部屋に入ると、薄暗い裸電球の下、テーブルを挟み、まったく面識のない三人の姿が目に映った。もしその三人が私の家族だったら、「全滅」という最悪の結果は避けられたということなので、少し安堵した。

しかし、あの白髪の老婆は誰だろうか。あの顔面蒼白《そうはく》になっている男は。また、あの痩せてひょろりとした女の子は。私は視力が残った片目で必死に三人の姿を凝視した。その三人も「あなたは誰?」と疑い深い目つきで私を見つめていた。私たちは懸命に胸の奥にしまっていた記憶を呼び起こし、目の前にいる人と繋げようとしたが、時間ばかりが流れて肉親であるという結論には至らない。もしかすると当局は見知らぬ人を連れてきたのではないか。妻と写真の中の可愛い娘、三人の息子はもうこの世にいないのではないか、という危惧の念に駆られた。

十六年間、私たち家族は離れていても、ずっと同じ黄浦江の水を飲んできた。互いに家族団欒という共通の夢を見てきた。なのに、今は互いに血の繋がりを認められない、感じられないという異様な雰囲気に包まれていた。私たちの苦難の長さ、深さ、厳しさ、悲惨さを示していた。私はただ愕然《がくぜん》として、しばらく口がきけなかった。

あの日のことを思い出すと、今でも涙を止めることができない。自分でそれ以上のことを書くにはあまりにも辛すぎるので、次男・敏雄の筆に委ねることにした。

2 変わり果てた父——敏雄・記

私たちは十六年間父と音信不通になっても、父がまだ生きていて、いずれは抑留された日本軍人と同様に釈放されるのだ、とわずかな望みを捨てなかった。母は、父の生死不明の状況の中での差し入れは、父が生きていれば父への励みになり、万一父が亡くなっていたとすれば、父への慰霊の供え物となる、という思いを抱いていた。風雪の中、母はボロの薄い物しか着なかった。血圧が高いので、足元がふらふらとおぼつかない。兄が逮捕された後、母はショックで動揺していた。文化大革命の嵐の中、母は自殺未遂から立ち直ったばかりであった。……しかし、どんなことがあろうとも、母から父へのひたむきな愛情は変わらなかった。病気で起きられない日を除き、毎月の差し入れ日になると、看守所の広場に石鹸とトイレットペーパーを持って立つ母の姿が必ずあった。

昭和四十九年（1974年）の三月、地区担当の警察は母を警察署に呼んだ。そして「おまえに二点知らせる。『中国の安全に重大な危害を与えた罪』で、おまえの夫を無期懲役に処した。また、おまえの長男を反革命罪で正式に逮捕した」と伝えた。

母は公安の話に強いショックを受け、目の前が真っ暗になり、抑えきれない悲しみで泣き出した。

四月に入ると、父が監獄から書いた手紙と公安の面会の通知書が届いた。父の懐かしい筆跡から父の生きている確証をやっと得て、母の目に涙が光った。

上海の空の下、たった一重の塀で隔てられ、肉親同士が延々十六年間も会えず、通信さえ許されなかった。よその子供たちが彼らの父に「お父さん」と呼びかける声を耳にするたび、私たちは「日本の鬼の子たちだ」と罵られた辛さを思い出し、いつの日か一度でいいから「お父さん」と呼びたい、お父さんに庇ってもらいたい、お父さんに「なぜ、なぜ私たちの運命はこんなに惨めなのか」と聞きたかった。しかし、「お父さん」と呼べたのはいつも夢の中で、その興奮は束の間だけだった。目が覚めると周囲は真っ暗な闇夜で、熱い涙がとめどなく流れた。

父の無期懲役の判決が正式に出たことにより、私たちが一途に願っていた、父親に向かって「お父さん」と呼べる時がついにやってきた。そのひと言で十六年間の空白を少しでも埋めたい一心だった。

しかし、会いに行けるのは母、妹と私だけだった。家族のうち、なぜ兄と弟が来なかったのか、きっと父に聞かれるだろう。弟が山奥に行かされたことは、父に告げることができる。しかし兄については、反革命分子として正式に逮捕され、父が過去十六年間監禁された上海市第一看守所に父の跡を追うように放り込まれ、生死も確認できない状況に置かれているなどと、そのまま父に打ち明ければ、大きなショックを与えることになるに違いない。私たちは話しあいの結果、兄が遠くの武漢製鉄工場に勤めているので家に帰れない、という作り話をすることにした。「帰れない」という表現で、暗に兄の思わしくない現状を伝えたいと思っていた。

私たちの待ちに待った日がようやく訪れた。家から歩いて十五分もかからない監獄に着き、兵士が銃を構えている大きな鉄門をくぐり、待ちかまえていた隊長に狭い面会室に連れていかれた。しばらくして、隊長はひとりの男の人を連れてきた。彼は青白い顔で紺色の人民服に身を包み、胸のところに「労改犯6358」と書かれた白い布札を付けていた。

彼の顔は、自分たちの記憶の中の父に似ているところは少しもなかった。まったくの赤の他人と言ってもよいほどだった。十六年間の歳月が父の顔立ちを変えることはあり得る。しかし、身長はどうだ。父は一七八センチの堂々たる男だったのに、目の前にいる男は十センチくらい背が低かった。戸惑った私が母の方に目を向けると、母も父がよほど虐げられたためなのか、異常なほど低い身長になってしまったことに強い衝撃を受け、泣き顔で驚いている様子だった。

　彼は極度の栄養不良に陥った証拠として、眉毛が完全に抜け落ちていた。そして、ただ呆然と私たちを見つめていた。彼が本当の父であれば、彼の心に残っているのは、三十三歳までの母、赤ん坊の妹といたずら小僧の私だけだっただろう。目の前にいきなり四十九歳にしてすっかり白髪になった母と大きくなった私たち兄妹が現れても、それが自分の家族だとすぐには信じられないだろう。互いにひと言も口をきこうとせず、沈黙だけが流れた。あれほど温めていた「お父さん」というひと言が、自分の口からは出なかった。

「これは深谷だ」と上海語で私たちの疑いを突き破るように言ったのは、面会を直接監視する陳隊長だった。

　私たちはその言葉を聞き、彼が父だとやっと理解した。中国の刑務所の厳しさはよく耳にしていたが、まさに「百聞は一見に如《し》かず」だった。十六年の拘禁生活の挙句、こんなに変わり果てた姿になってしまった。父が何も告げなくても、想像を絶する苦しみは私たちに伝わってきた。しかし、もし隊長に反革命分子の父への同情を見せたなら、私たちも罰を受ける恐れがあるので、溢れ出そうになった悲しい涙を必死に抑えた。

　ようやく母も「これが次男、これが娘です」と重い口を開いた。父は母が自己紹介しなくても、十六年間の苦難の風霜で真っ白に染められた髪の色から、その人が自分の帰りを待ち続けながら女手ひとつで子供たちを育ててくれた自分の妻だとわかった。父が無言でうなずいた。

私たちはいくら他人から父が反革命分子だと言われようとも、父は自分の意思で遥々中国に反革命的なことをするために行ったのではなく、軍の命令を受け戦争に参加しただけであり、父こそ戦争の犠牲者であると思っていた。長くはなかったが、父と一緒に過ごした幸せな少年時代もあった。その時受けた愛情は、苦難の歳月の中、ずっと私たちの心を温め、私たちは再会の夢を毎日のように見てきた。そのために、革命派から受ける「反革命分子である肉親を批判して、人民側に立て」という呼びかけに耳を塞いだ。父を批判するどころか、父に心から同情し、苦しみの中でも諦めず「お父さん」と呼べる日を心待ちにしてきた。

父が無期懲役を宣告され、すでに公安に「極悪」の烙印を押された反革命分子であろうとも、反革命分子の父親との親子関係を継続することが革命のルールに逆らうことであろうとも、私はまったく構わなかった。覚悟を決め、思い切ってひと言、「お父さん」と呼んだ。

父は長い過酷な日々を送りながら、幼い子供たちに「お父さん」と呼ばれた声をずっと思い出し続けてきただろう。急に大人になった私の聞きなれない声を耳にして、しばらく信じられないようにぼうっとしていた。やがて、夢ではないと実感した父の目から、涙が溢れた。

父は私たちよりもずっと惨めで苦しんでいたことがわかった。かつて父に「なぜ、なぜ私たちの運命はこんなに惨めなのか」と聞きたいと思ったことがあったが、その言葉は口から出てこなかった。父と再会しても、長い間自分の胸の内で期待してきたものを得ることはできず、得られたのは人生のさらなる苦しみだった。

母が病気の時は、代わりに妹がひとりで第一看守所に差し入れを持っていった。その差し入れに注がれていたのは、娘から父への「無事に生きていてください」という切実な思いだった。妹は写真で父の顔を覚えていたが、隊長の前でおどおどしている男と写真にある父とは、あまりにも印象がかけ離れていたため、最後まで「お父さん」と呼べなかった。

父は毎日見続けてきた写真に写った赤ん坊が、いきなり大きい娘になったことに驚きの色を隠さなかったが、妹が「お父さん」と呼ばなかったので悲しみを浮かべた目で妹を見つめた。その場面は強く父の心に焼きつけられている。帰国後、父は『週刊ポスト』誌に「娘が生まれてすぐに逮捕されて、よく顔も知らないまま十六年が過ぎてしまってね。初めて面会が許された時に母に連れられてやってきた彼女の顔がわからなかった」とその辛さを語った。

父は少し感情を抑えてから、兄と弟はどうして来てくれなかったのかと聞いた。

弟は遠い貴州省の農村に下放されすぐには家に戻れないが、そのうちに父に会いにくるだろうと母が言うと、父は安心した。そして、母はためらってから、兄が武漢の工場に勤めていて帰れないと話した。父は母の不自然な表情から兄がなんらかの酷い目に遭っていることを感じたようだが、それ以上質問をしてこなかった。

母は父の健康状態を尋ねた。父は肺結核で肺の三分の二が駄目になり、重い心臓病や高血圧にもかかり、左目の視力を失ったことを明かした。重病の囚人を無期懲役刑に服させることは、明らかに人道上の問題であった。

私が反革命分子の父に向かって「お父さん」と大胆に呼んだことと、父が重病について私たちに打ち明けたことが引き金となったのだろう。「おまえはいくら思想改造をやっても、肝心なところでまた軍国主義の思想が出る。『はい、はい』と言いながら、一向に罪を認めもしない。おまえはもっと毛主席の本を真面目に勉強しろ」と隊長は激怒した。隊長のヒステリックな叱責のせいで、私たちは黙り込んで、その時、初めて身をもって父の苦しみの一端を嚙みしめた。

こうして私たち家族は新たな悲しみを胸にしまい、父と別れた。面会前、母の心にあったのは十六年前の軍人の威厳漂う父だった。私たち子供の心にあったのは、堂々たる「中国人」の父だった。しかし、私たちが思っていたその父は、この世から消えてしまった。実際に会ったのは、惨めな日本国籍の罪人だった。家に帰る途中、母は「おまえたちのお父さんは完全に変わってしまった」と子供たちに言った。この無念のひと言には、母親としての悲痛な思いが涙とともに溢れていた。日中関係正常化の恩恵を受けるどころか、一家はますます苦難の深淵《しんえん》に追い込まれた。

3　苦戦――敏雄・記

中国政府の父に対する有罪判決の理由は「中国の安全に重大な危害を与えた罪」を犯したことだった。

日中両国の戦争状態が続いている中であれば、中国政府が日本のイメージを悪くするために、父にスパイ罪で濡れ衣を着せることもあり得ることだ。だが、判決時は日中両国は関係を正常化したばかりで柔和な雰囲気に包まれていた。その最中、パートナーの国に対して理不尽な行動をとることはとても考えられなかった。

それにもかかわらず、中国政府が下した父に対する判決は大変厳しいものであった。恐らくなんらかの事実に基づき処したものだろう。すなわち、父は戦中に限らず、戦後も中国に危害を加えた。それで、抑留されたすべての戦犯よりも厳しい結果を招いたのではないだろうか。そう私たちは考えた。

となると、この時、中国政府がすでに父の問題というボールを日本政府に投げた後だったので、「日本政府の対応によって父の問題の真相が明らかになるであろう。そして、父が本当に戦後の日本のスパイだったのであれば、日本政府はその命令者として当然責任を持って問題を解決すべきだ」と私たちは思っていた。

父との面会では父の判決内容に触れてはならぬという規定があったので、一体どんな具体的な事実に基づき父に有罪判決が下されたのか、その時の私たちは知るすべがなかった。

だが、とにかく、父が「中国の安全に重大な危害を与えた罪」という理由で無期懲役を受けたことと重病で苦しんでいることを迅速に日本側に伝えなければならなかった。その晩、私は遅くまでかけて涙をこらえながら、日本の親族にそれらの事情と父に会えた悲しい心境を詳しく手紙に書き込んだ。母も伊達慎一郎島根県知事に私と同じ内容の手紙を書き、父と兄が早急に釈放されるように努力してくださいと切に頼んだ。

日本陸軍の小野田寛郎少尉がフィリピン・ルバング島から帰還したのは、昭和四十九年（1974年）三月十二日だった。その頃に「同じ戦争被害者の兄が忘れられている」と叔父・明義が田中角栄首相、大平正芳外相に直訴状を出した。そして、そのことを手紙に書いて私に伝えてくれた。

（前略）

今、私は田中首相、大平外務大臣に直接交渉しています。何分にも、すぐに結論は出ず、少々長い交渉になるかもしれません。貴方の手紙のように、この件よりも先《ま》ず貴方がたの生活のことと、この件の結論が出るまでのお父さんへの援助のほうが先であるように思います。これから少しでも多くの写真とか日本の便り、その他援助品を送りたいと思います。今、日本も外国に出すお金が本当に厳しくなり、以前のように自由にはいきません。その点を良く了承して下さい。また、色々な物を送りたいのですが、今、船便で出しても日数が多くかかりますので、九月頃飛行機が運航すればそのほうが早いと思います。

国交が回復したといっても、今の中国と日本はまだまだ遠い国のように思います。一日も早く本当に近くて、良い隣国になる日を待っています。

貴方の手紙を私の兄弟全部に見せました。全員涙で言葉になりませんでした。きっとこの涙もいつの日か晴れて本当に幸福な日が来るのを楽しみにしています。

（追記）この手紙を書き終わった時に、伊達島根県知事より電話が私のところに入りました。貴方のお母さんの手紙が知事の気持ちを動かしたようで、この問題を県全体のこととして日本政府に交渉することに決定したとのことで、非常に私は良いことと喜んでいます。

また、それと同時に私の出した大平外務大臣への手紙が外務省で取り上げられることになり、これから兄の釈放に非常に希望が持てます。そのためにも、貴方でも、お母さんでもよいからお礼状を出しておいて下さい。そうすることにより、尚一段とこの問題が進展すると思います。

住所：東京都千代田区霞が関二―二　外務省大平外務大臣殿

昭和四十九年六月　叔父、明義

敏龍様

私は叔父の手紙の中の「貴方の手紙を私の兄弟全部に見せました。全員涙で言葉になりませんでした」の部分を読んで、母が十六年も苦労を重ねてきたことと、父との面会の時、父が泣いた様子を思い出した。終戦の日からかなりの年月を重ねたが、戦争の悲劇はなおも上海で続いていることを改めて痛感した。

中国文化大革命とは「走資派」(資本主義の道を歩む派閥)を攻撃することを主な目的とする革命運動だった。それが継続中のこの時期に資本主義の代表的な国である日本の外務省トップに父の早期釈放を訴える手紙を出すなど、考えるだけでぞっとする。その当時、中国籍の民間人が日本の外務省とその大臣に手紙を出した前例は恐らくなかったであろう。

だが、私たちに安らかな戦後が訪れるために日本政府に訴えることは私の辞せない使命なので、公安の仕打ちに怯《ひる》まず、叔父に言われた通り礼状を書くことにした。

その手紙では「父と面会をするたびに、故郷のことや祖母のことに触れると、いつも涙をこぼしています。父の病気の主な原因はホームシックがもたらしたものだとつくづく感じています。中国政府の手厚い治療があっても、もはや限界だと思われます。祖国の自由な空気を吸い、故郷の懐かしい水を飲み、祖母の笑顔を見ることこそ父の病を治す有効な手立てです。父の帰郷できる日が一日も早く来るようご尽力ください」と訴えた。

もちろん、検閲を意識して、手紙の冒頭に中国政府を褒め称える言葉を書き、露骨な表現は避け、細心の注意を払い、一文字一文字を入念に書き込んだ。出した手紙が公安に没収された時の対応策として、日本の親戚への手紙には、日本政府に送った手紙の日付と内容を必ず書き込んだ。

上海の夏は気温が三十八度にもなるが、扇風機も冷房もない中、うちわであおぎながら、ペンを執った。便箋に滲《にじ》んだのは、万年筆のインクだけでなく、私の暑さによる汗と恐怖から出た冷や汗だった。また、上海の冬は零下になる時もあったが、もちろん家には暖房は一切なく、寒さのせいか、重病の父のことで切なくなったせいか、それとも恐怖のせいか、筆を握る手が思わず震えた。

4　伊達島根県知事からの手紙　――敏雄・記

昭和四十九年（1974年）六月、父を救出するために、伊達慎一郎島根県知事が上京し、大平正芳外務大臣、斎藤邦吉厚生大臣などの関係者に陳情した。

その後、父の問題がなかなか解決されない中、伊達知事は「せめて家族の帰国だけでも実現するように」と、再度上京して外務大臣に要請した。外務省が私たち家族の帰国について中国側と交渉を行なったが、中国政府は依然として人質である家族の出国を許さないという強硬な姿勢を取り続けた。

これに先立つ五月、知事は中国に残されている県民たちに慰問の手紙を送付した。その際に、同じものをわざわざ母にも送ってくれた。

（前略）

御承知のように一昨年日本と中国の国交が正常化し、日中友好親善の道が開け、みなさんとの通信も一層容易に行われるようになりましたことは、まことに喜ばしいことに存じます。

私は、この度日本地方自治首長訪中代表団の一員として五月七日から十八日間の日程で中国を訪問することになりました。その際、島根県出身の中国にいらっしゃる方で消息の分らない方々の調査と、日本への帰国及び里帰りを申請していらっしゃる方々の帰国が一日も早く実現することを紅十字会及び中日友好協会の方々にお願いすることにしております。

できることなら、みなさんとも親しくお会いして御苦労の数々、現在の御生活の状況などを承り、私のほうからは現在の島根県の様子、御親族の方々の状況などお話し致したいと存じましたが、何分にも限られた日程でそれもかないませんのでお便りにかえたような次第です。

みなさん、すでにお聞き及びのことと存じますが、みなさんが日本へ帰国あるいは里帰りをなさる場合には旅費はすべて日本国政府が負担します。帰国なさってからの御生活は御郷里の市町村と連絡をとってお世話致します。

事情がゆるせばどうか里帰りなさって下さい。お年を召した御両親、御兄弟の方々をはじめ御親せきの方々がどんなにかお喜びになるでしょう。なつかしいふるさとの山河と共に、故郷の人々、関係者一同もみなさんを温かくお迎えします。

昨年は二名の方が島根県へ帰国及び里帰りをされました。帰国手続、御親族の照会などおわかりにならないことがありましたら、御遠慮なく島根県庁社会課あてお問合せください。担当職員ができる限りお世話致します。また、私どもは常にみなさんのことを心にかけておりますので、格別の御用事が無くても、時々お便りを頂ければ幸いに存じます。

どうか、くれぐれもお体を大切に、御家族のみなさん共々お元気でお働きになりますように。

別便で島根県のお茶をお送りしました。ふるさとの香りを味わって下さい。

島根県知事　伊達慎一郎

一九七四年五月十六日

陳綺霞様

手紙の中で、知事は「みなさんとの通信も一層容易に行われるようになりました」という表現で、文化大革命中、両国間の通信が中断されていたことに間接的に触れた。

知事は、異国の女性がひとり孤立無援の中、島根県出身の軍人である夫の帰りを待ち続けながら、女手ひとつで人質となった四人の子供たちを育ててきたことに対して心を打たれたようだった。母が外国人であっても、知事は母に中国在住の島根県民に向けた手紙と同じものを送ってくれ、「なつかしいふるさとの山河と共に、故郷の人々、関係者一同もみなさんを温かくお迎えします」という表現で県民として認めてくれた。ワープロで作成された手紙の末尾には、直筆で「陳綺霞様」と書き込まれていた。

かつて壇上で糾弾され、名前さえ呼び捨てにされた母は、はるかに離れた異国の首長が送ってきた人情溢れる手紙に、感激のあまり涙をこぼした。

知事の手紙には父の早期釈放に関してまったく触れられてはいなかったが、私たちは父を救出するというドラマが祖国で繰り広げられていることを読みとった。父は永遠に獄窓から東の空を見て涙する運命かと思われたが、やがて富士山を自分の目で直接眺めて感涙にむせぶ日が必ずやってくると感じずにはいられなかった。

5　中国の安全に危害――敏雄・記

間もなく、外務省から叔父・明義宛に手紙が届いた。その内容は以下の通りである。

先般、田中総理大臣及び大平外務大臣に対し御陳情のあった中国において服役中の深谷義治氏の件につきましては七月十一日在中国日本大使館より中国（政府）外交部に対し、御陳情の趣旨を伝えるとともに本人に対する刑の宣告状況及び今後の釈放の見通しにつき照会しましたところ、中国側は関係当局に連絡の上回答する旨述べた由であります。

当方としましては、御陳情の趣旨もあり、今後とも本件に関し、できる限り努力したいと考えておりますが、とりあえず右の次第をお知らせ致します。

外務省アジア局中国課　課長補佐　有信　宗

昭和四十九年七月十五日

これを受けて中国政府は、父に無期懲役の判決を下した理由について、外務省に伝えた。外務省は、伊達知事に以下の書類を送った。

亜中第五八八号

昭和四十九年十月二十八日

島根県知事　伊達慎一郎　殿

外務省アジア局長

島根県出身中国在住未帰還者深谷義治の釈放嘆願について

深谷義治氏の件につきましては、去る七月在中国日本大使館より中国外交部に対し照会しましたところ、十月、外交部より、同氏は、「中国の安全に対し重大な危害を与えた罪」をもって、一九七四年三月十五日上海中級人民法院において無期懲役に処せられ、現在上海監獄にて服役中である旨、また、日本にいる深谷氏の家族と深谷氏との面会については、当該家族が在中国日本大使館を通じ中国外交部に対し、申請を行い関係当局がこれに同意を与えるならば、許される旨回答がありました。

上記の次第につきましては、貴職より留守家族に対ししかるべく伝達方依頼致します。

なお、留守家族が深谷氏と面会するため訪中することを希望される場合は、当局中国課（担当官、有信または斉江事務官）に連絡方御指導願います。

天皇陛下は玉音放送で国民に「ポツダム宣言」を受諾したことを伝えられた。それによって日中戦争は終わったはずだった。だが、中国政府の有罪判決の理由によると、父は日本国の兵士として投降せず、戦後も引き続き戦っていたことになる。そうなれば、日本国はうわべではその宣言を遵守しながら陰ではその宣言に違反したことになる。それは日本国の名誉と父の運命に関わる一大事なので、外務省は迅速にその事実の真偽を調査し対応策を取るのが、主権国家としての当然の責務である。相手国の言いなり、屈辱を被るような弱腰外交は絶対にしてはならない。

外務省は昭和四十九年七月に中国政府に対して父の問題を照会すると同時に、国内に在住している父の上官たちに対して調査に乗り出したはずである。上官たちはすでに釈放され、帰還していた。その当時、皆はまだ健在だったので、外務省は上官たちからの証言を取りまとめて、父が戦中にとどまらず、任務続行の命令を受け戦後もスパイ活動を続けていたという実態を容易に突き止めることができたはずだった。判決の裏づけが取れたのであれば、中国側に対して遺憾の意を示すか、黙認で中国政府の判決を受け入れるのもやむなしだ。

逆に、もし外務省が父の上官から「父への任務続行命令はなかった」という証言を得れば、中国外交部の主張は事実無根になる。そうなれば、国益と父の人権を守るために、当然中国政府に抗議すべきとなる。

結果的には、外務省は中国外交部の主張に対して、抗議するどころか、異議さえ唱えなかった。つまり、暗黙の了解として父が戦後の日本国のスパイであることを認めた。それゆえに、国際ルールに従って、両国間の平和友好条約の締結まで、父がその重い罪で受刑を続けることはやむを得ないこととなった。

父が即時釈放されない中では、重病の父に希望を与え、生き永らえさせることは、何よりも優先すべきことになる。外務省はその事情を踏まえて、また、留守家族の心情を考慮し、中国側が示唆した父と日本の肉親の面会について、協力するという意向を知事に示した。

6　泣き寝入り――敏雄・記

『上海の長い夜』では、拘束された著者・鄭念さんが入院先の監獄病院でひとりの女性患者に出会った場面が書かれている。女性は中国共産党の組織に属する上司を批判した罪で反革命分子となり、子供と主人を残して服役中だった。彼女は著者に胸中の苦しみをこう打ち明けた。

ええ、刑が決まるとすぐ、私は私との関係を絶つよう家族に頼んだのです。夫が仕事を続け、子供を守るには、それが唯一の方法でした。反革命分子の家族が、どんなひどい扱いを受けているか、ご存知でしょう。夫と私は、深く愛し合っていました。見合い結婚じゃなかったんです。私と離婚して、二度と会いに来ないよう夫に言ったとき、夫はひどく泣き、離婚したように見せかけるが、私を待つと言いました。

母の幼馴染みの荘さんも自分とふたりの子供を差別から逃れさせるために、服役中のご主人と偽装離婚した。それだけではまだ不十分で、荘さんの娘も文化大革命の波にさらわれないよう父親と一線を画すべく職場で父親を批判した。

自分を守るため、反革命分子の家族にならないため、当時の中国人はよくこのようなやむを得ない選択をしていた。ちなみに当時の決まりでは、相手が判決を受けなければ離婚することは許されなかった。

母の場合、父の生死さえわからないので、偽装離婚はできなかった。従って、父が判決を受けるまでの十六年間は、私たちは一時たりとも差別から逃れられなかった。やっとのことで面会が実現したが、私たち子供は「日本の鬼の子」に「日本のスパイの子」という悪名がプラスされ、ますます酷い差別を受ける運命となった。

中国人の囚人は家族との面会の時、直接の監視がないので偽装離婚の話を持ち出せたが、私たちの面会の時には隊長が厳しい目を光らせている。その中で私たちには、そうした相談をすることは不可能だった。たとえできたとしても、父と縁が切れ、会えなくなる。それは私たちにとっては、あってはならないことである。とにかく、父に会い、励まし、父の様子を日本側に発信し、父を救出するのが、家族としての使命だった。無我夢中で父の早期釈放を求めている中、差別から逃れることを考える余裕はなかった。

私はこの時期、下放された農場から上海市内の建築会社に転勤となり、自宅に戻っていたが、その建築会社が日本の技術援助で上海郊外の金山に石油コンビナートを建造することになり、家を離れてそこに転勤することになった。

日本政府の関係者などに手紙を送ることは中国政府に逆らう行動で、公安が黙って見ているはずがなかった。当時、中国の企業はすべて国有で、中国政府への反発はすぐに私の勤めている会社に伝わった。日本への発信を封じ込めるため、私は職場で村八分にされた。また、会社が反革命分子などの批判大会を開くたびに、「怠け者」や「現実に不満を持つ人物」は警察と治安幹部の手で会場に連れていかれ、見せしめにされた。私も治安幹部に強制的にその場に連れ出され、批判の対象となる「悪人」が立つ舞台のすぐ下の席に座らされた。「反革命分子を打倒せよ」などのスローガンを叫ぶ声が耳をつんざくその会場には、母も何度か連れこまれた。

それは「おとなしくしなければ、次はおまえたちの番だぞ」という警告だった。その時、私は恐怖を感じたというよりも糾弾される反革命分子同様、父と兄もこのようなことを経験し、苦しんでいるのだと思いはかり、心を痛めた。いくら歳月が経っても、その時の屈辱は生々しく心に残っており、今でも涙がこぼれそうになる。しかし、重病の父を一刻も早く帰還させるため、父を祖母に会わせるため、そして兄を早く救うために、日本への手紙を躊躇《ちゅうちょ》せず書き続けた。私はすでに公安の標的になっていたので、いつかは糾弾の舞台に立たされることや、父や兄と同じ看守所に行かされることは覚悟していた。

金山の住居は農場の寮とほぼ同様で、十二人部屋の簡易な建物だった。ある日の深夜、同室の人のいびきで私がなかなか眠れないでいると、突然鍵のない扉が開く音が聞こえた。蚊帳越しに入り口の方を覗くと、治安幹部の人がそっと入ってくるのが見えた。ベッドに近づいてくる様子がしたので、私は寝たふりをした。その人は私のベッドの前で立ち止まり、蚊帳を開け、私がいることを確認して出ていった。

このことから、私は夜でも厳重に監視されていることを知った。寮から一キロちょっと離れたところに日本から派遣された日本人技術員が宿泊している。おそらく、私を彼らと接触させないためか、または金山石油コンビナートの情報を盗まれないようにするためか、私を厳重に監視していたのだ。

のち、明義叔父から服などの救援物資を送ったという知らせの手紙がきた。長い間、新しい服を身に着けたことがなかった私たちにとっては、それはまさに中国語の「雪中送炭」という諺の通りだ。私たちの最も困っている時に援助の手を差し伸べてくれようとしたのだ。ようやく、待ちに待った到着の通知が届き、母は妹と一緒に取りにいった。しかし受け取るためには、母の二ヵ月分の給料に相当する関税がかかると言われ、貧しい生活の中、そのような大金は到底払うことはできず、救援物資を送り返さざるを得なかった。喜びは一転し、落胆となった。上海の寒気が「炭」を得られなかった私たちの心身に一層染みた。

7 「お父さん」が見つかった――敏雄・記

昭和四十九年（1974年）七月二十四日、母と妹と私の三人で父に会いにいった。いつもの小部屋で面会が行なわれた。

父は上海市監獄に入れられてから、十六年ぶりに映画を見ることができるようになった。しかし、それはもちろん娯楽映画ではなく、あくまでも軍国主義思想を改造するためのものだった。そのほとんどが抗日戦争を背景にし、日本軍の残酷さと八路軍（共産党軍）の勇敢な戦いを描写するストーリーであった。

父に『地道戦』という映画を見たと告げられた時、私はふと過去の記憶が甦《よみがえ》った。昔、同じ映画を見ていた時、日本軍人を鬼として扱ったシーンが流れ、耐えきれずこっそり映画館を抜け出したことがあったのだ。父は公安の厳しい監視下に置かれ、抜け出すこともできず、嫌でも最後まで見ざるを得なかったのだろう。その上、鑑賞後は自分の過去についての反省文を必ず書かされたという。

それでも、日中関係が進展するにつれて、父は抗日以外の映画も見られるようになった。ある時、父はこう話した。

「この前見た映画のタイトルは『海霞』で、ヒロインの女の子の名前は『海霞』という。その『海霞』が産声を上げた時、娘が生まれた時のことを思い出した。大きな泣き声を聞き、また男の子かと思ったが、待望の女の子だと告げられた時の感激は今でもはっきり覚えている。赤ん坊のシーンを見て、生まれてからわずか五十日の娘と別れたことを思い出すと、涙が止まらなかった。

私は中国人民に対し罪を犯したことで、娘と十六年間離れ離れになっている。毎日娘の写真を見ていた。娘の誕生日は四月九日で大田市の吉永神社の祭日なので、その縁起のいい日を十六年間忘れたことはなかった」

この間、涙を流しながら、逮捕以後ずっと娘を思い続けていた胸中を明かすのだった。

妹は私たち三人兄弟と年が離れており、離散の不幸さえなければ愛娘として父に目いっぱい甘えたり、父の愛情を一身に受けることができたはずだった。しかし、赤ん坊でありながら家族と一緒に人質になり、兄たちと同様に十六年間も「日本の鬼の子」として生きてきた。妹は苦難の歳月の中、残された写真で父の顔を覚えた。

「我が家は長い間、散々苦難に見舞われ、崩壊しつつある。母は自殺を図るまで追い詰められ、兄の生死さえ確認できないのに、父はなぜ現れないのか。なぜ私たちを守ってくれないのか」

と苦しい生活の中、妹は口に出さずとも私たちと同じ想いを抱いていた。成長しても、壁にかけてある父の写真は変わらないままだった。父の生死を知る手がかりさえない日々の中で、これが父の遺影になるかもしれないという悲しい思いが、その時からずっと私たちの心の片隅にあった。時は文化大革命になり、反革命分子の写真を家で飾ることが許されないようになってからは、母は父の写真をしまった。それから、父が一層私たちから遠ざかるように感じられたのであった。

妹は他の三人の兄と違い、記憶の中に父との思い出はまったくなかった。ましてや、隊長の虎視眈々《こしたんたん》とした目つきに威圧されている中、一度や二度の面会だけでは見知らぬ罪人を父親として容易には受け入れられなかった。「お父さん」と呼ぶか呼ばないか、父を認めるか認めないかという葛藤が渦巻いていた。

一方、十六年間父の手元にあったのは、赤ん坊の時の妹の写真だけだった。父は結核を患った時も、骨が折れた時も、飢えと寒さに耐えた時も、生死の境をさまよった時も、いつも娘の微笑《ほほえ》みに、生きるようにと励まされていた。

写真の妹が父の一番身近な存在になっていたので、父の気持ちは、ひとりで受刑しているのではなく、娘を背負って厳しい生活を凌いでいるようなものであった。写真の娘は、いつも父の受刑の惨状を直《じか》に見ていた。あまりにも悲惨過ぎて、見るに忍びないものだっただろう。

「お父さん、それ以上抵抗し続ければ死んでしまうよ。一家も全滅するよ。早く戦後の日本のスパイであるという罪を認めて、一緒にこの地獄から出よう。お母さんやお兄さんたち、島根のお祖母《ばあ》さんがお父さんの帰りを待ちわびているのよ」

という娘の必死の叫び声と悲痛な泣き声がいつも父の耳元に鳴り響いていたに違いない。しかし、国の名誉と娘に対する愛情の狭間で父の心は揺れ動いていても、あくまでも

「日の丸」への忠誠を捨てなかった。そして、我が娘の悲しい叫びの中、断腸の思いで日々を過ごすことを選び続けた。

娘が目の前に現れた時、上の子は面会中に積極的に話してくれたのに、なぜ娘は自分を呼んでくれなかったのか、ひと言もしゃべらなかったのか。それは無口な性格のせいか、父子の情というものが育まれていないためなのか、それとも苦難の生活をもたらした自分を恨んでいるのか。父は妹に目を向けるたびに、いつも困惑と寂しさの入り混じった表情を浮かべた。

妹は次第に一家が離散して貧困と差別というふたつの苦しみを受け続けた原因が、父ではなくあの戦争にあり、父は戦争の犠牲者なのだと思うようになった。父の言葉から、自分と家族のことを誰よりも案じてくれていることを知った。

そして父との四度目の面会で、妹は囚人である父の悲愴《ひそう》な姿をついに受け入れられるようになった。妹は十六年の歳月をかけて探し続けた父を、やっと暗黒の刑務所で見つけ、慣れない口調で生まれて初めて「お父さん」と呼んだのであった。呼ぶと同時に、妹の目から涙が流れた。

父は娘と生き別れてから、毎日のように写真を見つめ、そのひと言が聞ける日を夢に見ていたが、娘はなかなか「お父さん」と呼んでくれなかった。面会を重ねても、「こんな父親は認知してくれないだろう」と失望の色が濃くなるばかり。まさに「お父さん」という声を耳にした瞬間、父の目からもどっと涙が溢れ出た。母も私も涙を流した。

戦争状態が終わっても日中関係が正常化されても、戦場に取り残された一家の悲劇はこうして延々と続いていたのだ。

8　在中国日本大使館の代表との面会　――深谷義治

日本では、老いた母が生きている間に息子に会えるよう、伊達慎一郎島根県知事と京都の弟・明義が外務省に再三要請を続けていた。私の次男も大平外務大臣に「父を助けてほしい」と手紙を送った。それを受けて、離散家族が再会できるよう北京の日本大使館が動き出した。戦後処理の一環として小川平四郎大使の指示で、一等書記官がふたり、遥々北京から私に面会に来た。

昭和四十九年（1974年）十一月十三日、陳隊長は突然私に「今日、北京の日本大使館の人が面会に来る。面会時間は三十分だ」と告げた。この冷たい監獄で日本の代表に会えると聞き、私は耳を疑った。

夢にも思わなかった話を確かめるため、「日本大使館の人が、私と話をするのですか」と念を押して尋ねた。

「そうだ。昨日おまえに厳しい批判を加えたのは、今日、日本大使館の人がおまえに会いに来るからだ。おまえの具体的な罪状や病状を、面会で言ってはならぬ。減刑の有無はおまえが中日両国人民の友好に貢献するかどうかにかかっている。おまえはどんな行動を取るべきか、自分でもよくわかっているはずだ」

　と監獄で受けてきた拷問や虐待などを告げるなと釘《くぎ》を刺した。

「接見中、おまえはどんなことを言うのか」と隊長はさらに一歩踏みこんで聞いた。

「昨日教育された通りに対応します」と逆らえない私は答えた。

　昼過ぎ、私はボロボロの服の上に新品の人民服を着て、首元までボタンをキッチリと留めた。胸に罪人であることを示した布札をつけ、陳隊長のチェックを受け、外に連れ出された。家族と面会する部屋よりもずっと広い部屋に連れていかれた。見ると、テーブルを挟み椅子が五個、向かいあわせに並んでいた。

　しばらく待つと、人民服を着た中国政府の官員が、背広を着て身だしなみを整えたふたりを案内してきた。当時は中国人は人民服しか着なかったので、背広姿のふたりが日本大使館の館員だとすぐに察しがついた。隊長は三人を席に着かせ、私に「座れ」という命令を出し、自分も監視役としてその場に居残った。

「私は日本大使館の一等書記官の加藤です」と背広姿のひとりが私に向かい、自己紹介をした。

　続いてもうひとりも「私は一等書記官の佐藤です」と自己紹介をした。

　私は刑務所で長く孤独な生活を送ってきたため、簡単に人を信じることができなくなっており、このふたりが本当に祖国の代表かどうか疑っていた。様子を見ようと判断し、じっと無言でいた。

加藤書記官が私を見つめて言った。

「あなたは深谷義治さんですか。我々は小川大使に派遣されて、あなたの最近の体と生活の状況を知るために参りました。大使と我々館員は、あなたのことについて大いに関心を持っております」

懐かしい日本語がキチンと聞き取れたことにほっとした。自然な日本語から、多分紹介通りの日本大使館の人だろうと思い始めた。それから、私は胸をドキドキさせながら大切に心に収めていた日本語で話した。

「私は小川大使と館員の皆さまの思いやりに心から感謝いたします。私は長い間日本語を使っていないので、最初はすらすら話せないと思います。そのことについては、本当に申し訳ございません」

私はここで罪を償っている原因を説明する必要があると思い、話を続けた。

「私がかつて、どこで、どんな仕事をしたかということはきっとご存じだと思います。ご想像の通り、私は中国人民と日本国民に対して重大な罪を犯しました。これに対して、中国政府は今年の三月十五日、寛大な無期懲役の判決を言い渡しました」

具体的な罪状に触れることが許されない中、私は「ご存じだと思います」という表現で、もっぱら上官から受けた命令に従った結果、日本国のために罪を犯したことを示唆した。「寛大な無期懲役」という言い方で、犯した戦中と戦後のスパイ罪の重大さから考えると極刑に処されたはずであろうことを暗に伝えた。また、虐待されたことはストレートに言うと報復される恐れがあるので、中国政府に感謝するという飾り文句の中でその実態に触れた。

「中国共産党と政府は私を反革命思想の中から救い出しただけでなく、私が重い結核にかかって死の瀬戸際にあった時、すぐに私を病院に入院させました。しかも最近、虫歯で食べ物も嚙めない状態になったので、中国政府は二十四本の虫歯全部を取ってくれた上に、総入れ歯を作ってくれました」

結核にかかってもすぐに入院をさせていたら、死の瀬戸際に至ることはあり得ないことである。まるで謝辞を述べるような言い方で、結核にかかった際に放置されて危険に至った事実を伝えた。また、すべての歯が虫歯になり全部抜くというあり得ない話を持ち出し、歯を無理やり抜かれた虐待の事実を伝えた。

「あなたの上海におられる家族についてはよく把握しております。我々は何よりもあなたの健康と生活の状況を知りたいのですが」

「今、私はとても元気です。元々血圧が高かったのですが、中国政府の治療によって、すっかり元気になりました」

「最近のあなたの生活についてお聞きしたいのですが」

「食事については私の希望通り、おかゆを出していただいています。食べる量に関して、中国政府からなんら制限もございません。ご飯にしてもおかゆにしても麺類にしても、私が望めばいただけます。私が一ヵ月に食べる米などの量は十六キロです」

「あなたの体重はどのぐらいありますか」

「私の体重は七十キロ以上あります。私は逮捕された時の体重が五十五キロだったのですが、中国政府が私を大事にしてくれたおかげで、よく太ってきました。太ったせいで、前の服がすぐ着られなくなりました。今、私は毎日朝と晩、熱いお湯をいただけます。お湯で体を拭くと血液の循環が促進されます。健康を保つには良いことです」

「よく太ってきました」とは言えたが、かつては虐待によって痩せこけて、肋骨《ろっこつ》も完全に剝き出しだったことは言えなかった。「熱いお湯をいただけます」とは言えても、十六年間、真冬にもらったのは一日一回十二センチの深さのマグカップに注がれた、たった一杯の冷たい水だけだったということは言えなかった。

私が熱いお湯をもらったのは上海市監獄に来てからのことで、十六年ぶりだった。その湯気を見て、風呂から湯煙が濛々《もうもう》と立ちのぼっている故郷の光景がくっきりと眼前に蘇《よみがえ》った。生きているうちにあの懐かしい風呂につかり、冷え切った心身を温め、汚れきった体を清めることができるのだろうかと思うと、いつも涙を抑えきれなかった。私は釈放されるまでの拘留中二十年四ヵ月間、長男は拘留中九年間、風呂はもちろんのこと、シャワーさえ浴びることがなかった。

「今回、小川大使が私たちを派遣することになったきっかけは、あなたの弟、明義さんが日本政府にあなたの状況を把握するよう希望されたからです。明義さんは京都におられます」

「明義は本当に私のことに気をつかってくれました」

「我々はあなたに日本におられるご家族の様子をお伝えします。あなたのお母さんはもう七十八歳になられました。今住まわれているところは大田市です。過去の大田町は大田市になり、あなたがお住まいになられていたところは大田市に合併されました」

「そうですか。私の住んでいた川合村吉永向吉永が大田市に合併されたのですね」

「そうです。今、お母さんは昔のところ、すなわち大田市吉永向吉永に住んでおられます。お母さんはあなたに会えるまでは絶対に死なないとおっしゃっています。お父さんは亡くなられました」

「父が亡くなったことは、大阪の伯父からの手紙で知らされました」

「お父さんは一九五一年五月二十九日に亡くなられました。その時、お父さんは大田町の町長でした」

「そうですか。父は町長になりましたか」

私は言いながら溢れ出る涙を抑えきれず、会話は中断となった。涙に込めているひとつ目の思いは、両親の様子を聞き、ひとりの子として未だに母親に親孝行をできず、また私の帰りを待ち続けた父も志半ばで他界し、墓に一本の線香さえ供えることができない悔しさによるものだった。

ふたつ目は、一等書記官が日本政府代表でなければ知るはずのない事実を言ってくれたことで、彼らが間違いなく国の使者だと確認できたことだった。その瞬間、祖国が私を忘れていないことを知り、感慨が胸にどっと迫ってきた。

戦中のことはさておき、終戦後、私は「日の丸」のため潜伏生活をしながら任務を全うしたが、「日の丸」の罪を償うために地獄の辛酸を舐《な》めることになった。そして、「日の丸」を守るため、戦後の日本のスパイであることを絶対に認めなかった。そしてそのことにより、幾度も我が身を滅ぼす寸前まで追い込まれた。今、その「日の丸」の使者が訪れたので、胸中の苦悩を告げたかった。そして、「日の丸」に一日も早く私を助け出してくださいと伝えたかった。しかし、横にいる悪魔のような隊長の厳しい監視下に置かれた私は、それを言う自由をまったく剝奪されていた。一見元気そうな外見とは裏腹に重い病に冒されていることさえ言えず、十六年間耐えてきた胸の苦しみや深い望郷の念は言葉にならず、涙になって溢れ出た。

すすり泣きがしばらく続き、加藤書記官が腕時計を何回も見た。面会時間はわずか三十分しかないと我に返り、なんとか感情を抑えた。

ずっと静観していた佐藤書記官は私の悲しみに心を打たれたようで、日本の家族からの支援があれば私の慰めになるだろうと思ってか、私に尋ねた。

「日本のご家族に何かしてほしいことはありますか」

「ありがとうございます。今、私の着る物、使う物は全部中国政府から支給されています。もう十分です。ほしい物はございません」

「お金はいりますか」

「いりません。毎月中国政府から二・五元の『小遣い』を支給されています。これでタオル、ハンカチと石鹸などの日用品を買い、まだ少し余ります。中国政府の厚意に感謝します」

中国では労働を通じて思想を改造する目的で、すべての囚人を働かせ、その見返りとして「小遣い」を支給している。私は第一看守所にいる間、未判決だったため、強制労働をさせられても「小遣い」をもらったことは一度もなかった。その間、妻は子供たちを育てながらお金を捻出して、石鹸とトイレットペーパーを買ってくれた。そのおかげで、なんとか生き延びることができた。

判決後の私の体は、過酷な生活でボロボロになり、働く力さえなくなっていた。また、家族は貧困で借金地獄に陥っているので、わずかな負担もかけられない状況だった。最低限の生活に必要なものを買うため、中国政府は普通の囚人と同額の「小遣い」を出していた。

「日本の書籍を読まれましたか」

「いいえ」

「日本の書籍を読みたいですか」

「中国政府は日本語版の『北京週報』『人民中国』『中国画報』などを支給しております。また、一番重要なのは、毛主席の著作を学習することです。私はそれらを勉強する時間も足りませんので、他の本を読む気はありません。それに、日本は依然として資本主義社会ですので、日本の書籍を読むためには善悪を見極める能力がいります」

「日本の書籍を読まれる自信がないのですか」

「ないわけではありません。私は十分見極める能力と自信を持っています。ただ、思想改造の期間中、中国政府に不必要な迷惑をかけたくないだけです。将来、中国政府が寛大な恩赦を与えてくれたら、日本の書籍はいくらでも読むことができます。今、毛主席の本を読むのはとても重要なことです。それも中国政府が私に要求していることです。私は毛沢東思想の真理を七年間学んできたのです」

私は三十年前の祖国しか知らない上、十六年間人間社会と完全に隔離され、毛沢東思想の洗脳ばかり受けてきたので、毛沢東の本はもうすっかりうんざりしていた。浦島太郎にならないために、のどから手が出るほど懐かしい母国の本を読みたかった。しかし、書記官の厚意を受け入れることは、「資本主義の毒物」を軍国主義の思想改造の場に持ち込むこととなる。これは当局にとっては許してはならぬ行為なので、断らざるを得なかった。

加藤書記官は私の話を聞き、洗脳された結果、外の世界をあまり知らないのだろうと察し、諭すようにこう話してくれた。

「ご存じのように一九七二年九月二十九日、日中両国間には外交関係が樹立し、北京には日本大使館も設立されました。両国の共同声明の下に、関係は発展し続けています。それによって、両日中両国関係の正常化二周年を迎え、先日、航空路が開通しました。それによって、両国の善隣関係が一層強まっています」

「中日関係正常化が二年となった日の午前中、スピーカーから流れてきたニュース番組で中日両国の航空路が正式に開通した報道を聞いて、とても嬉《うれ》しく思いました」

「今、我々北京大使館の人員は四十数名にまで増えてきました。小川大使と館員全員はあなたのことに非常に関心を持って、あなたのために努力しています」

「私は小川大使と館員全員に深く感謝いたします。日本政府のご配慮にも深く感謝いたします」

「日中両国の懸案は日中平和友好条約を締結することです。締結されれば、日中両国の往来はますます便利になります」

「そうですか。一日も早い中日平和友好条約の締結をお祈りしています」

「戦後、中国からの引き揚げができない日本人は依然として多く、特に東北地区にたくさんおられます。最近、中国政府の配慮で帰国された日本人が結構おられて、その中には中国人の家族と一緒に帰国した例もあります」

「そうですか」

「これは小川大使から預かってきた東京の煎餅とタバコです。どうぞお受け取りください」

「小川大使のご厚意、本当にありがとうございます。しかし、私はタバコを吸いません。ですから、大使にタバコを返してください。煎餅の方は感謝の気持ちでいただきます」

「これからまた機会がありますから、参ります」

「わざわざ来られたご厚意に対して、私は感激で胸がいっぱいです。でも、お忙しかったら私のことは構わないでください」

「今日はこの辺でおいとま申し上げます。お気をつけて、お元気でおられるようにしてください」

「どうもありがとうございました。北京にお帰りになったら、小川大使と館員の皆さんに私の心からのお礼を申し上げていただくと同時に、日本政府にも深く感謝の意を伝えていただきたいのです。また、恐れ入りますが、今日ご覧になったこととお聞きになったことを日本の母と弟妹に伝えてください。ありがとうございました」

三十年ぶりの伝言は、それだけで良かったのか。いや、言い尽くせないほどあったが、私が言えることはそれだけだった。さらに母に言いたかったのは、「お母さん、今日のことが伝われば、一層悲しませることになるでしょう。長い間、手紙の一通さえ送れず、許してください。それは恩知らずなのではなく、極秘の任務なので、通信してはならないという理由でした。日本国のために戦後のスパイ活動に従事した末、このように罪人になってしまったということをわかってください」という思いだった。

祖国の代表との初の面会で、懐かしい母国語を耳にした。意味をしっかり聞き取ることができ、伝えたことは完全に理解してもらえて安堵した。それは祖国を忘れないように絶えず母校の校歌と故郷の民謡を口ずさみ続けた、地道な努力の結果だった。過酷な受刑によって心身は傷だらけになろうとも、日本人が日本語を話すという誇りはほぼ無傷のまま心に温存されていた。

牢屋に戻り、小川大使からの土産の煎餅が入った綺麗な箱をしっかり両手で抱え、ようやく夢の中にいるのではないことを確信した。長い間口にできなかった煎餅をひと口食べた途端、望郷の念に焦がれた心から熱いものが込み上げてきた。祖国を慕う心情は、もう如何《いか》にしても自分の力では抑えきれないところに来ていると痛切に感じた。昼も夜も、黄浦江の波と一緒に東方の祖国に向かって流れていくのは、私の切々たる望郷の涙だった。

9　弟妹との三十一年ぶりの面会　――深谷義治

昭和五十年（１９７５年）一月三十一日の『朝日新聞』に、「中国から面会許可」の見出しの以下の記事が載った。

日中間の国交が正常化した四十七年九月以降、明義さんは精力的に「釈放運動」を始めた。「兄は戦争の犠牲者です。釈放されないなら、せめて面会だけでも」。発足したばかりの中国大使館に足を運んで訴えた。当時の田中首相、大平外相にも直訴した。中国を訪問する島根県知事にも頼んだ。

中国政府から「面会、入国を許可する。スケジュールを知らせよ」という電報が入ったという電話連絡が、外務省から明義さん宅にあったのは二十九日夜。

（中略）

「刑に服する態度がよければ、釈放もあり得るとの話も聞いた。兄は最近、心臓病で倒れ、入院したとも聞いている。肉親に会いたいとしきりにいっているようです。兄の犯した罪はおわびして、釈放してもらうよう懇願するつもりです。会えば言葉にはならないでしょうねぇ」と明義さん。佐々木安子（著者注：上の妹）さんも「兄と別れたとき、弟や妹はまだ幼かったので、兄弟の情をかみしめられるのは私だけです。元気でいることがわかり、こんなうれしいことはない」といい、好物の甘菓子をぜひ差し入れたいそうだ。

妹・恵子は上海の子供たちへの手紙に「一月二十九日、やっと面会の許可が出ました。もう心は上海の空に飛んでいます。パスポートの申請に期間を要しますので来月の下旬にお逢《あ》いできると思います。異国の地で病気と闘っているあなたたちの父、そして私の兄でもある人の心を思うと、涙が溢れてきます」とその時の心情を書いた。

同年三月二十二日、五人弟妹は上海を訪れた。在中国日本大使館の森本一等書記官がわざわざ北京から駆けつけて、私たち兄弟の対面に立ち会った。

『週刊現代』誌は中国政府が面会の前に弟妹に要求した厳重な「注意事項」に言及した。

一、いかなる罪状か、あるいは事件の内容についてはふれない
二、獄内の生活については話をしない
三、メモの禁止
四、面会時間は三十分間とする

中国政府はすでに私に対して有罪判決を確定させたのに、なぜ「いかなる罪状か、あるいは事件の内容についてはふれない」という禁止令を面会の関係者に押しつけたのか。それは私が戦後の日本のスパイであることを否定した中、中国政府が明確な証拠を得られず、強引に下した判決なので、その背景を外界に明かしたくないという思惑があったからだと思われる。

弟妹と私との生別から三十一年の歳月が流れていた。弟妹には昔の面影は少しも残っていなかった。戦争もすでに遠い過去の話なのに、未だに兄が拘束されていることを実感し、妹・安子は涙をとめどなく流した。私も涙を抑えきれず泣きだした。

事前に母が来ないという知らせがあったにもかかわらず、私は母もきっと一緒に来ると期待していた。訪れた六人の中に母らしい人がいないことがわかった時、落胆のあま

り、弟妹に向かって私が発した最初の言葉は「お母さんはどうしたか」だった。「高齢で連れてこられなかった」との答えに、私は肩を落とした。
弟妹は中国に来る前に、上海の家族宛に実家とその周りを写した写真を五枚送っていた。妻は私の望郷の念を癒すため、その貴重な写真を送ってくれた。三人の弟妹は写真に写っていたので面会時にすぐにわかったし、残りのふたりも自分の勘を働かせて正確に言い当てた。それから私は、自分と妻、子供たちのことについて語った。

日本の高僧・空海は中国に渡り、長安の青龍寺で密教を学びました。阿倍仲麻呂は長安で五十三年も学び中国で亡くなりました。私は中国に渡り、まだ三十八年にしかなりません。私が日本軍国主義に従って、中国に来て大きな罪を犯したことは、もはや後悔しても取り返しのつかぬ悪いことです。ただし、私が中国共産党と政府によって救われ、マルクス・レーニン主義と毛沢東思想の真理を徹底的に学び、反革命世界観が改造できることは大変良いことです。現在、すでに毛主席の文章四十七編、最近発行された憲法も一緒に全部で三七〇ページ暗誦《あんしょう》し、一日ごとに一回繰り返して暗誦学習しています。全部暗記することは決して容易なことではありませんが、終生学習し続ける決心です。これは私が病気で長時間の読書や書き物がますます不可能になりつつあるからであります。

生命を賭して私と縁を結んだ妻は、善良で立派な中国女性だ。妻は一九四二年四月、十五歳の時、両親の生活を助けるために私の身分も犯した罪もまったく知らずに一緒になったのだ。私には到底及ばない良い性格を持っている。十七年近く、一人で四人の子供を育ててくれた。これも私の最大の幸福だ。あなたたち、できるだけ多くの時間を割いて妻や子供たちに接触してはくれないか。彼らにとっては極めて大きな励ましとなるから。

そして皆に聞いた。

「では、私が両親やあなたたちと最後にお別れしてから現在までの、一人一人の経歴を話してください」

一番上の妹・安子から順に、別れてからの各自のことを語ってくれた。

一番下の妹・恵子はこう言った。

「私は女学校を卒業してから日本赤十字社に入り、看護婦になりました。ずっと赤十字社で働き、六年前に辞めて、現在、京都市の病院で働いています」

「私が子供の時、春の中日の市場で買って家の前に植えたキンカンの木は生きていますか」と私が聞いた。

「生きていますよ。昨日は春の中日でした」と恵子が答えた。

「兄さんはあのキンカンの木をまだ覚えているのですね。毎年たくさん実がつきますよ」と安子が話した。

母は私が戦場に行った後、特に私が拘禁されたことを知ってから、息子に届けられなかった愛情を懸命にそのキンカンの木に注いだ。それが実っていたのだ。しかし、そのキンカンひとつさえ口にできないことを思うと、じんとするものが込み上げてきた。

「兄さんは字が書けるのですか」と安子が聞いた。

それは、長い間どうして手紙の一通ぐらい寄こしてくれなかったのか、との質問だった。戦後、任務続行のために実家に手紙が出せなかった。そして拘束されてからは、戦後の日本のスパイであることを認めない罰として、日本側に手紙を書くことを禁止されていた。心の苦衷を妹に告げられないので、質問に答えなかった。

私は弟・明義に「加藤一等書記官から伝えられた『お母さんはあなたに会えるまでは絶対に死なない』という言葉を決して忘れません。お母さんに『安心してください。必ず会えます』と伝えてください。最後に別れた時、あなたはまだ十歳前後の子供でした。あなたは私に代わって私の妻や子供のことをよく気にかけてくれています。感謝します。私の代わりに、日本政府の小川平四郎大使と加藤、佐藤一等書記官に礼状を書いてください」と話した。

また、恵子に「『女の一念岩をも通す』という日本の諺があるように、あなたはお母さんの優しさと思いやりの心を一身に受け継いで、私が留守をしていた三十年間、私の代わりに親孝行をしてくれていると信じているよ。お母さんはあなたに心から感謝している」と話した。

私は安子に「三月十七日、妻と子と色々な話をした。そして『あなたの弟妹の一番好きな食べ物は何か』と聞かれたが、『弟妹とは小さい時に別れたので、好みはさっぱりわからない』と答えました。日本とは風習も違う上に言葉も通じないので、妻には不行き届きなところがたくさんあると思います。恐らく貧乏でなんの接待もできませんが、どうか許してください」と話した。

また、「去年の十二月二十九日、心臓病が急に悪化し、呼吸困難になり、病院で注射と一晩の酸素吸入をして救われた。そのようになったのは二度目だった」と弟妹に告げた。

生死の境をさまよう中、母の「会えるまでは絶対に死なない」という言葉が耳元で響き、妻の「一家の運命はあなたにかかっています。あなたが死んだら駄目ですよ」という必死の叫び声も聞こえたようだった。それが私の死を止めたのである。

「昭和三十一年冬、人に託して、妻がお母さんに送った一着の狐の毛皮は届きましたか」と弟妹に聞いた。

「届きました。私がもらいました」と恵子は答えた。

「昭和二十二年にアメリカからキャンデー入りの小包が届いたかね」と恵子に聞いた。

「それも届きました」

「あれは私がアメリカの友人に頼んで、お父さん宛に送ったのだよ」と説明した。

「お父さんも言っていました。きっと兄さんが送ってくれたのだろうって」と恵子は答えた。

祖国のために桜のように散っていく息子がまだ生きて両親のことを思っていることを知らせるつもりで、毛皮と小包を送った。帰国する人に託したり、身分がばれないようにアメリカから本名を伏せて発送したものだ。長い年月を経て、監獄の中で届いたことをやっと確認できた。

「兄さんは鏡を見ることがありますか」と恵子は聞いた。

「ないよ」

「兄さんの顔はお母さんにそっくりです。兄さんの顔はお母さんと同じです」と、皆が口を揃えて言った。

その時、弟妹に「兄さんは二年前まではこのような姿ではなく、骨と皮の身にボロボロの服をまとい、恐ろしい顔をし、まったく怪物そのものと言われた」「母の顔になるまでには、とてつもない抜歯の苦しみを耐えてきたのだよ」と胸のうちを訴えたかったが、許されるものではなかった。とにかく、ようやく人間の顔になり、その上、母にそっくりだと弟妹に言われ、大きな慰めになった。

「もう時間だ」と隊長が知らせた。

「日本に帰ったら、お母さんに『待っていてください。私は必ず努力して、お母さんに会いますから』とくれぐれもよろしく伝えてください」と、母に会えない悲しみに耐えて言った。

弟妹は故郷の土産も持ってきてくれた。その中に梅干しが入っていた。「兄さんの病気ではたくさん食べてはいけません。一日に一個ずつ食べてください」と恵子に念を押された。

私は森本一等書記官に、日本政府と小川平四郎大使及び加藤、佐藤両一等書記官によろしく伝えてくださるよう頼んだ。

後ろ髪を引かれる思いで弟妹と別れた。束の間の面会中、懐かしい故郷に舞い戻ったような気がした。弟妹の情を久しぶりに感じ、大きな労わりを受けた。その反面、牢屋に戻ると寂しさと惨めさが何倍にもなって心にのしかかった。出かける気力を失った母のことを思い、胸が締めつけられるようになった。

梅干しという日本ならではのおいしい漬物を、三十何年も口にしたことはなかった。その晩、梅干しを一個口に入れた。その味は幼い時、梅干し一個でご飯を食べたことを思い起こさせた。その酸っぱい味につられて、故郷の白いご飯が一段と恋しくなった。懐かしい故郷へ一層「帰心矢の如く」になった。

のちに恵子は、妻に送った手紙で「毎日たくさんの患者さんを看護し、治療しています。兄の世話ができないことは本当に寂しいです。この頃、中国から帰国する人をテレビのニュースで見るようになりました。罪人である兄はそれもできず、もう二度と逢えないのではないかと思うと胸が痛みます」と感傷に浸っている。

10 日本の肉親と初の対面 ――敏雄・記

昭和三十六年（1961年）、母が初めて祖母に手紙を出したことで、私たち家族の存在は正式に日本の親戚に確認された。それから十四年の歳月が流れたが、関係各方面の懸命の努力も空しく、日中敵対の壁に分断され、肉親に会うことはできずにいた。

昭和五十年（1975年）三月中旬、叔父たちからの手紙で、ようやく彼らが父と私たちに会いにくると知らされた。ぜひその時には、私たち一家の団欒のために尽くしてくれている叔父たちに、感謝の意と父不在の苦しみを伝えたかった。母は父と縁を結んでから三十三年、父の日本の肉親と対面したいというかねてから抱いていた夢を実現させたかった。妹は生まれて一度も受けたことのなかった父親の愛情を、父の弟妹から少しでも与えてもらいたがった。私が知っているのは中国人を装った父と罪人になった父だけだったが、父の祖国での本当の姿を、肉親を通して知ることができるのではないかと思った。日本の肉親に会える感激を遠方にいる弟とも分かちあうために、母は借金をし、汽車賃を弟に送った。しかし一方、連絡さえ取れない兄のことを思うと感激はたちまち悲しみに変わった。

間もなく母は中国政府の幹部に呼ばれ、「日本の親戚がおまえたちに会いにくる際、中国の国益を損ねることは絶対に言ってはならぬ」と警告された。四十八歳の母が何も言わなくても、苦難に染まった真っ白い髪は受けてきた迫害を見抜く材料になる。幹部もそれを意識し、「白髪を染めてくれ」と言い出したが、母はその要求を断った。また、母はまともな人民服が一着しかなかった。それもすでに古くくたびれていたので、ひと目で貧しい生活をしていることが判《わか》る。それに気づいた幹部が、新しい人民服を無料で貸すから着替えるようにと勧めた。だが、母は「貧乏な暮らしに慣れていますので、新しい服は似合いません」と拒否した。

三月二十三日の午前中、母と妹と私は戻ってきた弟とともに、叔父たちを家で迎えた。中国の習慣では遠路遥々来訪した肉親にはご馳走で歓迎するところだが、貧しい我が家ではお茶とキャンデーしか出せなかった。そんな中で、私たちは涙の初対面をした。

彼らは、母親がひとりで幼い四人の子供とともに、どうやって人質生活に耐えてきたのか、特に凄まじい文化大革命の嵐をいかにして乗り越えてきたのか、母の波乱万丈の人生を知りたがり、母に聞いた。

「どうやって子供たちを育ててきましたか」

当局がつけた通訳は監視役も兼ねているので、母は本音を吐けない状況の中、真実を曲げて言うことしかできなかった。

「毛主席と共産党が子供たちを育ててきました」

これは母の本心から出た言葉ではない。本当のことを言うとすると、毛主席と共産党のおかげで差別と困窮の中で四苦八苦してきました、という答えになったはずだった。

真実を聞き出すのは到底無理だという状況を見抜いた彼らは、それ以上何も聞こうとしなかった。

しかし、まともな家具がほとんど残っていない部屋や、くたびれた服を着て痩せ細った私たち兄妹や、白髪で憔悴しきった母の様子を見れば、家族の苦しみは簡単に肉親に伝わった。のちに、私たちの帰国後、親戚のひとりは父に「あんたの家族の上海での生活は、日本の乞食の生活より酷いものだった」とその時の感想を話した。

翌日、私たちは叔父たちの招きで、彼らが宿泊しているホテル・和平飯店に夕食に行った。幸いにも通訳がいなくて、内輪の者だけの集まりだった。

丸テーブルの上には、本場の上海料理が並んでいた。妹にとっては、人生初めてのご馳走であった。そして母、弟と私にとっては十七年ぶりの贅沢《ぜいたく》な料理になった。豪華な会食であったが、父と兄のことを思うとしょっぱい涙の味の混ざった食事になった。

食後、全員で部屋に行くと、叔父は指で天井を指してからまた耳を指さし、「盗聴器に警戒してくれ」と私たちに示した。「わかった」というジェスチャーで私たちはうなずいた。

それまで、互いに肉親とはいっても、それを決定づける決め手はなかった。身の安全のため、腹を割って本音を言い出せずにいた。恵子叔母は何か手がかりを見つけようと、横にいる妹の顔を観察した。すると、妹の耳たぶの下の方に自分と同じ小さな穴があることに気づいた。この穴は深谷家のほとんどの女性が共有する身体上の特徴であった。

これがきっかけで、言葉が通じなくとも叔母はこの娘は自分の兄の子であることを確信した。

日本側は母と幼い子供たちが人質になったことを知っていても、父の事情で経済援助を一切与えることができなかった。そのために、恵子叔母は文化大革命で音信不通の中、もしかすると子供たちは飢え死にしたのではないか、と絶えず憂慮していた。看守所にいる一番上の兄を除き他の兄妹が奇跡的に無事に過ごしており、異郷のホテルで会うことができるとは思ってもいなかったそうだ。叔母は嬉しさや悲しさ、いろんな感激の気持ちが湧き起こり、思わず塀の中の父に代わり、苦難の中で大きく成長した姪《めい》の手を握りしめた。そして、日本で買ったおしゃれなオーバーをプレゼントしてくれた。十六歳の妹は、兄たちのお下がりではなく、父の残した服で作られた再生の服でもなく、生まれて初めて、真新しい女の子らしい服を身に着けた。この世に心身をこれほど温める服があるのだ、と妹が初めて感じた瞬間だった。

叔父は用意した紙で筆談を行なった。私は「父。兄。地獄苦難。努力。救出。日本。早期。家族一同帰国……」と書いた。叔父たちは「わかった」という意味でうなずいた。

私は書いた紙が当局に見つからないように紙を細かく破るつもりだったが、叔母がライターを出し即座に燃やしてくれた。火はすぐに消えたが煙の匂いが部屋に残っていることに気づき、窓を開け、匂いを逃がした。また、タバコに火を点け、煙を部屋中に充満させることを繰り返し、残っている匂いをすっかり消した。

私たちが共有するのは同じ悲しみ、抱くのは同じ団欒の夢なので、言葉は通じなくてもあっという間に心は通い合い、時の経つのも忘れた。夜が更け、別れの時が来た。彼らは紙に「大田市長、議長、支援金」と書き、市長と市議会議長からの支援金を私たちに渡した。彼らの指示で、私たちはお金を分散しポケットに入れるだけでなく、一部を靴の底に隠し、持ち出した。

私は帰国を明日に控えた彼らとホテルで別れることになるだろうと思ったが、彼らは私たちと一緒にホテルを出て、家の方向に向かって歩き出した。言葉が通じなくても、その想いはよくわかった。父が私たちに与えられなかった愛情をわずかの時間でもより多く分け与えようとしてくれるため、そしてこれからも大変な苦難に耐えねばならぬ私たちをもっと勇気づけるため、わざわざ見送りをしてくれたのだ。

そのまま足を進めると、父が拘禁されている監獄に着く。彼らは兄である父をもう一度激励に行きたかったが、許可が出ず、さらに進むとトラブルになりかねないので、蘇州河にかかるガーデンブリッジで別れることになった。この中国で最古の鉄橋と言われる橋で、私たちは別れを惜しんだ。

私たちは彼らを第一看守所まで連れていきたかった。かつて面会もなし、通信もなし、彼らの兄がその壁の中で十六年間も恐怖に満ちた生活をさせられていたことと、今なお私の兄がその人間墓場と言われるところで苦しんでいることを彼らに伝えたかった。また、その壁の前で私たち家族が父と兄のために、どれほど涙を流してきたかを彼らに言いたかった。しかし、叔父たちの滞在スケジュールのすべては上海革命委員会の外事部門が設定したので、私たちは外事部の指示通りにしか動けず、勝手に空港に送り迎えしたりどこかに案内したりすることはできなかった。

言葉では叔父たちに、父が日本にいた頃の様子を何も教えてもらえなかったが、彼らの私たちを思ってくれる振る舞いの中に、なんとなく父の過去の姿、本来の日本人の姿が見えてきた。しかし、今までの十七年間の私たちの生活にも、これからの生活にも、そのような大切な肉親が欠けているだけでなく、その父や兄が罪人になっている現実を思うと、その悲しみはかえって深いものとなった。

滞在中の彼らと二度会っただけで、言葉の障壁があっても、私たちの苦しみ、特に母の苦しみは十分に彼らの心に染みた。その感慨深い時間の中で彼らが痛感したのは、苦難のどん底で子供たちを育ててきた母の偉大さだった。その後、帰国した恵子叔母から妹への手紙の中には、中国で母に会った思いが次のように書かれていた。

お母さんの真っ白な髪から、お父さんの帰りを待ち続け、四人の幼い子供を十七年間育ててきた長い苦難の物語を見ました。何ひとつできないお父さんはきっと、こんな素晴らしいお母さんがいることを誇りに思っているでしょう。これは私たちの誇りでもあります。お母さんのことを思うと涙が溢れます。お母さんを助けて頑張ってください。

明義叔父は救援物資を直接持ってきてくれた。私たちは着る物に困っていたが、自分たちよりも第一看守所で結核を患っている兄に送ることを優先すべきだと決めた。差し入れの制限があるので、寒さを十分に凌げる分厚い服を看守所に持っていった。父にも持っていくつもりだったが、絶対に受け取ってくれないと見込んで諦めた。母は弟がまた厳しい山村の生活に戻るので、服を多めに分け与えた。残りは母、妹と私がそれぞれにもらった。

文化大革命の最中、外国の服はもちろん、そのスタイルを真似して作られた服も禁止されていた。違反者に対して、紅衛兵は革命行動として即座に服に無理やり鋏《はさみ》を入れた。その恐ろしさで、人民服ばかりの世界になってしまった。幸い、明義叔父が持ってきてくれた服については、革命派が過激な干渉をしなかった。

これらの服は、誰が見ても外国からのものだとわかった。だが、まともな着る物がまったくない私たちは、どっちみち「日本の鬼の子」としてすでに周囲に知れわたっていたので、人目をはばからず堂々と着ることにした。その時、むしろ祖国からの服を身に着けた誇りと温かさを大いに感じていた。

第七章　在上海日本総領事館設立後の日々

1　恒松島根県知事からの手紙　——敏雄・記

昭和五十年（1975年）四月十三日、島根県で恒松制治新知事が選出された。そして就任から間もない七月、母宛に手紙を送ってきた。そこには島根の変わらぬ四季の美しさと、前知事に引き続き、父を助け出すという強い志が示されていた。

島根県はつゆの季節になり、雨の多い日が続いています。木々の緑は雨にうたれて一層色あざやかに、庭の片隅ではあじさいがうす紫の花を咲かせています。

その後、義治様の御健康状態は如何《いかが》でしょうか。また、あなたを始め、御子息たちも元気でお働きでしょうか。

この春三月には、内地の深谷家の御兄弟とどのような感慨で面会されたか、あなた方の御心中をお察し致しますと、私も感無量の思いがします。

前知事同様、私も義治様の早期釈放のために、今後とも最大の努力をしていきたいと思っております。

どうかあなた方が望まれる深谷御一家の団らんの日まで、お力落し無くお待ちください。

義治様始め御家族の皆様の御健康をお祈り致します。

別便で、島根県名産の板わかめと、鯛の味りんぼしをお送りしました。どうかお召上がってください。

一九七五年七月二日

島根県知事　恒松制治

陳綺霞様

私たちはその手紙を読んで、あじさいの花と、憧れている島根の絶景を垣間見る《かいまみ》ような気持ちになった。同じ梅雨の季節に上海で父が目にするのは、獄窓外の断腸の雨ばかりだった。故郷の味を懐かしく思っている父に島根の名物を手渡したくても、決して許されなかった。私たちは恒松知事から送られた日本の海の幸を初めて美味しく口にした時、父もいつか思う存分にその味を噛みしめることができる日が来るのだろうかと思った。この年も涙混じりの梅雨になった。

面会の時に故郷の話になると、父は感情が高ぶって、目を潤ませていたことを思い出した。故郷はどうしてこれほどまでに父の涙を誘ったのか。どうしてこんなにも父の心をとらえたのか。伊達前知事と恒松知事の手紙から、私はようやく答えを見出《みいだ》した。このような人情に溢れた故郷に帰れないままでは死んでも死に切れない、という父の思いを悟った。こんな素晴らしい故郷に、父はもちろん、行ったことがない私たち家族でさえひたすら心を馳せずにいられなかった。

2　祖国の使者との対面——敏雄・記

中国には「遠水救不了近火」という諺がある。遠方の水は近辺の火事を救うことはできないという意味だ。日中の国交のない時代、私たちは「戦火」に散々焼かれたが、日本で水を用意している人がいたにもかかわらず、耐え忍ぶより仕方がなかった。

日本の家族と会って半年ほど経ったある日、夢にも思わぬ朗報が新聞に掲載された。日中共同声明に基づき、昭和五十年（１９７５年）九月二日、在上海日本総領事館が設立されたということだった。その時、祖国は私たちの受難の地に外交機関を構え、私たちを助けにきてくれたと真っ先に思った。

数日後、加山泰《たい》領事から私に「和平飯店の七階にある在上海総領事館に来てください」という簡単な中国語の手紙が送られてきた。祖国の使者に会えるなんて夢にも思わなかった。私は何度も手紙を読んで、嬉し涙を流した。翌日、妹と黄浦江の畔《ほとり》に聳《そび》えている豪華な飯店に入ると、私服警官に足止めされた。総領事館からの手紙を見せても、約十分間待たされた。まるで来てはいけないところに来たかのような厳しい質問を受け、やっとのことで上にあがる許可が出た。

総領事館に一歩踏み込むと、田熊利忠領事と加山領事が私たちを温かく迎え入れてくれた。田熊領事は六十歳くらいでメガネをかけ、背の高い気さくな人だった。加山領事は田熊領事より随分若くて、やや背が低かった。

「こちらは田熊領事です。私は加山領事です」と加山領事は流暢な中国語で自己紹介した。

「私は深谷義治の次男、敏龍です。こちらは妹、麗蓉です」と私も返した。

そして、加山領事はソファーを指して「請坐」（おかけください）と中国語で話した。柔らかいソファーに腰を下ろすと、幼い時、父と家のソファーに座って過ごしたひときを思い出した。父が逮捕された翌年、売り食い生活の中で思い出がいっぱい詰まったそのソファーも他人の手に渡った。久しぶりにソファーに座り、領事たちから慈父のような応対を受けると、かつて父と過ごした平和な生活に戻ったような気がして、思わず胸にじんと熱いものが込み上げた。

　私は加山領事との会話で、彼が中国語に精通していると感じた。そこで、父のことと一家の不幸な境遇を中国語で涙を流しながら訴えた。

「父は私たちと一緒の生活では何も悪いことをしていませんでした。父が逮捕されてから私たちは貧困に陥っただけでなく、厳しい差別という酷い目に遭ってきました。兄も何も悪いことはしていないのに、六年前に反革命罪で逮捕され、かつて父が拘禁されていた第一看守所に監禁されています。当時の父と同様連絡できない状況に置かれているので、生死すら確認できません。私たちは大変心配しています。母は逼迫《ひっぱく》した生活を強いられ、体が随分弱くなっています。私たち兄妹三人は母を支えて懸命に苦難を凌いでいます。一日も早く父と兄を救出してください」

加山領事は私の話を書きとめながらうなずいた。一時間くらいの会話の中、二人は私たちの被っている不幸に大きな同情を示してくれた。田熊領事は「困ることがあれば、いつでも来てください」と言い、加山領事は「頑張ってください」と言った。

反革命分子の家族に転落して以来、このような言葉をかけられたのは初めてだった。私たちに聞こえるのは「四面楚歌」ではなく、心を温める領事たちの励ましの声だった。出口が見えない苦難のトンネルに入って十七年目、総領事館から出ると、やっと微《かす》かな希望の光が見えてきたと感じた。

3　田熊・加山両領事との面会　――深谷義治

昭和五十年（1975年）十一月四日、陳隊長は私に「日本総領事館員が午後、おまえに会いにくる。余計なことは言うな」と念を押した。そして私は、前回、日本大使館の書記官たちと面会した部屋に連れていかれた。しばらくして、背広姿で背の高い年配の人と、身長はやや低い四十歳前後の人が、人民服を着ている中国人に案内されてきた。着席して、年配の人がまず口を開いた。

「私は田熊領事であります」

横に座っている人も「加山領事です」と続いた。

「深谷義治です。田熊領事と加山領事ですか。大変ご迷惑をおかけしました」

「最近日中関係は益々進展しております。田中首相が北京を訪れ、日中共同声明を発表して以来、海運協定、漁業協定……」と田熊領事は両国間で着々と進展している明るい話を持ち出した。その内容は、私は中国の新聞ですでに読んでいた。

「また、航空協定も……」と私が付け加えた。

「これら業務協定を締結し、九月二日、日本側は上海に総領事館を設立し、中国側は大阪に総領事館を設立しました。在上海日本総領事館には、私たちふたりが参りました」と田熊領事が言った。

「そうですか」

「私もあなたと同じような年齢で軍隊に引っ張られ、終戦当時は北満にいたので捕虜になり、シベリアに二年あまりおりました」

「あなたも、そうですか」

「最近、健康はどうですか」

「大変良くなりました。刑務所の医者が毎日私の身体の具合を尋ねてきています。去年十一月十三日に北京の日本大使館の加藤・佐藤両一等書記官が訪ねて来てくださった時話した食べ物の待遇よりも、さらに高い待遇を受けています」

「あなたは血圧の病気があると聞いていましたが」

「そうです。血圧は一五〇前後です」

「上が一五〇前後ですか。下の方は」

「下は一一〇前後です」

「下の方が高いですね」

「そうです。血圧は上が高いのは構わないが、下が高いのは悪いそうです。私は中国人民に対し、大きな罪を犯した日本国籍の犯罪人ですから、長生きをして中日両国人民友好事業に終生を捧げ、罪滅ぼしをしなければなりません。必ずできるという信念を持っています。私の命を含む一切は中国共産党と政府が恵みを与えてくださったのです。前後二回も重病にかかり、死にかけた時、ただちに病院に送って、生命を救ってくれました」

「あなたの中国の家族は上海に住んでおられるのですか」

「はい。毎月一度、妻と子供たちに面会できます」

「あなたは日本の家族と連絡をとっておられますか」

「いいえ、とっていません。私は中国人民に対して死刑に処せられてもあまりある大きな罪を犯し、中国の監獄で罪滅ぼしの生活をしている日本国籍の犯罪人ですので、中国政府に余計な迷惑はかけたくないのです。日本の家族との連絡は取っていませんが、妻や子供たちが常に日本の弟妹と通信しております。毎月一度の面会の際に日本の家族の状況を話してくれますし、私も必要なことは妻や子供たちに書かせて、妹や弟に送っていますから、連絡を取っているのと同じです」

「日本と中国とは社会制度も政策も違いますけど、何か私たちに要望はありますか。頼みがあればなんでも言ってください」

「ありがとうございます。お気持ちだけいただきます。中国政府は私の学習、衣食住など一切を至れり尽くせりで面倒見てくれていますので、なんの要望もありません。毎月『人民中国』『中国画報』、毎週日本語版『北京週報』、毎日『人民日報』などの学習資料を提供してくれています」と私は言った。

私が刑務所を過剰に美化することや中国政府を褒め称えることは、自分の身を守るためにはやむを得なかった。本音を言うとさらに罰を受ける。受刑の身でありながら「至れり尽くせり」とまで言ったことは、皮肉以外のなにものでもなかった。

「運動はできますか。太極拳などできますか。運動する場所がありますか」と田熊領事が続いて聞いた。

「看守が毎朝扉を開けてから夕食まで、一日中廊下に出て自由に運動することができます。太極拳はしてはいけない規定になっております」

「日本の家族に何かお伝えすることはありませんか」

前回、私は無期懲役の判決を受けた原因について、間接的に在中国日本大使館の書記官たちに話した。外務省はその手がかりを辿り、私の上官から戦後にも「任務続行」の命令を下したとの証言を得たに違いない。それに関して確かめたかった。

「前に申しましたように、母に『必ず再会できますから』ともう一度伝えてください。それから私はあなたがたにひとつお願いがあります。それは三木総理大臣に『日本政府に一日も早く中日平和友好条約を締結していただきたい』と伝えていただきたいのです。私は新中国の監獄で罪滅ぼしの生活をしている日本国籍の犯罪人ですから、日本政府の三木総理大臣に手紙を書くことは失礼に当たります。

私が十七年五ヵ月の間、新中国の監獄で罪滅ぼしの生活を続けているのは、私自身が中国人民に対して死刑に処せられてもあまりある大きな罪を犯したからであることは申すまでもありません。しかし一方では、私が日本軍国主義を代表してこのような生活をしていることを日本政府はわかってくれていることと信じます」

「あなたの話された意味はよくわかりました。私たちは必ず三木総理大臣にお伝えいたします」

私は中国で犯した罪の重大さを強調するために、「中国人民に対して死刑に処せられてもあまりある大きな罪を犯した」という言葉を、短い会話の中でわざと二度も発した。極東国際軍事裁判がA級戦犯に下した最高刑は死刑だったが、「死刑に処せられてもあまりある」という婉曲《えんきよく》な言い方で、私が日中戦争に続き、戦後も任務続行して、日中戦争の戦犯以上の重罪を犯したことを伝えた。それに対する「あなたの話された意味はよくわかりました」という答えから、外務省は私が任務を続行したことをすでに把握している、と私は受け止めた。また、「私たちは必ず三木総理大臣にお伝えいたします」という言葉の「必ず」から、国の犠牲となった私に対する同情がいかに大きなものかを感じ取った。もちろん、国側に非があったという事実を把握していなければ、日本国の総理大臣に伝えるという返事に至ったはずがない。

「私は中国政府から寛大な措置を得られた日に、必ず自分で三木総理大臣に手紙を書きます」

「あなたは毎日『人民日報』を見ておられるのですから、中国に抑留されていた国民党の戦犯が全員釈放されたこと、また最近美蔣特務機関員が釈放されたこと、そしてその中に日本人のふたりも含まれていることをご覧になったことと思いますが」

　美蔣特務機関員とは、蔣介石の国民党政権がアメリカ軍の協力を得て養成したスパイだった。彼らは元々私のような日本軍の工作員だったが、敗戦後、中国の国民党政権に投降し、共産党軍へのスパイ作戦に尽力したので、私と同様に重罪を犯したはずだった。だが、台湾は当時大陸の中国と依然として敵対状態を続けていたにもかかわらず、ふたりの日本人は自由の身になった。一方、すでに国交が樹立された日本国のスパイである私は拘禁され続けていた。同じ日本人のスパイなのに、なぜ中国政府がこんなに異なった対応をしたのか、田熊領事が理解できない思いをその言葉に込めているようだった。

「見ました。ふたりの日本人が釈放されたことも書いてありました」

「あと五分だ」と陳隊長は会話を邪魔した。そこで田熊領事は、話を変えてこう言った。

「今日、私たちはあなたに少しばかりの物を持って参りました。これはタバコです。そして、これは私の親戚が作った羊羹《ようかん》で、妻が渡してくれた物です。これは煎餅です」

「ありがとうございます。私は甘党ですから羊羹と煎餅はいただきます。しかし、タバコは長い間吸っていませんから遠慮させていただきます」

「あなたは甘党ですか。では、次回は甘い物をたくさん持って参ります」と加山領事が言った。

「いいえ、結構です。監獄側は私が甘い物が好きなので、よく甘い物をくれます」

私は第一看守所で過ごした十六年間、甘い物を口にしたことはなかった。サツマイモがあっても、不味《まず》さでのどを通るものではなかったが、生きるために無理やりに呑みこんでいた。甘い物には目がなかったが、家族の苦しみを思うと手に入れた甘い物はやはり苦かった。

「私たちは上海にいるのですから、時々お訪ねします」と田熊領事は私を安心させた。

最後に田熊領事が声を小さくして、「無期ですか」と刑期を尋ねた。

「そうです」

両領事は私に軽い会釈をして席を立ち、部屋から出た。隊長は私を牢屋に連れ戻した。

恐らく田熊領事の奥さんは、ご主人から私が拘禁されていることを知り、ご主人のシベリアでの抑留の苦しみを思い出して、未だにこんな境遇に置かれている私の望郷の念を和らげるために、私に羊羹を渡すようにと田熊領事に頼んだのだろう。それまで私と面識さえなかった外交官夫妻は、異国で自分たちが好んで食べる故郷の味をわざわざ私に譲ってくれた。囚人の苦しみを舐めている中、三十年ぶりに口にする祖国ならではの羊羹の甘さと祖国の人情が、私の心に染みた。

4　上海の家族との面会　――深谷義治

昭和五十年（1975年）十二月二十九日、冬の寒さの中、私は陳隊長に面会の小屋に連れていかれた。そこには妻、次男・敏龍、三男・雲龍と娘・麗蓉がすでに待っていた。

「昨日、面会の許可の手紙が来たばかりです。心臓病は大丈夫ですか」と妻はいつものように心配そうな口調で言った。

「体はまあまあだよ。寒くなり、窓を閉め切ると空気が悪くなり頭がすぐに痛くなるので、窓を開けざるを得ないのだ」

「窓を開けたままだと寒いでしょう」

「布団があるので、なんとか我慢できる。わしはいつも第一看守所の苦しい生活を思い出す。それを思えば、今はまともな服が着られるので十分満足だ。昨晩、夢で故郷に帰り、家の前の橋を渡れず、よその橋を通ってやっと家の前に着いた。玄関の前に母が立っていた。『お母さん』と声をかけたが、母は赤の他人を見ているまなざしで私を見つめた。驚いて目が覚めた」

と私は涙を拭きながら話した。

「こんなに長い歳月が流れて、お母さんがあなただとわからないのは、自然なことです」

「そうだ、母と別れてからもう三十一年にもなった」

あまりにも長い歳月の中、母は私の帰国の夢ばかり見たが、そのたびに目が覚めて義治が帰ってこなかった現実を突きつけられただろう。恐らくその繰り返しで、私が夢の中で帰ってきても、母はもう信じる気持ちになれない。それゆえに、夢で母を呼んでも返事をしてくれなかったのだ。母に手紙さえ出せない中、故郷の空に向かって、「お母さんよ、囚われた身の息子は夢の中でしかお母さんに会えない。辛いけど、せめて夢の中で帰郷した義治に『お帰りなさい』と声をかけてやってください」と叫びたかった。

「雲龍の体は大丈夫か」と三男のことが気がかりで聞いた。

「体も快復したし、春節後、また貴州省の山村に行きます」

これからどんな厳しい試練が彼を待ち受けているかと思うと、いつも心苦しくなった。弟妹との面会で上下の下着をもらった時、親の償いとして一番体の弱い彼にやることに決めていた。

「快復したばかりの体なので、冷やさないのが何よりも肝心なことだ。この下着は弟妹がくれた物だけれど、着ればきっと暖かくなる。取っといてくれ。別れる時、きみは六歳だった。それから服を一着さえ買ってやれなくて、本当にごめんね」と私は熱いものが胸にこみ上げて、薄着で寒そうにしている三男に下着を差し出しながら、話した。

「これは叔父さんと叔母さんがお父さんのために、日本からわざわざ持ってきた差し入れですので、お父さんが自分で使ってください。私は若いし、寒さにはなんとか耐えられます」

「わしは綿入れの服の下にシャツが一枚あれば、零下七度の寒さでも平気だ。十数年下着がないままで生きてきたし、もう寒さに慣れている。とにかく遠慮しないでくれ」

「ありがとう」とようやく三男は十七年ぶりの父親の気持ちを受け取って、涙ぐんで礼を言った。しかし、子供たちに散々な苦しみをもたらした私にとっては、受けるべきは感謝の言葉ではなく、咎《とが》めだった。その言葉を聞いて感じたのは、嬉しさではなく、胸をえぐられるような辛さだった。

「共産党が寛大にも私を釈放した際には、きみたちの労に報いないといけない」と私は子供たちを励ました。

それから、私は妻に話した。

「わしは昨日心臓の具合が少し良くなって、じっとしていたらよくないと思って、布団のシーツを手で洗った。麗蓉もすぐ就職するのだろう」

「まだ早いです。どんな仕事を与えられるか気がかりです。遠くの農村に行かされたら大変です」

と妻が言った。

「心配しないでくれ。中国政府はきっと考慮して適当な仕事をくれるから。農村に行っても構わない。母は日本で農業をして、夜がまだ明けないうちに牛の餌をやりに起きていた」

「雲龍はすぐに貴州省に行くし、敏龍は金山で仕事をしています。麗蓉も出ていくと、私が病気になった時に面倒を見てくれる人がいないのです。今、毎日痛み止めを二粒飲まなければ仕事ができません。痛みが強くなって、脳の血管が破裂しそうな時は、いつも仕事部屋の隅でしゃがんで痛みが和らぐまでじっと我慢をしていますよ。麗蓉はどんな仕事でも構わないから、月に三十六元の月給をもらい、家の借金の返済に充てたいと言っています」と妻が悲しそうに話した。

私は妻のことを心配しながら、娘が上の兄たちと同様に自身を犠牲にする道を選ぶことに心が痛んだ。それと同時に、子供たちの行動に胸を打たれた。

「あなたの頭痛はわしと同様に、空気と関係があるのではないか」と私は妻の頭痛の原因を推測した。

「熱を加えると煙が出るポリ袋を作る仕事なので、空気が汚くても我慢するより仕方がないのです」

「体を大切にしてくれ。痛み止めはあまり飲み過ぎてはいけない」

「最近、すべての国民党の戦犯が寛大にも恩赦を受けましたので、あなたも近々釈放されるでしょう」

と妻が言った。

この言葉は私に向けたように聞こえるが、実際には隊長への「国民党の戦犯は釈放されたのに、なぜ夫を釈放しないのか」という間接の抗議だった。

その言葉を聞き、隊長の顔色が変わった。隊長の気分を害すれば、妻も反革命分子と見なされる恐れがある。事態を悪化させないよう、私は妻に言い訳をした。

「彼らは中国の内戦中の戦犯だ。わしは国際犯人なので、対応の仕方が違うのだ」

「そうだ、彼らは国際的な問題にはならない」と隊長は救われたように言ったが、妻は納得できない顔つきをしていた。

「彼らはすでに二十年も服役してきた。わしはまだ十七年あまりだ」と、私は彼女の感情をなんとか和らげようと付け加えた。

「私はもう十七年も待ってきましたよ。それ以上まだ待たなければならないのですか」

彼女の目から、積み重ねてきた歳月の苦しみが涙になって溢れた。

「考え過ぎたら体によくない。解決できない問題は決してない」

妻がそれ以上怒りをぶつけたら、反革命分子の認定という取り返しのつかない結果になりかねない。私はなんとかその最悪な結果に至らないように話題を変えた。

「荘さんは元気か」

「荘さんは今一番幸せです。彼女の旦那さんは、つい最近釈放されました。釈放の知らせを聞いても、彼女は信じませんでした」

「郭さんはいくつになった」

「私と同じ年です。夫婦とも五十歳です」

「そうか、わしからの祝福と感謝の気持ちを伝えてくれ」と言いながらも、私たち一家の惨めさを一層痛感した。

「夢龍の結核はよくなったか」

「毎月十数元使ってブドウ糖とタラの肝臓の油を買って送っていますが、とても心配です。夢龍は十八歳で就職後、収入のほとんどを家の借金と生活費に充ててくれました。本当に真面目な子です」と妻が言った。

親が反革命の罪で拘束されていると、その子供も反革命分子として無理やり身柄が拘束されるという話をよく耳にした。肺結核は第一看守所の中でよく流行る病気なので、もしや長男は看守所に入れられ、酷い目に遭っているのではないか。その危機感から長男のことが一段と心配になった。

「これはわしが毎月少しずつ貯めてきた十元（当時の平均的月収の四分の一）だ。夢龍にブドウ糖を買って送ってくれ」

監獄では囚人に支給された「小遣い」を使い生活する。しかしそれも、石鹼とトイレットペーパーを買うためだけの最低限のお金であった。その十元は決して普通のお金ではなく、私が長男を助けるために、節約に節約を重ね、本来ならあまるはずがない「小遣い」から拠出した貴重なお金であった。それは、地獄にいる親が地獄のようなところにいるであろう我が子に送った十七年ぶりの愛情だった。妻は涙を拭きながら、私の気持ちを受け取った。

私は還暦も過ぎたが、四人の子供たちは皆独身のままだった。差別が原因で結婚できないということはわかっているが、そのまま結婚もせずにいるのは可哀そうなことで、無念さから次男に勧めた。

「敏龍、そろそろ結婚のことを考えたら」

「今は考えられませんが、お父さんのことが解決したら考えます」と次男は隊長の前では差別されているという原因を言えず、自分の意志の問題として言い換えた。

「敏龍は前々から『お父さんが釈放されてから、日本で日本人と結婚したい』と言っています」と妻が付け加えた。

「そうか。それはわしも反対しないよ」

「もう時間だ」と隊長は次男が日本人と結婚したいということを聞き、腹を立てたように面会の終了を告げた。

面会後、私は冷たい牢屋に戻り、子供たちの辛さが、さらには妻の辛さが胸に迫ってきて、涙が込み上げてきた。

終戦後、妻は追われている私を助けるため、旧日本軍人を隠匿する罪を犯してまで、潜伏を承知してくれた。しかし、私には任務を全うするために、妻の恩をあだで返すような苦渋の選択をするしかできなかった。その結果、妻と子供たちを苦難の深淵に突き落とすことになってしまった。すなわち、上官の命令を実行したことにより、妻と子供たちに不幸を被らせるという罪を犯したと言わざるを得なかった。

それとは対照的に、私が逮捕されてから、妻は苦難の中、毎月のように差し入れを続け、幼い子供たちを立派に育て、最善を尽くしてくれた。

言うまでもなく、私は妻に深い感動を覚えている。妻に恩返しをする以前に、妻と子供たちの苦しみを即時に食い止めなければならない。それは不可能なことではなかった。私が戦後の日本のスパイであることさえ認めれば、家族を救えるだけでなく、自分も自由の身になるに違いない。しかし、日本国のために戦ってきた軍人として、国の名誉は絶対に守らなければならない。その立場から、引き続き自分と家族を犠牲にするよりほかに選択肢はなかった。

十六年間、私は妻と子供たちに会えなかったが、彼らに苦難をもたらしたという罪悪感は常に私を苦しめてきた。彼らと面会を重ねて、一層良心の呵責《かしゃく》を感じた。受刑中、拷問と虐待は私の体を潰し続けた。妻と子供たちを犠牲にしているという自責の念は、私の心に深い傷を負わせ続けた。

正月は再び訪れるが、一家団欒の正月はいつ来るのか、故郷の母にいつ会えるのか、この惨めな生活はいつまで続くのか。私は遠く離れた故郷の吉永神社の神様に問い、慈悲を乞いたかった。

5　加山領事、赤倉副領事との面会　――深谷義治

昭和五十一年（1976年）一月二十日、在上海日本総領事館は私への特別の配慮から、慣例である半年に一度の面会を繰り上げ、新年早々また私を激励しにきた。いつもの面会室で、加山領事はもうひとり、やや若い人を連れてきた。席に着くと、加山領事は紹介を始めた。

「こちらは赤倉副領事です」

「赤倉副領事です」

「深谷義治です。大変迷惑をかけました」

「その後、お体はいかがですか」

「ありがとうございます。最近、血圧も心臓病も発病せず元気です。総入れ歯を入れてもらって一年あまりの間に口腔《こうくう》が変形したために、時々口の中が傷つき腐りだすので困っています。そのために、中国政府は最近私に新しい総入れ歯を入れてくれると言いました。もう申請書を出しました。痛くてご飯が食べられないので、お粥《かゆ》を要求しました」

あまりにも無理やり短期間に全部の歯を抜いたせいで、二年経っても傷口はなかなか

治らなかった。結局、虐待の証拠を隠蔽するために、私は二年あまりにわたってまた新たな虐待を受けることになった。その苦しみを二人に直接訴えたが、これは明らかに監獄の再三の注意に反するものだったので、その「過失」を埋めるためにわざと公安当局を称える話を持ち出した。

「中国政府はお昼と晩にうまいうどんを支給してくれています。うどんを食べるたびに、私は丁稚《でっち》奉公時代のことを思い出しました。あの頃は毎日十八時間の梱包《こんぽう》労働でへとへとに疲れて、夜の十一時頃に寝た後に、麻雀をやっている幹部職員に起こされてうどんを買いにいかされました。毎晩うどんの匂いだけを嗅《か》ぎ、食べたことはありませんでした。それなのに、現在、政府は中国人民に対して大きな罪を犯して罪滅ぼしの生活をしている私にこんな温かい思いやりを示してくれているのです」

丁稚奉公の時代にうどんが食べられなかったのは、人生の修練のひとつに過ぎなかった。刑務所ではうどんは食べられたが、その汁が腐りかけている傷口にしみ、ひと口、またひと口と飲み込んだのは、うどんではなく罪人の耐えがたい苦しみだった。

「今日私たちが来たのは、主にあなたの弟さんが日本政府に対してあなたとの面会を請求されたからです。弟さんが、あなたの左目は失明しているのではないか尋ねてほしい、と言っておられます」と赤倉副領事が言った。

「そうですか。弟、明義が。左目は失明したのではありません。ですが、映像が大きくなったり小さくなったり曲がったりして、使いものにならないばかりか、右目の正常な視覚をも妨害するのです。ですから読み書きする場合、老眼鏡の左は黒い布で遮って読み書きをしています。右の目ひとつで書く場合、遠近感がわからないので困難です」

「遠い、近いがわからないのですね」と加山領事が言った。

重病にかかり、片方の視力をほぼ失った状態で受刑を続けさせていることは人道上の問題になる。しかし、国際的にルールはあっても、反革命分子には当てはまらないというのが公安当局の見解だった。続けて、私は面会を監視している隊長に、

「一月五日に中国政府は妹・恵子が送ってきた五枚の写真を渡してくれました。彼らに見せてもよろしいですか。他には何も入っていません。ただ写真が五枚入っているだけです」と許可を求めた。

「よろしい」

許可を得て、領事たちに写真を渡した。

「私の故郷です。去年三月二十二日、五人の弟妹が面会に来てくれた時に、ここの話をしました。故郷を離れて三十数年の現在、私は時々故郷に思いを寄せて、子供時代に歌った歌の一節、『姿も変えぬ山川の我を呼ぶよな声すなり』を口ずさみ、心が痛みます。私は常に思っていました。『仮に故郷の地を踏むことがあっても、まったく二十世紀の浦島太郎、いや、それ以上であろう』と。故郷の山や川は昔のまま姿を変えていないだろうけれども、故郷の人は皆、私のまったく見知らぬ人ばかりでしょう。私の知っている人は極めて少ないであろうと思います。

去年の十月、恵子は故郷に帰って、私のためにこの五枚の写真を撮って、送ってくれたのです。この五枚の写真は、私にとっては大きな励みになりました。

これは、私が育った家です。この他、山や峰だけは昔のままですが、その他は全部知らないものばかりです。戦争当時の藁葺《わらぶ》きの家はもはや一軒も見えません。皆、新しい瓦葺きの家が建てられています。戦争をやめて、よかったですね。日本人の生活が向上したことが、これらの写真からわかりました。仮に故郷の土を踏むことがあっても、ひと目では自分の故郷であるとは信じられません」

ここまで話すと一層望郷の念に駆られ、涙をこぼした。

「あなたはこの家に何歳から何歳まで住まわれたのですか」と赤倉副領事が聞いた。

「五歳の時から、中学校に通っていた十六歳までです。十六歳の時にお金が無くなって学費が納められなくなり、中学校四年で退学して大阪へ丁稚奉公に行ったのです」

「この写真を送ってくださった妹さんは、去年来られましたか」

「五人の弟妹が一緒に参りました。弟妹三人が京都にいます。帰られたら妹・恵子に『五枚の写真は私にとって大変な励ましになったので感謝する』と伝えてください。弟・明義にも感謝すると伝えてください」

「去年あなたが話されたことは、すべて日本政府に報告しました。また、日本政府から弟さんにお伝えいたしました」と加山領事が言った。

「ありがとうございます。明義が日本政府から伝達を受けたと、上海の家族宛に言ってきました。家族が私に伝えてくれました」

「あなたの上海の家族の方々は元気ですか」と赤倉副領事が聞いた。

「ありがとうございます。子供たちは皆元気です。妻は血圧が高いのです。でも、どうにかこうにか過ごしております」

「私も田熊もあなたの弟さんから感謝の手紙をいただきました」と加山領事が言った。

「そうですか。お帰りになったら、田熊領事によろしく伝えてください」

赤倉副領事は写真を見ながら「これはあなたのお母さんですか。年齢は」と聞いた。

「そうです。母です。今年、八十歳になります」と私は悲しみをしみじみと感じながら答えた。

赤倉副領事は私の悲しげな様子を目にして、励ました。

「最近たくさんの日本人が中国を訪れているように、日中関係はますます発展しております。あなたも体に気をつけてください。前途は明るいのですから」

「もう一度、三木総理大臣と日本政府に、中日平和友好条約を早期締結されるように伝えてください」

「それは私たちの希望でもあり、また信念を持って取り組んでいます」と加山領事も私を激励した。

「そうですか。それは大変嬉しいです。帰られたら、日本政府によろしく伝えてください」

「今日持ってきたものは日本のものではありません。友誼商店（上海の老舗百貨店）でチョコレートと飴《あめ》を買って参りました。チョコレートは歯を使わなくても、口に入れればすぐ溶けますから」

「ありがとうございます。去年十一月四日にいただいたかき餅は元旦に食べました」

加山領事は歯のことで苦しんでいる私を気遣って、わざわざ歯を使わなくても食べられるチョコレートなどを買ってきてくれた。甘党である私は、拘束されてからチョコレートを口にしたことがなかった。領事の温かい気持ちに胸がジンと熱くなった。

領事からいただいたのは五箱のチョコレートとばら入りの一箱だった。その贈り物をもらった時、頭に浮かんできたのは、かつて子供たちが幼かった頃、甘いおやつを美味しそうに頰張る様子だった。このような当たり前の家庭風景は私のせいで一変して、子供たちは貧困に陥り、好物のチョコレートも買えないでいるに違いない。

次の面会の時、妻と次男と娘が来てくれた。隊長の事前の許可を得て、一箱を除き、残りのチョコレートを家族に渡すことにした。

私は三箱を妻とふたりの子供たちに配り、同じ種類のもう一箱を「雲龍に送ってくれ」と妻に頼んだ。そして、他の箱よりもたくさん入っているばらのチョコレート一箱を妻に渡し、「遠方にいる夢龍にも送ってくれ」と頼んだ。

妻の目から大粒の涙が溢れ出た。妻の苦しそうな様子から、ことの重大さを感じずにいられなかった。しかし、まさか私がかつて拘禁された第一看守所という最も恐ろしいところに長男が入っているなんて、まったく思いもよらなかった。

「あなたが逮捕後、チョコレートを買う余裕がありませんでした。特に麗蓉は十八歳になるのに、未だにチョコレートを口にしたことがありません」と妻は嘆いた。

「これらのチョコレートは残しておいて、お父さんが釈放された日に食べましょう」と次男が言った。

親が我が子への愛情を注ぐ時計は十八年を経て再び動き出したように見えたが、かつて、おやつを受け取った時のような子供たちの笑顔はそこにはなかった。子供たちは私が受けた虐待を連想するためか、チョコレートはのどを通らなかった。

6　祖国からのプレゼント　──敏雄・記

在中国日本大使館から私宛の書留郵便が届いた。その書状には、日本語がまだできなかった私に配慮して中国語が併記されていた。

深谷敏龍様

六月二十三日付のお便り拝見致しました。内容よく承知しましたので御安心下さい。

収到了你的来信、小川大使和其他館員們都担心。我們轉告在上海総領事館。

想努力促進解決問題。（著者注：お便りを受け取り、小川大使と館員たちはとても心配で、我々は上海総領事館に伝え、問題の解決を促進するように努力いたします）

また何かございましたらお問いあわせ下さい。

敬礼！（著者注：敬具）

在中華人民共和国日本国大使館領事部

一九七六年六月三十日

その書状の冒頭に書かれた「深谷敏龍様」という宛名に、私は深く感動した。戦中、父は軍の謀略により、「尤志遠」という偽名を使い中国人に成りすまし、数々の任務を成し遂げた。任務続行のために、終戦を前に上海で「尤志遠」という偽名と「中国、福建省」という偽った国籍で自身を登録した。そして私たち子供は出生してから、父親の国籍と姓を継ぐという当時の習慣の通り、相次ぎ「尤」という姓と中国の福建省という籍となった。

父は偽った中国の「福建省」出身の「尤志遠」でなく、日本人の「深谷義治」として囚われた。母は中国の浙江省の出身で、姓は「陳」だった。父の逮捕を機に、私たちは偽装としての「尤」という姓と福建省という籍を取り消し、父の本当の姓と籍に変えるべきだった。その当然のことがなぜ許されなかったのか。そもそも罪のない私たち子供を人質に取ることは人権上の問題であった。私たちを日本人として扱い、「深谷」にすれば、外国人を人質に取ることとなり、世界中からの批判の風当たりは一層強くなる。それをなんとかかわすために、中国政府は私たちが日本国籍を持つという正当な権利を認めなかった。そして、日本の外務省と法務省から私たちの入国許可が出ても、人質扱いを続け出国させなかった。

学生時代、私たちは新しい教科書とノートを手にした時、幾度も鉛筆でこっそりと「深谷」と書き込んだ。しかしそれをクラスメートに見られれば、なおさら「日本の鬼の子」と罵声を浴びせられる。その時、やむを得ず書いた名前を消して、それも自分の手で人間としての尊厳を抹消して、偽造された「尤」に書き換えた。同じように就職の履歴書を書く時も、「深谷」と記入すれば「国を裏切る罪」に問われてしまう。文化大革命の嵐にさらわれないようにするには「尤」としか書けなかったのである。

道端で無残に踏みつけられた雑草にも、ルーツがあり名がついている。まともな人間である私たち兄妹四人は、生まれてからずっと本籍と本名がないままの状態に置かれていた。「一寸の虫にも五分の魂」という日本の諺があるが、私たちは「一分の魂」もないかのごとき差別を受けていた。私たちは人間なのに、実際には雑草と虫けらにも及ばず、罪人である父も今は使っていない「尤」という姓を引きずっていた。

父が家族と再会した時、下の娘は成人に近い年になり、上の息子は三十近くになっていた。父は子供たちが依然として、自分が偽造した「中国、福建省」という国籍と「尤」という姓を保持している惨状を知り、胸を痛めた。子供たちが日本の国籍と「深谷」の姓を得れば、精神的に解放されるのみならず、自分の代わりに日本総領事館が在外邦人を保護する権限を行使して、人質である子供たちを救出してくれるだろう。そう思った父は一刻も早くその歴史の誤りを是正するために、面会に来られた上海総領事館の方々に家族が日本国籍を取得できるよう何度も依頼した。

私は「深谷敏龍様」という文字を読んで、日本大使館が私たちを深谷家の正当な一員、憧れの祖国の一員であると認めてくれたのだと実感した。私たちが祖国から本当の名という贈り物をもらい、魂のある生き物として初めて認めてもらえたということに、心から感動し嬉し涙を流した。「問題の解決を促進するように努力いたします」という文面から、私たちは平和な祖国に一歩近づいたと感じた。私は北京の日本大使館の皆さんに礼状を書き、人生で初めて一日本人として、手紙の下に「深谷敏龍」と署名した。

しかし、日本側の様々な努力にもかかわらず、中国側は私たちが「深谷」と名乗ることを許さなかった。父が戦後の日本のスパイであることを認めない限り、子供たちは人質として、また反革命分子の家族として差別的な運命から逃れることが許されず、父とともに日中平和友好条約を締結する際の交渉のテーブルに縛りつけられ続けた。

7　昭和五十一年、田熊・加山両領事への訴え　――深谷義治

陳隊長は洗脳の一環として、私に過去の戦争への反省文を繰り返し書かせた。書いた

ものに対しては何かと言いがかりをつけ、ヒステリックに批判を加えた。

私は重病を患っており、これ以上精神的に攻撃を受け続ければ間違いなく力尽き、祖国に帰る夢は破れてしまう。そこで私は隊長の報復を覚悟し、領事たちに胸中の苦しみを訴えることを決心した。

昭和五十一年（1976年）七月二十日の午前中、隊長は私をいつにもまして過激に批判した後、「昼から日本の総領事館の人が来るから、服装をきちんとせよ」と言いつけた。

昼すぎに、私は右目がよく見えるように左目に手製の黒い覆いをつけ、隊長に連れられて面会室に行った。田熊・加山両領事が入ってきた。私は真っ先に田熊領事にあいさつをした。

「暑い日に大変迷惑をかけました。お忙しいのに」

「いいえ、忙しくはありません。お元気ですか」と、逆に田熊領事は聞いてきた。

「大変元気です。最近労働をやっています。政府は労働を要求しておりませんが、私の希望で五月十三日から毎日朝と昼の食後、二回の掃除をやっています。それで体は非常に丈夫になりました。最初の三日間は高血圧や心臓病で困難でしたが、四日目からは慣れて、現在なお続けております」

「目の方はいかがですか」と加山領事は私の目の覆いを見つめながら、心配そうに聞いた。

「中国政府は随分治療してくれましたが、左目は高血圧から来たものだそうですから、もう読み書きはまったく駄目です」

「覆いをしなければならないのですか」

「そうです。そうしなければ右目の映像を妨害するのです。左目をふさがなければ、読み書きはまったく不可能です。何分にも六十一歳の老齢ですので、右目の視力も困難ですが。でも、読み書きはしております」

「私ももう六十歳ですので、先頃本を読んでいる時にひとつの字がふたつあるいは三つに見えたので、医者に検査してもらいました。私もあまり高くはありませんが、高血圧による動脈硬化症だそうです。動脈硬化症は辛い物を食べてはいけないそうなので、なるべく辛いものを食べないようにしています」と田熊領事は言った。

「そうですか。私も医者に『辛いものは絶対に食べないように』と言われました。私の場合は心臓病と高血圧に対して言われたのですが、動脈硬化症も辛いものは食べてはいけなかったのですね。

一昨年の末、心臓病の発作が起きたのですが、辛いものをたくさん食べ、のどが渇いたので、お湯をたくさん飲んだら、突然呼吸困難になりました。口腔の中が収縮し、上側の入れ歯が時々脱落しはじめ、飲食は困難になるばかりか、話をしている時でも脱落します。ですが、労働も始めた関係で、最近食事を増やしてお米を十六キロ食べています」

「一ヵ月に十六キロ食べておられるのですか。食料に制限がありますか」

「いいえ。ですが、私は今年三月九日に脳への負担が大き過ぎて頭頂部が終始ガーンと鳴る病にかかりましたので、頭が鳴るのを鎮める薬を終始服用しております」と私は言った。

「耳鳴りですか」

「耳鳴りとは違い、頭の頂が昼も夜も絶え間なく鳴り続けているのです。頭を使う時に大変妨害になりますし、夜、睡眠が困難です」

「頭がどう鳴っているのですか。周期的に鳴るのですか」と加山領事は心配そうに聞いた。

「周期的ではなく、いつも鳴っています。現在も鳴っています」

「書き物を多くしておられますか」と田熊領事が聞いた。

「いいえ。頭が鳴り続けているのとまた目が悪くなったことで、最近、できるだけ書きものをしないようにしています」

　これらの病状は精神的な抑圧により生じた結果だと言っても決して過言ではない。話がここまで進んでくると、私はとうとう感情を抑えきれず、胸中の苦しみを吐き出した。

「今日の午前中、また隊長は『私の考えていることと言っていること、書いているものは皆、資産階級の思想の産物だ』と厳しく批判を加えたのです。私は自分が言ったり書いたりしたものは資産階級の思想の産物ではない、毛主席の思想に沿った良いものだと思っていました。ですが、私は中国語の読解レベルが低い日本人です。中国政府が中国語で伝えるその意味を十分に理解することは困難です。毛主席の文章五十五篇四〇五ページを暗誦していますが、大半の真の意味はわかりません。例えば、『狠触霊魂』という言葉の真の意味はわかりませんでした。これは一例に過ぎず、まだまだたくさんあります。このことは私の大きな苦痛です。中国文の真の意味がわからないので、自分の思想を改善することができないのです」

「狠触霊魂」とは魂の中にある悪い思想を徹底的に批判せよという意味で、文化大革命の中で反革命分子や資本主義の道を歩む人などを群衆の前で吊るし上げた時に使われた過激なシュプレヒコールのひとつであった。

「我に従う者は残り、我に逆らう者は滅ぶ」という監獄の原則の中で、囚人に対して暴虐の限りを尽くしてきた陳隊長は、逆らわれたことが初めてだったようで、怒りで顔が真っ赤になっていた。しかし、外国の領事たちの手前、いつものような横暴な振る舞いをすれば醜態をさらすことになるので黙認していた。

「私たちも中国語を勉強していますが、なかなか真の意味がわかりません。その上、日本と中国とでは社会制度が異なり、なおさら困難です」と田熊領事は私の苦しい立場を理解してくれた。

「このように語学の件で、中国籍囚人と比べ私の改造は非常に困難です。でも、自信を持っています」

続けて、妻との関わりについて田熊領事が尋ねてきた。

「あなたは奥さんといつ結婚されたのですか。一九四五年ですか」

「一九四五年よりずっと前の一九四二年四月上旬に妻と一緒になりました。けれども当時、日本軍国主義の法令によれば、上部に知れたなら私は銃殺に処されたでしょう。私は憲兵でしたから、なおさらです」

「上部に秘密だったのですね。中国政府に結婚の登録をされましたか」

「なおさら登録できませんでした」

　戦時中、軍の法令では、憲兵であっても中国人と結婚すれば死刑に相当した。だが、私のケースは軍の特別な指令を受けた謀略結婚なので、実際は処刑されるどころか奨励されていた。そして、事実上は妻の庇護《ひご》のおかげで特殊工作を完璧なまでに成し遂げられた。

　しかし、妻をさらなる罰から守るために、私は公安の追及に対してこの事実をずっと隠し通していた。そして、当局はこの「私が銃殺刑にされる」という作り話をまったく信用していなかった。隊長はその茶番劇のような会話に堪忍袋の緒が切れたようで、領事に言い出した。

「この件については、聞かないでください」

　それで、田熊領事は話題を変えた。

「あなたは子供たちのことが気にかかるでしょうね」

「ええ、二番目の息子と一番下の娘が毎月一回面会に来てくれています。一番目の息子は武漢にいます。三番目の息子は先頃、貴州省に農業をやりにいきました」

領事たちは私を心配させないため、長男がいるところは武漢ではなく、第一看守所であるという事実を明かさなかった。

「奥さんは元気ですか。面会に来られましたか」

「毎月子供たちと一緒に面会に来てくれます。妻も高血圧ですが、どうにかこうにか過ごしています」

「あなたは日本の家族に直接手紙を書きましたか」

「いいえ、それはしたことはありません。皆、上海の家族を通しています」

「そうですか」

「私の子供たちは皆、日本国籍を取得したいと日本総領事館に申請をしたと言いました。よろしくお願いします。私は『自分の問題が解決したら取得できるから、急ぐな』と申しました」

この言葉の前半は本音だったが、後半は隊長の存在を意識してお茶を濁す言葉だった。もちろん、領事たちは私の真意を十分に汲み取ってくれた。

「私たちはできるだけのことをしますが、これは日中両国間に関わる問題ですから。また、このことについては島根県知事から日本政府へも要請がありました」

「私の娘が中国の人形を買って、恒松知事にお礼として送ったそうです。もう着いたこと思います」

「あと五分だ」と隊長が言った。

「五人の弟妹たちに、私の分まで母に親孝行をしてくれと伝えてください。それと、島根県知事に私がよろしく言っていたと伝えてください。暑い中、大変ご迷惑をかけました。失礼します」

「カルピスはあなたもご存じでしょう」

そういって、領事たちはカルピスの差し入れを出してきた。

「よく知っています。ありがとうございます。いただきます」

「カルピスは水で四倍あるいは五倍に薄めて飲んでください。熱いお湯でもよいです」

「暑い中を大変ご迷惑をおかけしました。失礼します」

「お体を大切にしてください」と田熊領事は言って、加山領事は私に会釈をして、退室した。

刑務所内での待遇について囚人が領事たちに訴えるということは、公安にとっては決して許せることではなかった。牢屋に戻り、隊長の報復を受ける心構えをして、暴風が来る前の不気味な静けさに耐えていた。しかし、不思議なことに何日経っても何事も起きなかった。面会の際は毎回外来者との会話の内容を書いて、当局に提出しなければならなかったが、その記録ができても当局は取りに来なかった。

そして奇跡が起こった。一万人以上の囚人が最も恐れていた陳という隊長は、その後、二度と私の前に姿を現さなかった。代わりに新しい隊長が着任し、私に「これからは面会の記録を提出しなくてもよい」と話した。

領事たちが中国政府とどんな外交上の交渉を行なったのか、どんな打ち出の小槌を使ったのかはわからないが、「悪魔」を退治して私の人権を守ってくれた。東にある祖国から昇ってきた太陽は、凍《い》てつくような暗黒の牢屋に初めて日差しを射《さ》しこみ、私に温もりを届けてくれたのであった。

8 『今日の日本』――敏雄・記

文化大革命の名残がまだ色濃かった当時、罪人である父の釈放を求めることは反革命行為に当たった。また、資本主義国の領事館と直接接触することは売国の罪に相当した。従って、私が政治犯として第一看守所に入れられる条件は完全に整えられていた。それゆえに、職場では「階級の敵」として扱われ、いつ逮捕されてもおかしくない状態に置かれていた。健康状態のすぐれない母にこれ以上の精神的な負担はかけられず、弟と妹にも心配させたくなかった。また、検閲の恐れがあるので、この危険な状態を日本の親戚にもなかなか伝えられなかった。ただ、ひとりで苦しみを抱えこんで、耐えながら生きていた。

昭和五十一年（1976年）八月、上海総領事館から私を呼び出す手紙が届いた。妹と一緒に総領事館で田熊・加山両領事に会い、改めて日本国籍を取得したいと申し入れた。彼らに会うのは二度目だったが、私は彼らが父親のような存在だとつくづく感じ、罪人である父には言えない苦衷を打ち明けた。

領事たちは私たちの事情を聞き、「頑張ってください」と励ましの言葉をかけてくれた上、NHKの日本語テキストと外務省が発行した中国語版『今日の日本』の二冊をくれた。

父の逮捕をきっかけに、自分たちの祖国が日本であることを知った。そしてこれまで受けてきた苦しみが、祖国への憧れをさらに強いものにした。父と兄の早期釈放を実現するために、日本の各方面の方々がたゆまぬ努力をしてくれていることから、祖国は私たちにとってかけがえのない存在だと思うようになった。しかし、父は身分がばれないように、日本に関する文献を家に一切置かなかった。また、文化大革命のせいで、外国を紹介する本はすべて店頭から姿を消した。だから祖国は未知の遠い世界で、詳しく知りたくても知ることができなかった。領事たちは私たちのそのような心中を察して、祖国を紹介する本を差し入れてくれた。

『今日の日本』のページをめくると、頂に雪の積もった山を背景にして、ピンクの花が咲き乱れている絵が目に飛び込んできた。この絵の説明から、これが憧れの祖国を象徴する富士山と桜だと初めて知った。その美しさ、雄大さ、素晴らしさは、心に描いていた祖国のイメージを遥かに超えたものであり、祖国に対する誇りが一層湧いてきた。『今日の日本』は三十二ページにわたり、日本のあらゆる分野を紹介していた。こんな素晴らしい祖国があるのに、なぜ日本兵を「日本鬼」と呼び人間扱いしない大陸で、父は中国人に成りすましたのか。なぜ「中国の安全に重大な危害を与えた罪」を犯したのか。毛沢東の本をたくさん暗誦できるほど抜群の記憶力を持っていることを考えれば、祖国でこの才能を生かして十分幸せに暮らせたはずなのに、なぜ自ら酷い運命に身を投じ、私たち家族を苦難に巻き込んだのか。本を読んでいるうちに様々な疑問が湧いてきたが、父との面会中は隊長の監視があって聞けなかった。

一方、懐かしい故国の風景と勤勉な国民によって作り上げられてきた現代日本の姿が載っているこの本を父に届ければ、郷愁にふける父にとって大きな慰めとなるであろうと感じた。また、父は潜伏生活中、祖国の言葉や風土、人情の一切を私たちに教えられなかったことを悔やんでいるに違いない。面会では、父は祖国の自慢話などを到底語れなかった。しかしこの本を届ければ、領事たちが自分の代わりに子供たちに祖国のことを教えてくれたことを知ることができ、もうひとつの大きな慰めとなるだろう。ただし、この本の内容は「資本主義の人民は苦しい生活をしている」という当局の教育とはまったく相反するものなので、日中関係正常化の前、このような本は「毒物」として禁止されていた。私が最も気がかりだったのは、本を一ページめくると「日の丸」の絵が目に映ることである。中国映画の中では、「日の丸」の旗を掲げた日本軍人は鬼とされていた。その旗はいつも軍国主義のシンボルとして貶《けな》されていた。父が「日の丸」の罪を償うために受刑している最中にその本を受け取れば、牢屋に「日の丸」を掲げることとなる。それは明らかに当局の思想教育を台無しにし、公安に真っ向から挑戦することになりかねない。

私は『今日の日本』を読んでから、父との面会のたびに、父の望郷の切なさが一層胸に染みた。日本国民が平和で近代的な環境で生活をしているのに、父はたったひとり残酷な環境の中で三十数年前の昔の故郷の思い出を頼りに思いを馳せている。それはなんとつらく悲しいことだろうか、と痛感した。父は重い病を患って牢屋で一生を終え、その目で今日の祖国を見ることができないかもしれない状況に置かれていた。せめて、祖国の最新の様子が父の心に刻まれるようにと、私は恐怖心を抱きながらも翌日『今日の日本』を父に郵送した。

のちに、本が一週間ほどの検閲を経て父の手に渡されたことを知り、ひとつの大役を果たしてほっとした。この恐ろしい時代に、本が無事に父の手元に届いたのはまったくの奇跡だと言える。

確かに本は父を大いに励ましたが、その反面、大変な心配をかけてしまった。父は次回の面会の冒頭ですぐ本のことに言及し、忠告をしてくれた。

「『今日の日本』という本の内容は、日本の現状についてほとんど何も知らない私には大切な資料になった。新幹線のような速く走る乗り物があると知って驚いた。敏龍、ありがとう。しかし、毛沢東の思想では資本主義思想の『毒素』を取り除きながら読むべきものだ。それと、この本の内容を他の人に決して言ってはいけない」

父の心配は的中し、横にいる隊長は悪意を持って中傷した。

「この本は全部うそのことばかり書いてある」

そのことから、隊長が代わっても父に対する思想改造はなんら変わりなく続けられていることがわかった。本を送ったことは公安に対する挑戦になり、私は一層公安から睨《にら》みつけられることとなった。

9　毛沢東の死後のふたつの出来事――深谷義治

昭和五十一年（1976年）九月九日、私は毛沢東が亡くなったというニュースを聞き、驚いた。長い間、私の運命を牛耳ってきた独裁者が、ついに歴史の舞台から消え去った。だが、中国の新しい統治者は誰になるのか、文化大革命の混乱は果たして収拾できるのか、まったく予断を許さない状態となった。

「毛主席に対する哀悼のため、おまえも明日から一ヵ月間、精進料理にしろ」と新しい隊長は私に言いつけた。

潜伏中、春が来るたびにいつも私の心に浮かんでいたのは、ソメイヨシノの前で両親と一緒に写した写真だった。囚われの身となってからは、桜のように散っていくつもりで、戦後の日本のスパイであることを否認し続けてきた。重病になり、生きて故郷の土を踏めそうもない中で、東の空を向き切ない心境でいると、詩歌がひとつ心に浮かんできたのであった。

「七重八重咲かせて　結ばむ罪つぐないの気節は　大和の桜花」（著者注：『獄中記録』の三〇四ページに記載されている）

これは、大和魂が宿っている桜の木のように、過酷な受刑生活に身も心もぼろぼろになっても、日本人の気骨を失わず、常に心の中に七重八重の桜の花を咲かせているという思いを託したものである。朱に交わっても赤くならず、いくら毛沢東の思想に洗脳されても、自分は変わらぬ日本人であるという誇りや深い望郷の念をこの詩歌に託した。

詩歌は決して得意ではないが、それは拷問、寒さ、飢えと望郷の念の中で練ってきたものであり、牢屋で永眠すれば、母や上官たち、私の生まれ故郷に宛てて残しておく遺書でもあった。以前から妻への手紙に書き込もうと思っていたが、検閲で発見されれば罪を重ねることになるので、こっそり心に留めていた。

新しい隊長の日本語レベルはそう高くはないと見受けられたので、手紙が読まれても問題視される危険は少ない。また、刑務所全体も毛沢東の死後、混沌たる情勢にあったので、私にとっては手紙を書く願ってもないチャンスの到来であった。そして、妻への手紙に毛沢東の功績を長々と称賛してから、「毛主席の死の悲しみは、必ず私の罪を償う力になります。九月二十七日、私は毛主席を哀悼するためにひとつ詩歌を作りました」と書いてから、前述の詩歌を日本語のまま書き入れた。万が一牢屋で死を遂げたなら、妻と子供たちが私の遺骨とともにこの手紙を祖国に持っていってくれるに違いない。そうすれば、私も大勢の日本兵たちと同じく、国に恥をかかせず、桜のように散っていったことを母と上官たちに知ってもらえることになる。

手紙を書き終えて、その内容を『獄中記録』に書き残した。それから、検閲のために手紙を隊長に渡した。次回の面会の時、妻が無事に手紙を受け取ったと知り、ほっと胸をなでおろした。

毛沢東の死後、文化大革命で威勢をふるっている「四人組」は、中国全土で毛沢東を追悼せよと通達した。娘も学校が催した追悼会に教師や生徒たちと一緒に参加した。黙《もく》禱《とう》をしている際、横にいる数人の生徒が悪戯《いたずら》をしてクスクスと笑い出した。革命派にとっては、その厳粛な儀式の進行中に笑うなどということは反革命的行為であり、絶対に許せるものではない。黙禱が終わり、即座に「犯人」捜しが始まった。真っ先に目をつけられたのは、反革命分子の家族である娘だった。娘は民兵（著者注：革命派）が持つ小銃を背中に突きつけられ、身柄を拘束され、尋問を受けた。その場で笑った生徒たちを娘は知っていたが、同級生を連行させるのは気の毒だと思い、告げ口をしなかった。また、笑ったことを終始否定し続けたので、一晩監禁されてから家に戻った。この出来事が日中関係正常化前に起きていれば、娘も刑務所に入れられていたことはほぼ確実である。

私が反革命分子であるせいで、娘はよちよちの赤ん坊の時から家族とともにいばらの道を歩く運命を負っていた。十八年歩んだ挙句の果てに、銃を突きつけられて歩かされる羽目となった。その距離がわずかであっても、どれだけの恐怖を感じただろうか。

妻は私の体調を心配し、その恐ろしい出来事のことを面会では言わなかった。釈放後にその出来事を教えてくれた。その時、家族に苦難の歳月をもたらした悲しさを再度痛感した。

10 加山領事、赤倉副領事との再面会 ——深谷義治

毛沢東が亡くなる直前の昭和五十一年（1976年）八月に恒松島根県知事、林恒孝大田市長と私の母・深谷ヤノは、三人の連名で、毛主席へ私を寛大に処するよう請願書を書いた。京都の弟がそれを大阪の中国総領事に手渡した。そのことを十一月の家族との面会の際、知らされた。八十歳の母の人生最後の哀願は島根県知事と大田市長の温かい支援のもと、中国の最高権力者に送られることになった。

その時、病床にいた毛沢東がその手紙を読んでくれたわけではないだろうが、高齢の母の哀願と、知事、市長をはじめとする県民の声は紛れもなく中国政府の指導部に届いた。日中友好の観点からも、人道上の面からも、私を釈放して親子の最後の団欒の夢を

叶《かな》えさせるべきだった。しかし、中国政府は戦後の日本のスパイであることを認めない私にはその恩恵を決して与えない、という従来の姿勢を変えなかった。

十二月十四日、加山領事・赤倉副領事が面会に来た。席に着き、私が先にあいさつをした。

「大変迷惑をかけました」

「今日は赤倉副領事が一緒に参りました。お元気ですか」

「私は最近ずっと労働を続けていますので、大変元気です。七月二十日においでになった時に動脈硬化症はもう良くなったと申しましたが、その後再発しましたので一ヵ月半ばかり脈安沖剤（著者注：血圧を下げる漢方薬）を服用して、最近よくなりました。今は血圧もあまり高くありませんので、薬を一粒だけ飲んでおります」

領事たちは、私が真実を言えない状況に置かれていることをすでに把握していた。私が元気だと言っても、決して鵜呑《うの》みにしなかった。

「血圧の上下はどのぐらいですか」

「この間測った時、下は一〇〇で上は一四〇ぐらいでした。私は血圧の下が一〇〇以上になったら、立つことが困難です。動脈硬化症がよくなったのと労働をやっているのでお腹も空《す》き、最近十八キロ食べております。甘い物が好きなので、中国政府は時々日本のカステラのようなお菓子や大好きなサツマイモを提供してくれています」

「…………」加山領事が何か言った。

「なんですか。聞き取れません」

「おまえに糖尿病があるか、と聞いていた」と隊長は割り込んで、加山領事の質問を中国語に訳した。

「糖尿病ですか。私は糖尿病はありません。だから甘いものをたくさん食べても構いません」

「どんな労働をやっていますか」

「廊下を拭いています。使用する道具を日本語でなんというか忘れました」

「棒雑巾で廊下を拭いておられるのですか」

「そうです。棒雑巾で朝、昼二回掃除をして、一回三十分以上、一時間はかかりません。また、最近一生懸命に昼夜を問わず毛主席の文章五十八篇、四二五ページを三日に一遍、反復暗誦学習しています」

「そんなに勉強して、体に影響はありませんか」

「片目で読み書きをするので時間が長くなると困難です。だから、できるだけ多く毛主席の文章を暗誦して、頭に入れるように努力しています。『人民民主主義独裁について』という十八ページの文章を一週間で暗誦することに成功しました。とにかく、一旦読み始めると昼も夜も続けます。厳寒の季節に部屋で座ったままで読むと寒くなるので、いつも歩きながら読んでいます」

「右の目も悪いのですか」

「そうです。右目も悪いです。だから、毛主席の文章の五十八篇の反復暗誦学習を重点的にしています」

「あなたの部屋はどのぐらいの広さですか」

「一般の囚人はひとつの部屋に四人寝ているのですが、私は約三歩四方の独房です」

「今日は寒くなったので、あなたの血圧はどうかと見にきたのです。血圧と寒さは大変関係がありますから」

「私は寒さには強いです。こんな綿入れの下にシャツ一枚だけで寒い冬を過ごしています。普通は綿入れの下にメリヤスのシャツや毛糸のジャケットなどを着ますが、私は何もいりません。これで十八年半過ごしてきました。体が環境に慣れたのです。こんなふうですから、寒さは私の血圧にはあまり関係ありません。頭の鳴る病気は大体治りましたので、暗誦学習が容易になりました」

零下六、七度の気温の中で「私は何もいりません」とは言えるはずがない。本当に言いたかったのは「私には何も衣服らしい着物がなかった」という言葉だった。だが、「虐待」と同義になるので口に出すことは許されなかった。

「頭の鳴る病気はよくなったのですね」

「そうです。九月九日に毛主席が亡くなられたニュースを聞いて、信じられませんでした。私は毛主席の在世中に恩赦を得られなかったことが、非常に残念でした」

「子供さんたちは皆元気ですか」

「一番上の息子が結核にかかっているそうです。武漢製鉄工場で働いているのですが、妻が毎月ブドウ糖やタラの油を送っているそうです」

「結核は重いのですか。病院に入院されているのですか」

「タラの油とブドウ糖を送っていることからすると、かなり重いようです。何回も妻に尋ねましたが、はっきりとした返事が返ってきませんでした。その他の子供たちは皆元気です。八月に上海の日本総領事館から呼び出しがあり、田熊・加山両領事から子供たちの日本国籍の取得について話があったことを十一月六日に妻から聞きました。どうぞよろしくお願いします。二番目の息子が領事館からもらった『今日の日本』を先頃郵送してくれて、隊長から渡されました」

日本の本は当局にとっては「毒物」であったため、かつて佐藤一等書記官に「日本の書籍を読まれましたか」と聞かれた際、私は「読む気はありません」と言わざるを得なかった。その後、日本代表はその事情がわかり、本について触れることは一切なくなった。

実際には二度と見ることができないかもしれない故国の風景写真と自分がまったく知らない今の祖国の発展ぶりをこの本で目にし、心が震え、涙もこぼれた。美しい祖国をこの目で見るために、そして母に会うために、私は絶対に死なないと心に誓っていたのだった。しかし、到底そんなことは言うことができなかった。

日の丸が載った本が私の手元に届いたことに、加山領事は驚いた口調で「そうでしたか」と言った。その本のことに触れると、隊長の顔が一層険しくなったので、機嫌をそれ以上損なわないように加山領事はさりげなく話を変えた。

「あなたの息子さんも娘さんも、あなたに似て背が高いですね」

「皆、私に似て背が高いです。私自身、日本人の中では高い方です」

もちろん、大怪我で背が十センチも低くなったことは言えなかった。

加山領事は私を励ますため、再び私の運命を左右している日中関係につながる動きを話し始めた。

「十二月八日の『人民日報』の隅に小さく掲載された記事をご覧になっていませんか」

「見ませんでした。八日の『人民日報』は見なかったようです」

「日本では総選挙が終わりましたから、近いうちに新しい内閣が作られ、新しい外務大臣も任命されます。島根県知事は新大臣にあなたのことについて話されます」

「そうですか」

「今年になって、日本はロッキード事件、中国は走資派の問題でごたごたしましたので、日中平和友好条約の交渉は停頓状態になっています。日本の新しい内閣が成立し、来年になれば、条約の交渉が開始されるものと思います。どうか体に気をつけてください」

「島根県知事と大田市長に『毛主席に手紙を書いてくださったことに感謝いたします』と伝えてください。また、京都の弟に、私は大変元気だから安心するようにと伝えてください。政府の方にもよろしくお伝えください」

「奥さんはお元気ですか」

「妻の血圧は私より高いのです。でも、なんとか過ごしています」

「今日は日本の煎餅、羊羹とするめを持ってまいりました。するめは少し硬いかもしれませんが」

「ありがとうございます」

こうして私は師走の中、領事たちの新たな激励を受け、刑務所での新年を迎える覚悟ができた。「お母さんはあなたに会うまでは絶対に死なないと言っていた」という言づけをもらってから、すでに九二年が経過し、私のために死んでも死に切れぬ心境である母のことを思うと胸が痛んだ。

11　虹の架け橋――敏雄・記

昭和五十一年（1976年）十二月二十九日、恒松島根県知事から母宛に慰問の手紙が届いた。


ふるさとを遠くはなれた中国でお働きのみなさん、お元気でお過しでしょうか。

昨年お便りをさし上げてから早一年余りの月日がたち、1976年も残り少なくなりました。

みなさんのふるさと島根県では秋の収穫も終り、人々はお正月を迎える準備に忙しくなりました。

（中略）

島根県には六人の方が永久帰国され、十三人の方が里帰りされました。

みなさんも事情がゆるせばどうか里帰りなさってください。

別便で島根県特産のしいたけと、出雲わらべに木綿の反物をお送りしました。

どうかみなさん共々によいお正月をお迎えになりますように。みなさんの御多幸を心からお祈りいたします。

昭和五十一年十二月二十五日

島根県知事　恒松制治

陳綺霞様

中国の唐の詩人・宋之問は「郷心新歳切（きょうしん　しんさい　せつなり）、天畔独潸然（てんぱん　ひとり　さんぜんたり）」という極めて悲しい漢詩を書いた。「故郷を想う心は新年を迎えると痛切さを増し、遠い天涯の地に唯《ただ》ひとりあって、さめざめと泣けてくる」と身に迫る悲しみを嘆いているのである。詩人は左遷され、辺境で新年を迎えることになり、このような悲しい心境となったのだろう。

父は若くして故郷を離れ、三十数年間、異郷で一瞬たりとも心安らぐことのない潜伏生活と悲惨な受刑生活を送り、故郷に手紙の一通さえ出せないまま還暦を過ぎた。父の切々たる望郷の念は、この年の新年を迎える時には想像を絶するものとなっていた。大晦日《おおみそか》に私はこの詩を読みながら父の泣き声が聞こえてくるかのように感じられ、胸に熱いものが込み上げてきた。

知事が新年を前に、異国で冬と戦っている同胞のために送ってくれた手紙は、父にとって大きな慰めになるに違いない。しかし、その手紙は父の手元に届けることが許されるものではなかった。

年が明け、知事からの心のこもった見舞品が届いた。中身は島根県特産のしいたけに、出雲の人形、そしてカラフルな布生地といった父にとっては懐かしい郷土の品々、それと島根県の名所の写真が載ったガイドブックだった。

出雲の人形はただの人形ではなく、私たちを迎えてくれる島根の使者だと感じた。人形は日々私たちに、「知事をはじめ、林大田市長や島根県民たちがあなたたちの父の釈放運動を展開している最中なので、私は必ずあなたたちを無事に故郷に連れて帰るよ」と励ましてくれているように感じた。

ガイドブックが父に届いたら、懐かしい故郷の風景を目にして思いを巡らすはず。その一時は心が和み、受刑の辛さも忘れるだろう、と私は想像した。そして、次回の面会を待たずに一月二十一日に手紙を書き、ガイドブックを同封して父に郵送した。

二月十六日、帰省した私は久しぶりに父との面会に加わった。

父の蒼白の顔色から病気であったことがうかがわれた。父が告げた病名は、いつもの心臓病だった。

父は母の顔色も悪いことに気づいて尋ねた。

「体は大丈夫か」

「最近、私の体調も良くないです、血圧は一九〇と一一〇になったので、医者からは作業をしないようにと言われました」

「母は面会の通知が来なかったので、心配で血圧が高くなったのです。仕事ができないため、家の台所は火の車です。一月二十一日に出した手紙は受け取りましたか」と、私は母のことを言ってから、父に聞いた。

「まだ受け取っていない」

「恒松知事から手紙と郷土の品々が送られてきたので、お父さんに報告の手紙を書きました。また、知事のお土産の島根県のガイドブックも同封して出しました」

「そのガイドブックは上司との検討の結果、渡すことができないので持ち帰りなさい」と険しい顔の隊長が会話に割り込んだ。

その時、もうひとりの刑務官がガイドブックと手紙を持ってきて、テーブルに置いた。

父は目の前にあるガイドブックのカバーに懐かしい松江城の雄姿が載っているのを見つけて、思わず涙ぐんだ。

「私は中学三年生の夏休みに、松江の校長先生のお宅に招待されて、一ヵ月くらい泊めてもらった。松江城にも行ったよ」と思い出話をしてくれた。

父は国に帰れず、懐かしい故郷の風景入りのガイドブックをめくることさえ許されなかった。父にできることは、四十年前の故郷を思い出し、故郷のガイドブックが見られない悲しい気持ちを紛らすことだけだった。

せっかくの知事の気持ちは父には届けられなかったが、せめて知事や市長をはじめ県民たちには父の感謝の意を届けたい。また、父の望郷の念を父に代わって島根に送らなければならないと考えた。そこで思いついたのが、日本人も好むであろう中国の唐時代の書道家・欧陽詢の『九成宮醴泉銘』の拓本を買って、面会中に父に署名をしてもらってから知事と市長に郵送することだった。

しかし、これも一筋縄ではいかなかった。その経緯は、上海総領事館から外務省を経て島根県知事、大田市長に送られた以下の書類の通りである。

昭和五十二年三月十二日
外務省アジア局長

在中国抑留邦人深谷義治氏の子女よりの依頼による書類の転送について
今般中国の「上海監獄」に抑留中の深谷義治氏の子女（上海在留）から、在上海我が方総領事館を通じ、別添書籍「九成宮醴泉銘」の転送方依頼がありましたのでここに送付します。

なお同書籍転送に至る経緯については、同総領事館発外務省あて下記報告書（抜粋）により御了知願います。

記

二月二十二日、深谷義治氏の子女らが当館を来訪した際、次男の敏龍より「深谷のために御配慮下さっている恒松島根県知事及び林大田市長に謝意の一端として書籍を贈呈すべく用意し、これに父親に署名してもらうために上海監獄に赴いたところ、係官より深谷名義の署名を拒否された。仕方なく自分（敏龍）が代筆し、発送のため郵便局に行ったところ、提示した戸口簿（著者注：日本の戸籍謄本のようなもの）に尤志遠の氏名はあっても深谷義治の氏名が記載されていない（著者注：父が逮捕されても、父の偽造した名前は抹消されずそのまま残されていた）ので受付けてくれなかった。われわれ一家としては、他に発送する方法がないので、なんとか先方に届ける方法はないであろうか」との相談を受けましたので彼等の心情を斟酌《しんしゃく》し、本省経由で送付することとしました。

付属添付、省略

本信送付先、島根県知事、島根県大田市長

父を励ますため、知事は故郷から便りとお土産を上海に送ってくれた。領事たちは父の気持ちを故郷に届けてくれた。苦難の歳月の中、東の空を見上げるたびに、輝いている虹が見えるように思えた。それは島根県知事や領事たちが父のためにかけてくれた、監獄と祖国を結ぶ感動の架け橋だった。

第八章　唐山の震災後

1　私たちも「被災者」だ――敏雄・記

時間は少し遡って、昭和五十一年（1976年）七月二十八日、マグニチュード七・八の直下型地震が中国の唐山を襲った。それを受け、私の勤める建築会社が一年ほど、唐山復興に当たることになり、私も年が明けて上海を離れざるを得なくなった。

私は父と面会するたび、必ず日本側に父の様子を伝え、発信していた。なので上海は、私にとって父を救出するための最前線の活動場所であった。しかし、私が上海を離れるとなれば、その役割を果たせるのはもう妹しかいない。「兄さんが行ってしまっても大丈夫です。私がお母さんと力を合わせて、日本政府や各方面に引き続き手紙を書きます」と妹は私を安心させた。

母の涙の中で育てられた私たち兄妹は、いざという時になれば身を挺《てい》して家の難に当たる。父が逮捕されてから、大黒柱の役割は順次兄弟に引き継がれていった。まず初めは十二歳の兄だった。兄が捕らえられてからは、私が一家の運命を背負うこととなった。そして今回、その私が留守をすることになってしまい、次は弟の番のはずだったが、その弟まで農村での労働という島流しの身となっていたので、父を救出するリレーのバトンはついに妹の手に渡った。

妹の身を案じた私は、妹を連れて日本領事館に行き、加山・鈴木両領事と面会した。事情を説明し、父のことだけでなく、母と妹も見守ってくれるように頼んだ。

唐山はかつて父が行ったことのある天津の北東の方向にある。父は上海駅で北上する列車に乗ったきり、牢屋に入れられてしまった。それから十八年半が過ぎ、私も同じルートの列車に乗ることになった。私は、当時潜伏中の身であった父の状況とは異なるといっても、公安に目をつけられていることに変わりはなかった。母は私を見送る際、私が父と同じ運命を辿るのではないか、と不安を募らせ涙を流した。

その頃、唐山の大地震が発生してから、すでに半年以上が経っていた。列車が天津を過ぎると、窓の外から見える明かりは次第に少なくなり、不気味な闇が、地震がこの地にいかに大きなダメージを与えたのかを示していた。多数の死者が出たが、地震の後、連日の暑さも相まって、それらの遺体を崩れた建物から完全には取り出せなかったという話を、出発の前に耳にしていた。その話を裏づけるように、唐山駅で下車すると、今までまったく感じたことのない異様な臭いが漂っていた。そこからトラックに乗り換え、仮設住宅を目指し、明かりのほとんどない暗い廃墟《はいきょ》の道を進んだ。仮設住宅は、二段ベッドが両側にふたつずつある八人部屋だった。自分のベッドに蚊帳を張り、被災地での共同生活が始まった。

翌日、買い物に行くため外に出た時に見た光景は、今でも忘れられない。五階建ての病院は二階の高さにまで押しつぶされ、変形した窓からは血のついたシーツがぶら下がっていた。瓦礫《がれき》は手つかずのままで、見渡す限り、無傷の状態で残された建物はほとんどなかった。生き残った被災者たちが、ひとつひとつ瓦礫を馬車に載せ、捨てる作業を行なっていた。過酷な状態から生活を再建するために懸命に働く様子に胸を打たれ、復興の仕事をするためにこの地に来られてよかったと感じた。仕事をする中で、被災者の不屈の精神に励まされながら、ここでも日本側に手紙を送り続けた。また、公安の厳しい検閲を通さなければならないことは承知の上で、監獄にいる父へ励ましの手紙を出した。

四月四日、母と妹は、父との面会に行って、憂色に包まれている父の顔から何か悪いことが起きた、と気づいた。

「隊長に敏龍からの手紙を渡された時、『この手紙は問題がある』と言われて、驚いた。手紙には『何千、何万の母と祖母のような善良な女性を再び悲惨な目に遭わせないために、戦争を二度と起こさないようにしなければなりません』と書いているが、『母と祖母』の代わりに『中国人民』と書かなければならないということだ。だから、敏龍に『今後手紙を書く時は気をつけるように。また、母と祖母のことを「苦難」や「悲惨」のような表現と結びつけないように』と伝えてほしい」と父は母に話した。

母と祖母が苦難を被り悲惨な生活を送っているのは事実なのに、なぜ公安にタブー視されたのか。その理由は、以下のようなものだと考えられた。私たちがこのような運命となった原因には、戦争だけでなく、中国政府が重病を患っている父を釈放しないという人道的な問題もある。そしてそれに中国政府自身も気づいていて、そのために後ろ暗い公安はこの手紙を自分に向けられた非難と受け止め、父に筋の悪いイチャモンをつけてきたのだ、と。

中国では公安の者、特に隊長のような地位の人に「問題がある」と言われれば、それは「災いが降ってくる」ことと同じ意味である。父と私を守るために、母は隊長の怒りを鎮めるように「わかりました。次男に注意しておきます」と答えた。

「敏龍はまだ若いし、社会経験が乏しいので、こんな手紙を書いてしまった。私が十分な教育をしなかったためです。私の責任です」と父は隊長に向かって謝った。地獄にいる父は、息子が地獄に落ちないように必死に庇った。

私は平和を望む気持ちから手紙を書いただけで、ドン・キホーテのように無謀にも巨大な風車に挑戦するつもりはなかった。しかし、上海を遠く離れても、日本側に父の釈放を訴えることを一向にやめなかったため、公安に目のカタキにされていた。公安は何かにつけて因縁をつけて私に制裁を加えようとしており、私が父に送った手紙が狙われたのだ。しかし、兄に続き私を拘束すれば、日中友好に悪影響を及ぼすことになりかねない。そこで公安は、私を懲らしめるために食堂から追放して、建設現場で重労働をさせる罰を下した。

中国では、高い建物を建築する時、周りに竹の足場を作る。私に与えられた仕事は、その足場に立ち、左官の下働きとして四階や五階の高さまでバケツにいっぱいのセメントや煉瓦《れんが》などを運ぶものであった。ある時、突然、燕山山脈の方向から、まるで無数の馬が一斉に走ってくるような音が聞こえた。その音はあっという間に近づき、揺れを起こした。このような余震が頻繁に起きていたので、高い足場で作業することは命がけの仕事であった。

唐山の生活で私が痛感したのは、私たち一家も「被災者」だということである。戦争の「被災者」である。唐山の被災者は地震の半年後、各方面からの応援を受け、順調に震災からの復興を進めていた。しかし、同じ被災者なのに、どうして私たちには戦災から逃れる道がないのか。同じ人間なのに、どうして私たちは延々と「鬼の子」として扱われなければならないのか。かつて黄浦江の畔で流した悲痛の涙は、震災の大地にもこぼれ落ちた。しかし、いくら酷い余震があっても被災者の再建への決心が揺らぐことはないのと同様に、公安の冷酷な仕打ちを受けても一家揃って一日も早く祖国に帰るという夢を潰すことはできない。一寸先は闇であっても、私は怯まず祖国への訴えを続けた。

帰国後、恵子叔母は日本語に翻訳した私の手紙の一通をくれた。その時の私の様子の一端がわかると思うので、掲載する。

親愛なる恵子叔母さん

二ヵ月あまり前の夜、私の乗った列車は父が最後に仕事をした天津で十分ほど停車して、唐山に向かって発車しました。

唐山に着いて間もなく、母の手紙が届きました。その中から、私たちを助けるためにまた送金してくださったことを知り、本当に感謝しています。

いつも労働の時間が終わってベッドに座っていると、とりわけ父のことが気にかかります。五月の末、父に励ましの手紙を書きました。そして今月十二日、返事がきました。手紙の最初には、祖母のことについて、「私が釈放され、私たちが一緒にお母さんと会っている写真やニュースが『朝日新聞』に載った時、それが日中友好への貢献になるだろう。従って、どんなことがあっても、母を死なせてはならない。私はおまえたちと一緒にお母さんに会えると固く信じている」と書いてあります。

この一節を見て、面会中、誰かが祖母のことに触れたり、父が祖母のことを口に出したりするたびに、父が目に涙を浮かべていたのを思い出しました。私は父がこの手紙を書きながら涙を流し、書き終わってはまた涙している様子を思い浮かべました。この一節はインクで書いたのではなく、涙で書かれたものでしょう。

（中略）

院長先生及び病院の皆さんによろしくお伝えください。お元気で。

塄　敏龍

中国唐山　一九七七年六月十四日夜

訳してくれたのは、当時、京都の日中友好協会にいらした塩見さんである。訳文と合わせて、「お手紙の様子では敏龍様はご奮闘の様子、敬服しております」と感想がついていた。

2　恵子叔母からの手紙――敏雄・記

のち、妹は市内の旋盤の会社で見習いとして旋盤の操作を学ぶことになった。その傍ら、父の状況を日本側に発信していた。見習いの月給は十六元で、その給料のほとんどは、兄たちと同じように家の借金返済に消えていった。

叔母は、私たちが送った手紙に中国の指導者への褒め言葉が欠かさず書き込まれている理由を次第に理解したようで、その後、父の早期釈放に少しでも繋がるように、中国政府を喜ばせる文言を手紙に取り入れるようになった。

以下、叔母から届いた返事。

雲の流れが今日の天気を約束してくれるようです。

長い間ご無沙汰しております。お許しください。麗蓉様と敏龍君からの便りが届きました。心の中は焦っていても、形として問題解決するのは大変時間を要します。色々想像すると、じっとしていられない気持ちになります。島根県より毛主席宛に嘆願書を出しました。中国政府はきっと私たち日本の深谷家の願いを少しでも前向きに考えていただけるものと信じています。

できることならもう一度会いに行きたいと思いますが、許可を取るのが大変です。病院の仕事も考えなくてはならないし、夏休みの期間は比較的休みが取れますが、私は十二月生まれで暑さに弱いです。上海の夏は暑いのでしょう。

今朝、夢を見て大変心配しています。敏龍君が拘置所に入った夢です。夢龍兄さんは間違った思想を持っていたのでしょうか。毛主席と党の方針をよく理解し、感謝しなくてはなりません。日本では朝見る夢は真実だと言いますので、心配です。

お母さんはいかがですか。近くて、病状が観察できれば薬も送れますが、聞くだけで薬を送るのは危険です。

中国は日本から一番近い国ですが、何もかも思うようにならない焦りで、遠い国に思えることもあります。でも、義治の問題が解決すれば、きっと近い国になることでしょう。では今日はこれにて、体を大切にして下さい。会える日を待っています。かしこ。

恵子

麗蓉さま

昭和五十二年八月

領事たちは父の様子や私たちと会ったことなどを、随時日本の肉親に伝えてくれているので、恵子叔母は私が反革命分子として拘置所に入る寸前の状況を把握していた。つまり、叔母が「敏龍君が拘置所に入った夢」を見たのは単なる偶然ではなく、心配があってそういう夢を見たのだろう。叔母がそれほどに私の身を案じてくれていることを知り、私は思わず涙が流れた。そして文面に溢れている慈愛に触れ、万が一、私も囚われの身となっても、叔父、叔母と祖国がきっと助けてくれると確信したのであった。

もう一通は以下。

敏龍、雲龍兄さんは元気ですか。

義治と夢龍君のふたりのために監獄と看守所通いをしなければならないお母さんの胸中を考えると、涙が溢れてきます。麗蓉さんたち兄妹はまだ若く、これからの偉大な中国のために躍進する強い力を持たなくてはなりません。しかしお母さんは心労激しく、義治のために白髪になったといっても、過言ではないでしょう。今、お母さんに一番必要なのは心の安らぎだと思います。私たち日本にいる深谷一家も、そのためには限りない努力が必要ですし、責任もあると考えています。一日も早く一家団らんの日が来ることを祈ります。

党と毛主席の寛容なるお心に感謝し、また今後のお取り計らいを信じて、筆をおきます。

九月は月見、十五夜が間もなくやってきます。新聞の切り絵を同封します。監獄でお願いして、許可が出たら、義治に渡してください。田舎の風景です。

恵子

昭和五十二年九月

麗蓉さま

叔母が手紙に同封した一枚には、「赤とんぼ　思わず懐かしいメロディーが」というキャプションがついた切り絵があった。

その絵は夕日に赤く染まっている空の下に、赤トンボが飛び交っていて、眠っている赤ん坊を背負う母親と鍬入りの籠を背負っている父親が農作業を終え家路についている風景だった。

外国から直接監獄の父に手紙を出すことが許されない中、叔母は父を励ますためにこの切り絵を送ってきた。この絵に「お兄さんは地獄の果てに行っても、お母さんが必ずあなたを我が家に連れ戻します。あの世にいるお父さんも、お兄さんを守っています。故郷の赤トンボもお兄さんの帰りを待っています。必ず生きて帰ってください」というメッセージを込めているようだった。

その後、母と妹は父との面会時に、その絵を父に渡すように隊長に切に懇願した。そして、やっとのことで「検閲してから、渡す」という返事をもらい、絵は父の手に届くこととなった。

3　加山・鈴木両領事との面会　――深谷義治

家族との面会を三年あまり続けてきたが、長男の結核はまだ完治せず、栄養剤がほしいという状況しか教えてくれなかった。詳細について聞くと、妻はいつも黙り込んだ。通常の場合、結核は遅くても二年くらいで治るが、三年も治療にかかっているということは、恐らく長男も私と同様に監獄のようなところに入れられたのだろうと勘づいていた。十九年前、泣きながら私と生別した十二歳の少年は私と同じ運命を辿り、同じ結核にかかって、同じ骨と皮だけの体になったのではないか、と案じずにはいられなかった。

次男が私のために公安の恨みを買ったことは、すでに明確になっていた。悪魔の手にもうひとりの息子をさらわれないようにするのは親の急務だが、なすすべもない罪人の身の私は、ただただ恐れを抱いているだけの毎日だった。

昭和五十二年（1977年）六月十四日、加山領事は年配の人を連れて半年ぶりに面会に来た。加山領事が先に話した。

「こちらは最近就任された鈴木和彦領事です」

「深谷です。どうか、よろしくお願いいたします」

「お元気ですか」

「ありがとうございます、大変元気です。私はお米を月に十八キロ食べていたのですが、最近十四キロに減らしましたので、体の調子が大変良いのです。四キロ減らすと、少し痩せ、入れ歯がガタガタして不便ですが、体の調子が随分良いのです。ただ、心臓が時々発作を起こし、口が非常に渇き、お湯をいくら飲んでも声が出なくなるのです。仁丹を三粒飲んだら、口が渇かなくなり、声も出るようになりました」

「四キロ減らされて体に影響はありませんか」と鈴木領事は私が間接的にしか言えない体調の悪さに対して尋ねた。

「影響はありません。食欲が減ったのではありません。もっとたくさん食べられるのですが、四キロ減らされた方が高血圧のためには良いのです」

「十四キロに減らされてからも廊下の掃除などの労働はやっておられるのですか。運動も続けておられるのですか」と加山領事も気がかりそうに話した。

「廊下の掃除も、運動も堅持しています」

「目の方はいかがですか」と加山領事が聞いた。

「左目はもう読み書きはまったく不可能です。右目もおぼろになる一方です。右目が見えるうちに、より多くの毛主席の文章を暗誦しようと決心しました。最近は毎朝二時頃に起床し、毛主席の文章六十篇四三二ページを三日に一回反復暗誦するか、あるいは読んで学習しています。右目を保護するために、大部分は暗誦なのですが」

「右目はひとつですから、無理をしないようにしてください」

「十分気をつけています。中国政府は私のために特に明るい電灯を部屋の前につけてくれていますので、朝二時からの読書もできるのですが、できるだけ読書や書きものはしないことにしています」

「電灯は夜中もつけてあるのですか」と鈴木領事が聞いた。

電灯は決して囚人の学習のためのものではなく、囚人の逃亡を防ぎ、監視するための道具である。第一看守所にいる十六年間、牢屋の電球もつけっぱなしだった。

「中国の監獄ですから、夜間ずっと電灯がつけてあるのです。一般の囚人部屋の前は十五ワットの電灯ですが、私の部屋の前には四十五ワットの電灯を特別につけてくれています。今朝から毛主席の六十一篇目を暗唱しはじめました。こうして私は、一年間に毛主席の文章を一六〇〇ページ以上暗誦学習しているのです」

刑務所という厳しい環境の中で、還暦を過ぎたひとりの外国人が中国文の六十篇を全部暗誦できたのは多分例のない記録だろう。驚いた鈴木領事は、確かめるために聞いた。

「六十篇全部暗誦できたのですか」

「そうです。十九年間三日に一回反復暗誦を堅持しています。反復暗誦を堅持しなければ、忘れてしまいますから。これも党と中国政府が与えてくださった監獄生活という特殊な条件の下で初めてできることです。外ではこんなにたくさんの文章を一心不乱に暗誦学習できる時間は得られないでしょう」

「あなたの娘さんは会いに来られますか」

「毎月、妻と娘がふたりで会いに来てくれています。三人の息子は皆、上海にいません。三番目の息子は貴州に行っています。二番目の息子は唐山の震災地区の応援に参加しています。最近くれた手紙の中に『私たちの上海での別れは、必ず深谷一家の明日、島根の団欒につながるものと信じてやまない』と書いていました。私も同感です。『華主席をはじめとする党と政府は、私が妻とともに母と歴史的な会見のできる機会を必ず与えてくださると確信している』と返事を書きました。

最近唐山で人身事故が発生したため、O型の血液が必要になったそうです。次男は私と同じO型なので、中日友好に貢献できると思い、十二人がトラックに乗り、献血に行ったところ、病院にはまだ血がたくさんあり、三人分しかいらなかったそうです。息子は五番目で献血できなかったそうです。

次男は唐山の大地震を慰問したことについて、自分が新唐山の建設に参加できることは深谷の一家の光栄であるばかりか、島根の光栄でもあると、最近島根県知事と大田市長に手紙を書いたそうです」

私は冷酷な隊長の憎悪を一旦買ったら簡単には払拭できないことが気がかりで、領事たちの関心の目が次男に注がれれば、公安は下手に危害を加えないだろうという思いから、今までになく大いに次男のことを話した。

「息子さんの唐山での仕事には期限があるのですか」と加山領事は私の不安に気づいたように聞いた。

「今年の国慶節には仕事が完了して、上海に戻ってくるそうです」

「京都の妹さんは、もうお金を送ってこられたのですか」

「妻が米ドル一〇〇ドル、すなわち人民元一七五元を受け取ったそうです」

「敏龍さんが唐山に行かれる前に私のところに来られ、あなたの妹、恵子さんに『お金を送ってほしい』と伝えてもらいたいと言っておられました」

「敏龍は唐山に行く前にあなたのところに行ったのですね」

「日本の方々に何か伝えたいことはありますか」

「母には『頑張ってください。華主席と中国政府は母に会える機会を遠からず必ず与えてくださいますから』と伝えてください。そして、弟妹たちにも私は大変元気だから安心してくれ、とくれぐれもよろしく伝えてください」

「体に気をつけてください」と鈴木領事が言った。

「ありがとうございます。体には十分に注意しています。毎朝二時頃起床して学習していますが、疲れがたまった場合は適当に調節し、休んでいます」

「毎日二時頃起床されて、睡眠時間は足りてますか。夜は何時に休まれるのですか」

「夜は八時に休みますから、六時間熟睡できます。だから睡眠時間は十分です。目が悪いので、重要な報告以外、書かないことにしております。そして、全力で毛主席の文章をより多く暗誦学習しています」

「血圧は最近安定しているのですか」と加山領事が聞いた。

「そうです」

「中国政府はあなたに特別に食事を作ってくれているのですか」と鈴木領事が聞いた。

「そうです。他の囚人の食べ物とは違います。別に作ってくれています。最近、監獄側は私のために時々ラジオでニュースや革命歌、また私の大好きな子供の歌などを聞かせてくれます」

「毎日、終始ですか」

「いいえ、不定期に朝晩など適当な時間に聞かせてくれます」

「頭が痛んだりする以外の病気はありませんか」

「頭が痛むことはたまにありますが、大したことはありません。心臓は前に申しましたように時々発作を起こし、動悸《どうき》もし、口が非常に渇くので、仁丹を飲んで対処しています。とにかく、少し刺激を受けると発作が起きます」

　この刺激とは、繰り返されている洗脳のことであった。それが原因で、発作はたびたび引き起こされ、悪化の一途を辿っていた。心臓病に対して治療薬が仁丹しかないという現状と洗脳に苦しむ心情を、領事たちに間接的に訴えた。

「あと五分だ」と隊長が言った。

「今日は日本のかき餅などを持って参りました」

「そうですか、ありがたく頂戴いたします」

「これらの土産を部屋に持って帰ってもよろしいですか」と隊長に聞いた。

「いい」

「では、失礼いたします。さようなら」と私はあいさつをした。

「どうか体に気をつけてください」と領事たちが言った。


日中平和友好条約の締結までは釈放されないことがわかっていても、「思想改造すれば無期懲役から有期になり、有期から早期の釈放になる」という中国政府の方針にすがりたい気持ちを捨てきれなかった。そのため、どんなに体の具合が悪くても、深夜二時から一心不乱に毛沢東の本を暗誦し始め、昼は「労働を通じて、思想を改造する」という刑務所の方針に従って掃除を行なった。一刻も早く母に会いたい、家族と団欒がしたい、富士山を見たい一心で、昼も夜も日本海を目指して、「沈没寸前の遭難船」を必死に漕ぎ続けていた。

4　父の命が再び危険に　——敏雄・記

昭和五十二年（1977年）十月、父との面会通知がないまま過ぎて、また病を患っていたのだろうか、と母は心配になっていた。翌月二十二日、やっと面会の通知が届き、その翌日、母と妹が上海監獄に行った。意外にも、隊長に連れていかれたところは監獄の中にある囚人専用病院だった。この場所は一般の民間人は決して立ち入ることが許されないところなので、母はすぐに父が重い病気に見舞われていることを直感した。そして、父とどこかの病室で面会するのだろうと思ったが、実際は病院の通路で隊長と一緒に立っているだけだった。

しばらくして、黒い綿入れの囚人服を着ている人が父を背負って母と妹のそばを通り、治療室のようなところに入っていった。その間、母は父と目を合わせただけであった。顔色から、かなり重い病気にかかっている様子が窺《うかが》えた。その時、父が着ていたのは、いつもの面会用の人民服ではなく黒い囚人服だった。母と妹は初めて、新しい人民服に隠された罪人である父のさらなる哀れな姿を目にした。母は情のまったく通じない隊長だとわかっていても、込み上げてきた感情をこらえきれず、涙を流しながら訴えた。

「深谷もこんな有様になったので、早く釈放してください。そうしないと死んでしまいます」

反革命分子への寛恕《かんじょ》を請う行為は、許されることではなかった。しかし、母の抗議とも見られる行動に対して、隊長は異常とも言える冷静さで黙っていた。恐らく近い将来、日中平和友好条約が締結されれば、父や私たちを人質として取り続けることができなくなるということを見越して、隊長は母の抗議を黙認したのではないだろうか。続けて、母が「どんな病気にかかっているのか」と聞いたが、教えてくれなかった。そしてひと言、「もう帰れ」と命じた。

父は重い病気で歩行もできない状態に陥っていた。母と妹が病室に行って、せめて五分でも、ひと言、ふた言声をかけられれば、父にとってはどんなにか大きな慰めになるであろうか。人間としての最低限の思いやりも与えられないまま、孤独と闘病の苦しみに苛まれていた。

病院まで家族を連れていき父の哀れな様子を見せた意図は、父の病気が相当に危険で、心の準備をしてくれと伝えたかったためとしか考えられなかった。もし父が病気で亡くなれば、最後の対面になる。その当時、一般の家には電話がなかったので、母は家に帰るとすぐに私に「父の命が危ないから、ただちに帰ってきてくれ」という内容の手紙を出した。

私は家に帰るや否や弟と妹を連れ、上海総領事館に急行し、三人で父の見るに忍びない様子を泣訴した。人道上の理由から、いち早く父を救出するように願った。また、日本側の親族に父が危険な状態であることを伝えてほしいと話した。

以下は当時上海総領事館から外務省に送られ、そのまま日本の家族に転送された書類で、私たちが総領事館を訪れたことも記載されている。

第二九四号、昭和五十二年十一月三十日

外務大臣殿

在上海日本国総領事代理
田熊利忠

深谷義治の近況（報告）

右記については、去る十一月二十四日深谷の子女が来館し、「深谷が病気で上海監獄病院に入院した」との通報があった。更に十一月二十八日その後の深谷の病状経過について来信があったので両情況の概要をとりまとめ、左記のとおり御報告申しあげる。ついては、深谷自身の要望もあるので、近親者・関係向への何分の連絡方をお願い致したい。なお、当館としては、右記深谷の入院事実を知る以前の十一月十八日に、上海市革命委員会外事弁公室を通じて、既に深谷の面会方を申し入れていたが、これについて回答がなかったのは上記深谷の健康状態によるものと考えられる。

しかし、当館としては、なおのこと深谷の病状・看護状況の把握や激励の必要性があると考え、十一月二十四日再度面会の申し入れをし、現在その回答待の状況である。

記

一、十一月二十四日深谷の次男・尤敏龍、三男・尤雲龍、長女・尤麗蓉の三人が

来館（後略）

その日、私たちが泣きながら領事たちに訴えたことなので、聞き取りにくかったせいか、領事たちは「報告」の中で「家族の要望」を「深谷自身の要望」と誤って伝えた。

5　鈴木副総領事、瀬野副領事との面会　――深谷義治

両国間の戦争状態はすでに終結し、関係も着々と好転している。この状況ならば、日本人である私の「死に場所」は異国の監獄の中ではなく、畳の上であるはずだ。なのに、私に突きつけられている「死に場所」は、爆撃の音も聞こえなければ飛び交う弾雨もないが、そんな戦場の恐怖、それ以上のものであった。この地は紛れもなくかつての戦友たちが命を落とした戦場であった。戦友たちが静かな眠りに入り三十余年が経った今、私はただひとりこの戦場に残り、あらゆる苦難を嘗《な》め尽くし、再度戦友たちの魂を追うかのように過ごし、日々意識は遠のいていくのであった。

入院から四日目、囚人に背負われて診察室に行く途中で、隊長と妻と娘の姿が目に入った。囚人専用病院の通路で民間人である妻子に会うなんて、病気で無力になっている自分の目を疑った。妻と目が合った時、まだこの世にいることを悟った。

三日間続いた危険な状態からなんとか脱出したが、やっと生還したという実感はなか

った。体はすでに心臓病や高血圧、さらに以前患った結核によって酷く蝕まれていて、もう一度病魔に襲われれば命は崖っぷちに立たされるどころか、いつ死んでもおかしくはない状況だった。

妻はひと目で私の病状の重大さを感じ、子供たちに上海総領事館へ通報させた。総領事館は当日素早く私への面会を中国政府に求めたが、私の惨めな様子を見せたくなかったために実現させなかった。ようやく十二月六日に面会を許可した。

私はおぼつかない足取りで、隊長に連れられて面会室に行った。間もなく、鈴木副総領事（著者注：領事から昇進）と新しい館員が入室した。

「忙しいのにご迷惑をかけます」と私は弱々しい口調であいさつをした。

「こちらは最近就任した瀬野副領事です」

「深谷です。どうかよろしくお願いします」

「加山領事は離任して日本に帰りました」

「そうですか。離任される前、八月二十三日、私宛に送られたお手紙を九月四日に隊長から渡されました。また、七月一日付の加山領事の手紙とともに日本総領事館から送ってくださった『日漢辞典』も確かに受け取りました。ありがとうございます。日本総領事館に対して感謝いたします」

領事たちとの会話の時、私は日本語の単語を思い出せないことがあった。領事たちはそれに気づき、二五〇〇ページを超す分厚い『日漢辞典』をわざわざ送ってくれた。それは「あなたは無期懲役の罪人であっても、必ず帰還できる。そのため、一日も早くこの辞書で日本語のブランクを埋めてくれ」と領事館の皆さんから私に与えられた希望であった。

「あなたの病気はいかがですか」

「ありがとうございます。一日一日と健康は快復に向かっております。私は十一月十七日午前に突然急性肺炎にかかりました。重篤な状態で、十七日から十九日にかけて高熱が出て、汗がびっしょり出たかと思うと、ただちに寒くなって震えあがるという症状を繰り返していました。肺にも激痛を感じ、呼吸も極めて困難になり、肩で呼吸する状態になりました。

私は昭和三十五年（1960年）に酷い肺病（結核）にかかり、五つの肺葉のうち四つをやられたことがありました。だから、今度の病状の悪化で自分が生死の瀬戸際にきたことを察知しました。十九日に医務治療を行なう囚人を通じて『私は死への一途を辿りつつある』と隊長に病状悪化を報告しました。

中国政府は十九日の夕方、ただちに私を監獄病院に送り、医者の診断を受けさせました。肺のX線透視や血液検査などをして引き続き医者の診断を受けている間、耐えきれず、昏睡《こんすい》状態に陥りました。意識を取り戻した時、全身は汗でびっしょりでした。

中国政府は私を病室に送り、酸素吸入やブドウ糖と塩水の静脈注入やたくさんの薬品の服用などをさせました。十一月二十二日にやっと危険な状態から脱出したそうです。

今回かかった急性肺炎は、かつて経験したことのない最も辛い病気でした」

「息子さんたちから、あなたは重病にかかったが中国政府の治療で一命を救われたと聞きました。その後、健康を快復されているかどうか詳しい状況がわからないので、今日参ったわけです」

「ありがとうございます。私が危険な状態から脱した次の日、中国政府は妻と娘にちょっとだけ対面を許しました。

十一月二十八日、妻と息子が二度目に面会に来た時、そのことを話しました。また、『今日の日本』など四冊の本をいただいたことも私に言ってくれました」

「日本政府から、ただちにあなたの親族に連絡しました。あなたのお母さんには連絡しませんでしたが」

「そうですか。あなたと日本政府に感謝いたします」

「現在あなたは毎日病床に臥《ふ》しておられるのですか」

「十一月二十三日、妻と娘が面会に来てくれた際は歩行もまったくできませんでしたので、四人に背負われて往復しました。二十八日にはもう十分歩けました。おとといからは囚人の手伝いをし、毎朝病室の掃除など労働もしていますし、昼間は広い病室内を歩いて健康が一日も早く完全に快復するように努めています。

私はもう六十二歳の老齢ですし、七年間も肺病でやられたことのある肺ですから、もしも肺炎が再発すれば最後だと覚悟しています。体を冷やさないように万全の注意を払っています」

鈴木副総領事はそれを聞いて「そうですか。あなたは以前やはりこの監獄で肺病にかかられたのですか。肺病はやはり肺炎でしたか」と、驚きを隠さずに確認を求めるように言った。

「肺炎ではありません。また、この監獄ではなく、第一看守所にいた時代に重い肺の結核にかかったのです。中国政府は私をこの監獄病院に一ヵ月半入院させました。それは昭和三十五年のことでした。退院後の治療には七年の歳月を要しました。このたびの肺炎が悪化した時は、わずかの食事も食べられませんでした。今は快復して食欲も出て、十三キロ食べております」

中国政府が今回、三日で私を瀕死の状態から救い出したことから、肺病に対する医療のレベルはそう遅れているとは思えない。従って、結核の治療に七年もかかったのは、治療をほったらかしにされていたという陰湿な虐待以外の何物でもなかったのだ。

今度の発病と蝕まれている体のことを考えると、国際法上許されない虐待の事実を領事たちに伝える最後のチャンスだと思っていた。もちろん、これを通じて、日本国のために自分自身が中国の刑務所でどんなふうに生き抜いてきたかも知ってもらいたかった。そのために、その悲惨な実態を打ち明けた。

「一ヵ月に十三キロ食べておられるのですか」瀬野副領事が聞いた。

「そうです。十一月十七日発病以前は十八キロを食べていました」

「最近食欲も快復してきたのですね。今日、私は日本政府を代表して、隊長さんに中国政府があなたの一命を救ってくださったことに対して感謝を述べました」と鈴木副総領事が言った。

「そうですか。ありがとうございます」

「あなたの目の方はいかがですか」

「左目は血管が酷い状態で、読み書きは不可能です。そして、右目も七月一日から同じような状態になりました。目と脳につながっている血管のある部分が悪化し、映像が近距離も遠距離も二重になって見え、読み書きが不可能になりました。

監獄の責任者は私を病院に連れていき、診断を受けさせてくれました。右目は高血圧と関係があることと、白内障にかかっていることがわかりました。治療を受けたので、少しはよくなりました」

「新聞は読めますか」

「読める日と読めない日があるので、読める日に集中して重要な報道だけを、大変困難ではありますが読んでおります」

「何か不自由なことや要求はありますか」

「ありがとうございます。日本政府から母に頑張るように伝えてください」

「ところで、あなたは冬に綿入れの下に何も着ない習慣があるそうですね」

私は一年前の面会で加山領事に「綿入れの下にシャツ一枚だけで寒い冬を過ごしてい

ます」と話した。この時までにすでに日本政府の代表との面会は六度も行なわれて、やっと結核にかかっていた事実などが表に出てきた。その上で発せられた監獄内での処遇に対する私の驚くようなこの発言に、領事たちは中国政府が虐待を行なっているのではないかと不審を感じたのだろう。そこで真実を突き止めるために、「綿入れの下」の問題に切り込んできた。

隠そうとしても、やはり真実は一つだ。そこで私は、率直に認めた。

「そうです。ここ二十年近く、どんな極寒の冬でも、綿入れの下にはシャツ一枚どころか、何も着ないで寒さに耐えてきました」

冬の綿入れは三年前の判決後に支給されたもので、それ以前はぼろ布を縫い合わせた着物で寒さを凌いでいた。そのようなことに言及すると、紛れもなく火に油を注ぐことになるので、それ以上は訴えなかった。しかし、公安の虐待というタブーに触れてしまったことは間違いなく、公安の報復が気になった。そうならないように、言い訳を付け加えた。

「中国政府が栄養豊富な食べ物を供給してくれているので抵抗力がありました。年齢も壮年でしたので、こうした習慣で過ごしてきたのです」

しかし、こういう釈明はまったく問わず語りだった。第一看守所が囚人に栄養豊富な食べ物を提供するはずがなかった。零下六度、七度で、ボロボロの服の下に何も着ないのは、まったく原始人並みの生活だった。それは本当に習慣と言えるだろうか。いや、日本人にしろ中国人にしろ、それはあり得ない話である。

「しかし、今度の酷い急性肺炎でこの習慣は変えなければなりませんでした。十一月二十八日、妻が毛糸の下着などを持ってきてくれましたので着ております」

妻は私に会ってから、私の体が冷えないように、借金をして毛糸を買い、徹夜で上下の下着を編んで持ってきてくれた。

十九年前に私は家族の苦しみを思って、凍死を覚悟し、服類や栄養剤の差し入れを拒否した。しかし、長い年月にわたって、私の帰りを心待ちにしてくれた妻の気持ちを思うと、あの世に行く前、せめてその愛情を一回は受け取らなければならない。それで、感激やら悲しいやらという複雑な気持ちで上下の下着を受け取った。

「現在も毎日注射を打ってくれているのですね」

「そうです。毎日二回打ってくれております。恐らく肺の酸素の吸収を円滑にするものだと思います」

「福田内閣は最近再組閣いたしました」

「『人民日報』で見ました」

「再組閣した際に外務大臣を更迭し、日中両国関係は新しい段階に入りました。日本政府は来年にも日中平和友好条約を締結する準備をしています。前途は大変明るいので、十分に体に気をつけてください」と鈴木副総領事は私を激励した。この言葉を言い換えれば「条約締結の日はあなたの拘束が解ける日になります。どうか、もう少し辛抱してください」という意味になる。

「そうですか。非常に喜ばしいニュースを聞かせてくださいました。ありがとうございます」

「今日は友誼商店に行き、お茶やお菓子を買って参りました。また、日本の羊羹も一本持ってきました」

「そうですか。ありがたくいただきます。では、失礼いたします」

私は領事たちに虐待の真相を打ち明けて、少しばかり気が晴れた思いだった。妻が持ってきた毛糸の下着は十九年ぶりに私の体を温めたが、領事のニュースからは人生の春の息吹を感じ、いただいた羊羹の甘みが一層増した。

6　浅田総領事、鈴木副総領事との面会——深谷義治

昭和五十三年(1978年)の春節、妻と子供たちは上海の日本総領事館に招かれ、田熊総領事代理・鈴木副総領事の案内で浅田泰三総領事に会った。その場で総領事が「近いうちにお父さんを激励に行きます」と話したことを、次男が面会の折に伝えてくれた。

五月二日の初夏のすがすがしい昼下がり、心待ちにしていた浅田総領事との面会が実

現した。外交官としての凛々《りり》しさが漂う総領事は、昇進し副総領事になった鈴木さんの先導で面会室に入ってきた。席に着き、副総領事が話しはじめた。

「お元気ですか。こちらは浅田総領事です」

「浅田です。先頃就任しました。去年の病気の後はずっとお元気ですか」

「大変ご迷惑をおかけしています。中国政府は食べ物の面倒もよく見てくれていますので、体は大変元気です。病気が治ってからは高血圧も心臓病もよくなりました」

「血圧はどのぐらいですか」と総領事が聞いた。

「普段は上が一三〇、下が九五前後です。先頃一回、一五八と一一四になったことがありました」

「一三〇と九五前後なら、普通ですね」

「そうです」

総領事は私の血圧を確認してから、ショックに耐えられると判断したのか、話を切り出した。

「今日、私はあなたに、ひとつ悪いこととひとつ良いことをお話しいたします。悪いことというのは、あなたのお母さんが亡くなられたことです」

「えっ、母が亡くなりましたか」と私は驚いて、聞き間違えたのではないかと確かめた。

「今年の一月二十二日に老衰で亡くなられました。日本政府は書類の中であなたのお母さんが一月二十二日に亡くなられたと書いておりますが、あなたにお伝えするように指示がありませんでしたので、今日までお伝えしなかったわけです。

良いことというのは、島根県知事が一〇〇あまりの各界代表からなる日中友好代表団を率いて、中国を訪れることです。島根県日中友好の翼、空の翼、大学教授、政界、工商業などです」

「恒松島根県知事が五月十五日に北京を友好訪問することは、三月二十九日に家族から聞きました」

「知事は代表団を率いて五月二十三日に上海に到着する予定です。知事はあなたとあなたの家族に面会したいと言われていますから、私たちは関係当局に手続きを取りました。まだ許可は下りていませんが、二十三日に上海に到着し、二十五日にあなたに面会に来る予定です」

「そうですか。許可は必ず下りるでしょう。なぜなら中国政府は先頃、私に新しい中山服（人民服）を作ると言いました。これは私を島根県知事と面会させるためでしょう。同時に政府は、現在着ている中山服を普段着にせよと言いました。

恒松知事が中国を友好訪問すると聞きましたので、私は五月一日に島根県の民謡『安来節』と『関の五本松』を書いて中国政府に渡しました。参考にでもなればと思ったのです。一九七二年九月末、当時の田中首相が北京を訪問した時、周恩来総理は田中首相、大平外務大臣にそれぞれの故郷の民謡を歌って歓迎されたことを思い出したのです」

「そうでしたね。田中首相の故郷の民謡は『佐渡おけさ』、大平外相は『金比羅船々』

でしたね」

と鈴木副総領事は付け加えた。

「私たちは、島根県知事の他に代表団の中から若干名を選んであなたに面会できるように手続きしておきました。何分にもどんなお方が来られるのか、名簿の上だけではわかりませんので」

と総領事が言った。

「そうですか。島根県知事と大田市長が一緒に来られると思いますが」

「大田市長は今度の代表団の名簿上にはありません」

「そうですか。息子が大田市長も一緒に来られるかもしれないと言っていました。では、今回は来られないのでしょう」

「私たちは島根県知事があなたに会って、お母さんが亡くなられたことを必ず話されるかと思いましたので、私が先にお伝えした方がよいかと思いました」

「そうですか。あなたが先に話してくださってよかったです。ありがとうございます。知事にお目にかかった時に、良いことと悲しい知らせを同時に聞いてごっちゃになりますから」

「上海の家族の方々は、お母さんが亡くなられたことをご存じないようですね」

「知りません。三月二十九日の面会時には、母のことは何も話しませんでしたから。その前の面会の時に、息子から『総領事が私を訪ねる』ということを聞きました」

「そうですか。何かほしいものはありませんか」

「何もありません」

「実は島根県知事からの質問なのです。何かほしいものはないかと。島根県知事はあなたに何を持っていけばいいのかまったく見当がつかないので、困っているそうです」

「ああ、そうですか。では、三瓶山と日本海沿岸の絶景入りの絵葉書がほしいです」

「わかりました。食べ物は何かいりませんか」

「餅と鰹節《かつおぶし》をお願いします。私は正月の餅が大好きです。若い時、元日の朝、一度に二十個も食べたことがあります。もちろん、一日中他の物は何も食べられませんでした。上海にも餅はありますが、島根の餅のようなのはありません。鰹節は中国にはありません。島根の餅も鰹節も、何十年も食べていませんので食べたいのです」

「日本総領事館は和平ホテルから准海中路に移転しました。旧式ですが、素晴らしい建物です。四月二十九日の天皇誕生日の招待会は総領事館で行ないました」

「四月二十九日は天長節ですね」

「上海の方々には准海中路の日本総領事館にきて、島根県知事に会ってもらう予定です。お母さんの写真はいりませんか」

「いりません。母の写真は弟妹たちが四枚送ってくれていますし、父の写真も一枚持ってきてくれました」

「人間、一度は死ぬものですから、あなた、気を落とさないようにしてください。

私も三十余年前に母を失いました。私の母は栄養失調で亡くなりました。あなたのお母さんは老衰で亡くなられたのですから、くれぐれも気を落とさないでください。日中両国の関係も一歩一歩良くなっておりますから、体に十分気をつけてください」

「ありがとうございます」

「あなたは随分たくさんの毛主席の文章を暗誦しておられるそうですね」

「毛主席の文章六十四篇を暗誦学習しておりますし、新しい憲法も暗誦してきました」

ここまで無我夢中に毛沢東の本を学んできたのに、なぜ釈放に繫がらなかったのか。母に会う夢は永遠に消えてしまった。悔しさを込めて答えた。

「先月、家族と面会されましたか」

「先月は面会をしておりません。四月二十九日に手紙を出しましたから、数日中に面会できるものと思います。私は母の死に目に遭うことができなかったし、父の死に目にも遭うことができませんでした」

なんとか紛らしてきた悲しさだったが、とうとう胸が詰まった。両親の元で親孝行をすることができなかったどころか、心配ばかりかけてきた。長男として最愛の両親の死を見届けることができなかったばかりか、四十九日の法要にも参加できなかった。その無念から、涙が込み上げてきた。

一日も早く母の霊前で焼香し、魂を慰めたいため、私は焦りが募り、すがるような気持ちで言った。

「日本政府に早く中日平和友好条約を締結するように伝えてください」

「条約の締結はもう時間の問題ですから。では、今日持ってきたものを差し上げましょう。日本のお茶も持って参りました」

その他、ココアのビスケット、中国のお茶、チョコレートや日本の羊羹も持ってきてくれた。

「ありがとうございます。では頂戴いたします。忙しいのにご迷惑をかけました」

「どうか、気を落とさないように」と私の悲しさに共感した浅田総領事が、念を押すように慰めてくれた。

「体を大切にしてください」と鈴木副総領事も言った。

「ありがとうございます。大切にします。失礼します」

彼らの励ましで面会の終わりまではなんとか母が亡くなった悲しみを堪《こら》えることができたが、彼らの姿が見えなくなると悲しみが一気に押し寄せ、涙がどっと溢れ出した。

総領事との面会の前、親族は私の健康状態を配慮して母の訃報を上海の家族にも通知しなかった。直近の家族との面会の席で、母のことが話題になったことを私は思い出した。

「目がだんだん悪くなってきた。今朝、書いた報告書を隊長に渡そうと思ったが、隊長との距離があまりないのに見えにくかった」

「目が悪くなって実家に帰ったら、お母さんも見えなくなりますよ」

と、まだ事情を知らない妻が心配していた。

「目の前に来てくれたら、ちゃんと見えるよ」

母に会える夢はすでに儚いものになっていたが、母に会える夢を語り続け、再会の夢を追い続けた。母はあの世でこの会話を聞き、悲しくて涙が止まらなかっただろう。

妻と母は異なる文化と環境の中で生活をしてきて、一度も会うことはなかったが、心をひとつにして、ともに団欒の夢を追い続けていた。後日、妻は母が亡くなったことを知り、泣き出した。

日本式の死者への供養を知らない妻と子供たちは、母を追悼するために、中国のしきたりに従い、左腕に黒い腕章をつけた。また、私が直接日本側に手紙を出すことは許されないので、妻は私の代わりに哀悼の手紙を書いて故郷に送った。

7　恒松知事と獄中で面会　――深谷義治

日中友好代表団が中国に出発する日が迫ってきた。そんな中、私を励ますため、母校、旧制大田中学校八期生が組織する「八陵会」の幹事である大田町の料飲業、石田龍五氏が動き出した。

昭和五十三年五月十一日、『毎日新聞』は「深谷さん（上海監獄）へ激励寄せ書き」というタイトルで、記事を載せている。

（著者注：八陵会）会員が全国に散らばり、直接の寄せ書きが不可能なため電話や手紙で激励を依頼、石田さん方へ筆やペンで書かれた激励文がいま次々寄せられている。集まった分を一冊に製本し、出雲空港で恒松知事に渡すことになっている。

寄せ書きの中には石見銀山研究で知られる恩師の浜田市日脚、山根俊久さん（八三）のほか同級生の仁摩町長・大門正典、温泉津町長・内藤淳作、瑞穂町長・州浜正敏、東京都目黒区、日東タイヤ社長・細田吉郎各氏が「がんばれ」の言葉を寄せている。

山根さんは「三十年余りの昔を思い、まだそんな冷酷な戦争の後遺症が残っているのかと思うと寂しい」としたため、大門町長は「中学生時代、大田町殿町に下宿していた私をいつも『大門君』と誘ってくれた君がいまも懐かしい。知事の努力で釈放の実現を祈る」と書いている。

（中略）

石田さんは「人間が極限状態になった時、友人を思い出すことを今しみじみ感じ、友人は大切にしなければならないと教えられました。八陵会を作っていたのが役に立ち、われわれの真心が早期釈放に結びつけばうれしい」と寄せ書きを前に目頭を熱くしている。

「島根県日中友好の翼」の訪中結団式で恒松知事は「……家族の方々は非常に心配して早期釈放を望んでおられるので、私も嘆願書を持参して釈放要請に努力したい」と決意を述べた。そして五月十五日に、各界代表で構成した一〇七人の大型訪中団を引率して中国に向けて出発した。十七日、廖承志中日友好協会会長、北京市革命委員会の白介天副主任と会談し、私の釈放を要請した。「協力はする」との返答は得たものの、釈放時期、見通しは一切明らかにされなかった。

五月二十五日、知事は私を励ますために監獄に面会に来られた。そのことは五月二十六日の『山陰中央新報』で報道された。

　面会は午前十時から刑務所内の事務室で行われた。日本側は恒松知事のほか朝山島根県広報室長と鈴木和彦上海総領事館員、中国側は刑務所長ら五人が立ち会ったが終始なごやかなふん囲気で話し合われ、規定の三十分を過ぎても中国側は何もいわなかった。（後略）

その日、私は詫びる言葉で知事を迎えた。

「大変ご迷惑をかけました」

「恒松制治です」

私は知事と固い握手をかわした。

「私たち代表団は北京を訪問した後、南京、揚州などを訪問して、おととい、上海に到着いたしました。各地で大変な歓迎を受けました」

「そうですか。五月十八日の『人民日報』で廖承志会長があなたと会談されたという記事と写真を見ました」

「あなたの左目の具合はどうですか」

「光はありますが、血管が酷く悪化してしまっているので、脳への正常な反映ができないのです。右目も軽度ではありますが悪くなっていて、映像が大きな波形に動いています。どうにかこうにか読み書きができますが、長時間は駄目です。特に刺激を受け、血流が激しくなると、血管の悪化した所が膨れたり縮んだりしますので、読み書きが非常に困難になります。現在、私にとって重要なことは、刺激を受けないことと安静な環境です」

「体が一番大事ですから、大切にしてください」

「ありがとうございます。体の方は非常に健康です。ただ、私は父と同じで高血圧で頭痛の持病があります。父は体が大変丈夫だったのに急死したように、私もやはり血管破裂で急死する恐れがあるので、死に対しては常に準備しています」

「体に十分気をつけてください」

「私は息子からあなたが友好代表団を率いて中国を訪問されると聞きました。五月一日、あなたと代表団の中国への訪問を心から歓迎するつもりで、懐かしい島根県の民謡『安来節』『関の五本松』と島根県立大田中学校の校歌を書いて中国政府に提出しました。ご訪問の成功を祈ります。私は目が悪いので長時間は書けませんが、釈放されたら『母を想う』という気持ちを重点にして本を書いて、日本の皆さんに私の波乱万丈の人生をわかっていただきたいと思います」

「今日、私たちのために中国政府は特別に計らってくださいました」

監獄では、囚人との面会は身内しか認めないという規定になっている。中国政府は特別の計らいで今回の面会を許可した。

「そうですか。与えられた大切な時間ですから、書いてきた原稿を読むので聞いてもらえますでしょうか。

あなたが新中国を訪問され、同時に私と妻、子供たちに会いに来てくださったことに感謝いたします。また、私の母のために尽くしてくださったご努力に対して、心から深く感謝いたします。今回、あなたは亡き母が我が子を思った真心を持ってきてくださいました。母はよく働いた、よき母でした。母は死をもって我が子を守ってくれたと信じています。あなたと代表団の友好訪問は私を助けてくださいました。……」

その先は洗脳中に教育された内容なので、私がそれを読んでいるうちに知事は不愉快な表情を示した。

「読むことをやめ。要点を取り出して話せ」と隊長は知事の反応に気づき、ストップをかけた。

話の途中でいきなり言われて、私はまごついた。

「日本の家族のこともお聞きになりたいでしょう」と鈴木副総領事は私の当惑を解消するように助言してくれた。

しかし、囚人として隊長の命令には従わなければならなかった。

「ただいま、隊長から勧告をされました。では、要点のみ読ませてもらいます。

五月二日の朝、私はまだ『知らぬが仏』で、中国の銘茶をあなたに言づけて母に届けたいと考えていました。しかし、ちょうどその日の午後、浅田総領事から『悪いことを告げに来た』と言われた時、母がこの世を去ったのだと直感しました。総領事は『知事が来られる前に、先にお母さんが亡くなられたことをお伝えした方がよいと思った』とおっしゃいました。まったくその通りでした。私は浅田総領事から母の訃報を聞いて三日間食事は進まず、頭もぼーっとなっていました。もし、今、知事から母の訃報を聞きましたら、恐らく私はきっと同じようにショックを受け、冷静に知事と話すことはできなかったでしょう。この点で総領事の思いやりに深く感謝しています」

知事は浅田総領事が今回の面会に対する細やかな心遣いをしてくれたことを聞き、鈴木副総領事に向かって、

「総領事へお礼を言っておいていただけますでしょうか」

と話した。

それから知事は、母の死について慰めの言葉をかけてくれた。そのことは昭和五十三

年五月二十六日の『山陰中央新報』も、「……知事が『あなたに会えずに亡くなられ、大変お気の毒だ』と慰めると、さすがに顔を曇らせ、涙を流していた」と私の悲しさを伝えた。その時は知事の言葉を聞き、再び心を八つ裂きにされる思いになり、泣かずにはいられなかった。

「私は母の訃報を聞いてから、『母よ、安らかに眠れ』と題した所感と決心を二枚書きました。一枚を日本の家族に送るように妻に頼みます。もう一枚はあなたに渡したいからと監獄側に申請して、許可されました」

「我々が検閲してからでないと駄目だ」と隊長は知事に直接に渡すことを拒否した。私が囚われてからすでに十九年にもなったが、私に対する用心ぶりは相変わらず半端なものではなかった。

「検閲されてから、あなたへ渡されると思います。あなたは私や私の家族のために訪ねてきてくださったのに、日本帝国主義、日本軍国主義と日本財閥が犯した罪ゆえに監獄生活をしている私は、何もお返しするものがありません。私が書いたこの『母よ、安らかに眠れ』を持って日本に帰られてから、私の親族を含む日本の皆さんに見せてくださ い。代表団の皆さんにも見てもらってください」

ここでその文の冒頭を読ませてください。『此処《ここ》江南の大地にひれ伏して母の冥福を祈る。母はこの世を去り、三十四年前のあの日がやはり両親との永遠の別れだったのだと思われて、涙はとめどなく流れた。それは筆舌に尽くしがたい悲痛である。母は如何なる労働にも耐えうる頑丈な体と、いかなる困難にも怯まない精神力を与えてくれた。私は母に感謝しなければならない。母の深い恩情にどう答えたらよいだろうか』」

「あなたは目が悪いのですから、書き物をしないでください。日中両国の関係は益々良くなってきておりますし、日中平和友好条約締結への道筋も軌道に乗っています。あなた、体が一番大切ですから」

「ありがとうございます。十分に気をつけていますから」

すべての面会中、欠かせないのは、思想教育された通り、戦争に対しての反省の言葉や中国政府への感謝などを述べることだった。あまりにも退屈な政治宣伝の内容なので、文章の中では削除したが。

「今日は特別の計らいで三十分の面会を許してくださいました。私も用事があるので、時間がありません。鈴木さんたちが時々面会に来ておられているそうですね」

「鈴木副総領事たちが六ヵ月に一回見にきてくださっています」と私が説明した。

「お母さんが亡くなられたことは大きな打撃ですから、どうか寛大な気持ちでお願いいたします」

と知事が隊長に慈悲を求めた。囚人に対して常に厳しい顔しか見せない隊長は、知事の言葉にわずかながら心を動かされたように感じた。

「安心してください。もう落ち着きましたから。帰られたら代表団の方々によろしく伝えてください」と私が言った。

「あなたの苦は故郷の苦でもありますから。今日、私は日本の海苔《のり》などを持ってきました」と知事が言った。

「ありがとうございます」

「どうか体を大切にしてください」と知事は念を押して言った。

別れを前にして、知事と再び固い握手をした。そして知事は、郷里の家族から託された私の好物の餅と鰹節を直接私に渡した。預かってきた手紙や同窓会の寄せ書きは、監獄側の検閲をすませてから渡されることになった。

世の中の母親は自分の子供が人に迷惑をかけた時、子供の代わりにその人に謝りながら「寛大な気持ちでお願いいたします」というような言葉を使う。母が上海の刑務所を訪れたならば、きっと中国の担当者に同様の謝りの言葉を述べてくれるはずだ。「お母さんが亡くなられたことは大きな打撃ですから、どうか寛大な気持ちでお願いいたします」という知事の言葉を聞いたその瞬間、まるで母が目の前に現れたような気がした。

知事は最後に、「あなたの苦は故郷の苦でもありますから」と言った。それは知事をはじめ、県民の皆さんが私の苦しみを分かちあってくれているということを示す言葉だった。すなわち、私の受刑の苦しみで、私と肉親だけでなく故郷の人々も心を痛めているという意味であった。日中友好のために県民をこれ以上悲しませないでくれ、という強いメッセージを乗せた言葉だった。

私の苦しみが知事に直に伝わったのだろうか。知事は多忙にもかかわらず、面会後、真っ先に上海市の責任者と会い、釈放を要請してくれた。
東の空に、高くそびえたつ懐かしい故郷の人情の山が見えた。故郷には、固有の男三瓶、女三瓶、子三瓶、孫三瓶以外にまた新たな「人情三瓶」がプラスされた。翼は無くても、思いを一層故郷に馳せることとなった。

8　母への哀悼　――深谷義治

母の死の翌々日（昭和五十三年一月二十四日）、『山陰中央新報』には次のような記事が載った。

「深谷義治さん（六二）の母親ヤノさんが『息子に一目だけでも会いたい』という永年の夢を見果たすことなく、二十二日夕、大田市川合町向吉永の自宅で老衰のため息をひきとった。八十二歳だった。一別以来三十五年（著者注：正しくは三十四年）、病床に臥しながらも息子に会う日までは、ともし続けた生命もついに燃え尽き、静かに眠るような大往生だった」

訃報が伝えられたその晩、私は祖国の方を向き、母の写真を前に嗚咽《おえつ》しながら、牢屋の地面に膝をついた。そして頭を深々と下げ、「お母さんよ、一刻も早くあなたの霊前に参りたいが、日中平和友好条約が締結されない限り、帰れぬ運命に囚われています。こんな親不孝な息子を天国で許してください」と語りかけた。タオルが涙で濡れ、膝がしびれる中、「罪人」である私は親不孝の「罪」に苛まれることになった。その夜は眠れず、三十四年前に母とともに過ごした日々が走馬灯のように頭に浮かんできた。

母は毎日のように夜明け前に牛と鶏の世話をし、夜更けまで家事をしてやっと短い休息に入る。家の田はわずかしかないので、父は人の田を借り、近所を流れる静間川の河川敷の更地を開墾して、米と野菜を作り一家を支えた。貧乏の中、両親は二人三脚で六人の兄妹を育てた。四苦八苦しながらも、私を中学校に行かせた。その当時、田舎で自転車はめったになく、百姓の手の届くものではなかったが、母はなんとかやりくりをして、貯めた二〇〇個の卵をお金に換え、通学用の自転車を買ってくれた。

三十四年間、私は故郷で生別した母の悲しい眼差しを忘れたことがなかった。あの眼差しは、「必ず生きて帰ってくるのだよ」という無言の言葉であった。潜伏と受刑の日々の中で心に響いた。虐待、拷問と重病で死にかけている時に、死の世界へ行く私を呼び止めた。

父の急死後、母は父の遺志を継いで、私の骨が故郷に届かない限り、決して諦めることなく私の帰りを待っていたに違いない。毎年、燕《つばめ》が帰ってきても、息子は帰ってこなかった。十年も、二十年も、三十年経っても、私の姿が母の前に現れることはなかった。だが、母の心には失望があっても、決して絶望はなかっただろう。

故郷の除夜の鐘の音は遥かな異国の獄窓にまでは響かないが、母の悲しさは千里の海を渡り、高い塀を乗り越えて牢屋に届いていると常に感じていた。

親孝行の夢が破れたことは、今まで受けてきた拷問と虐待以上に耐えがたい苦しみだった。総領事と副総領事の再三の慰めも、知事の慰問も、私をその苦しみから逃れさせることはできなかった。

母はこんなにも長い年月、ひたすら私の帰りを待ち続け、私への愛情を尽くしたと言っても言い過ぎではない。しかし、「お母さんはあなたに会えるまでは絶対に死なない」という伝言が確かにあったのに、一体どうして急いであの世に行ってしまったのか。あの世に行くのをもう少し遅らせてほしかった。せめて、私が恒松知事に言づけるつもりだった上海の銘茶を一口でも飲んでもらえれば、すなわち三十四年間会えなかった息子の気持ちを一度でも受け取ってもらえれば、母の死を悲しんだとしても「母の訃報を聞いて三日間食事は進まず、頭もぼーっとなっていました」ということにはならなかっただろう。これから先、私の命がある限り、日々親不孝を責め続けることにはならなかっただろう。

「お母さん、自由の身になれないとしても、冷たい獄中で死ぬまで毎日ご冥福を祈り続けます。そして、帰郷の夢が叶った時は、お父さんとあなたの墓に花をいっぱい供えます。また、私もそのうちあの世に行ったなら、こちらで親孝行できなかった罪を償うことを必ずいたします」

と心に誓った。

いた。

9　感　銘――深谷義治

私との面会の翌日、知事は忙しい時間を割いて、上海の和平飯店で妻と三人の子供と面会した。昭和五十三年（１９７８年）十月十二日の『山陰中央新報』は次のように書いた。

家族が恒松知事と会ったのは、訪中団が帰国する日の五月二十六日の朝。宿舎の和平飯店に妻の陳綺霞さん（五二）、二男深谷敏龍さん（三〇）、三男雲龍さん（二六）、長女麗蓉さん（二〇）の四人が訪れ、知事の深谷さん釈放運動に感謝を述べ、また夫や父親を欠いた一家の苦しさ、悲しさを訴えた。知事が前日深谷さんと面会したときの様子など報告。「思ったより元気でした」と話すと、四人とも涙を浮かべてうなずいていた。

また知事が、深谷さんが釈放されればあなたたちはどうするのか―と尋ねると陳さんは「上海革命委員会の人にも以前聞かれたことがありますが、一家をあげて日本に引き揚げる考えでいる、といいました。大田市からもいつでも帰って来なさい―という温かい便りをもらっているので、その日が早く来るのを待ち望んでます」と深谷さんとともに日本に帰る意思があることを、はっきりと答えた。

四人とも日本語は話せず、すべて通訳を通しての会話だったが、最後に自分たちで作ったという刺しゅうを記念に受け取ってと知事に手渡した。そのとき互いに「また会えることを楽しみに…」と握手を繰り返していた。

昭和五十三年五月二十八日、県庁での知事の記者会見の内容が『中国新聞』に掲載された。その一部分を転載する。

深谷さん自身とは二十五日に上海刑務所で直接面会。面会は約束の三十分間を十分もオーバーし、知事が家族の近況や訪中前に撮影した深谷さんの生家の庭の写真を見せて励ましたのに対し、深谷さんは「安来節や母校の大田中学校歌を書き写して、日本語を忘れないようにしている」と答えたという。

深谷さんの印象を知事は「高血圧で左目が不自由なほかは非常に元気だった。ことし一月に亡くなられた母親のヤノさん＝当時（八二）＝のことを悲しまれていたのが印象的だった」と話し、「一緒に連れて帰れずに残念」との感想をもらした。

深谷さんに面会後、上海市内で深谷さんの夫人、三人の子供とも面会しており、子供らから預かったヤノさんへの弔花は二十六日、深谷さんの家族に届けられた。

知事と家族との面会後、知事の通訳は「北京で知事は精力的に中国政府の外交部を含んだ五つの中枢部門に行かれて、深谷さんの釈放について請願をなさいました」と妻に告げた。

　妻は上海で生まれ育ち、五十年間中国大陸で過ごしてきた。子供たちも中国の地で大きくなった。住み慣れた生まれ故郷を捨てて、行ったことのない、言葉も通じない日本へ移住しようと彼らに決めさせたものは、一体なんだったのだろうか。中国での苦難から逃れたいとの願いは言うまでもないが、彼らの心を最も惹《ひ》きつけたのは、伊達慎一郎前島根県知事、恒松制治現知事、林恒孝大田市長らと県民の方々の深い情を感じていたからということではないか。

　娘は家族を代表して、恒松知事へお礼の手紙を書いた。昭和五十三年、『週刊現代』誌はそれを紹介した。

「敬愛する恒松知事閣下
　私たちはカモメのように翼を持ってはいませんし、帆に風をはらんだ帆船に乗っているものでもありません。しかし私たちは一日一日と親愛な故郷に近づいているように思われます。私たちの父にしてみれば、なおさらのことです。彼の興奮した顔色の中から、壮大な日本海が彼の眼前に現れ、美しい隠岐の島がもう彼の目に見えているかのように感じられます。
　閣下、私は胸を躍らせながらお伝えします。上に述べた感情は夢の中で生まれた

ものでもありませんし、故郷恋しさに幻覚を見ているのでもありません……。（中略）

……閣下、なぜ私たちが父に会ったとき、彼は顔中に笑みをたたえたのでしょう。なぜ私は生まれてはじめて周りの空気をこんなに温かく感じたのでしょう。なぜ私たちにはちょっと目をむければ、心を酔わせるような松江城の雄姿が見えるのでしょう。（中略）私たちは戦争と四人組が私たちにもたらした苦難の長い夜と、断腸の恋歌とに別れを告げたのです。私たちはまさに故郷への帰途についたのです。親愛なる故郷と中華民族が、子々孫々まで友好をつづけますように」

この文章の末尾には「深谷麗蓉」と日本名が記されていた。

子供たちは知事が送ってきた観光ガイドブックで、日本海や隠岐の島、松江城の写真を見ていただけだったが、平和に飢えていた彼らは私と同じく、心が休まる祖国の風景に思いを馳せた。手紙には切々たる日本への思慕がつづられていた。

10　安来節 ――深谷義治

恒松知事は私が刑務所の中で『安来節』を書いたことを、一緒に訪中をした安来節愛好会の会長荒木八洲雄さんに話した。私が三十何年も故郷から離れて、しかも無期懲役という希望が見えない苦難と格闘している中、依然として『安来節』への郷愁を断ち切れないという話を聞いた荒木さんは、大きな感動を覚えた。その後、荒木さんは私が拘禁されている監獄の名前や住所さえわからないまま、封筒に「中華人民共和国　上海市上海刑務所気付（日本島根県大田市出身）深谷様」と書き、励ましの手紙を送ってきた。同封されていたのは、荒木さんが『安来節』の内容を書いた書だった。

日本の肉親が直接私に手紙を出すことが許されない中、ましてや、住所もはっきりしない手紙が私に届くわけがなかった。

しかし、荒木さんは松江北京放送会会長を務め、松江市と上海の松江県との交流にも力を注いできた、島根県と中国との友好の立役者であった。封筒の裏側に記された「松江北京放送会会長　荒木八洲雄、栄子」という夫婦の署名のおかげで、手紙は当局で大切に扱われた。返送されるべき手紙が、異例にも検閲を経て私の手元に届いた。手紙の内容は以下の通りだ。

島根県大田市出身深谷さんへ

私どもは島根県の県知事恒松制治氏の訪中時、故郷の民謡「安来節」など郷土芸能を深谷さんがこよなく愛され、日々口ずさんでおられる由を知事さんより聞いて、本場「安来節」愛好会の会長として本当に嬉しく思いました。どうぞ、時々唄《うた》って覚えていて下さいね。ここに歌詞を同封しておきましたので、島根県のことを思い出しながら、口ずさんでみて下さい。

私ども夫婦も北京放送聴取者訪中代表団の一員として二月十七日から三月五日まで訪中しました折に、北京放送を通じて日本語と中国語の両方で「安来節」を唄い、銭太鼓曲打などして二月二十六日全国人民代表大会の成功を祈りました。二月十九日に上海市松江県革命委員会を公式訪問しました時にも「安来節」を唄い、中国語でも唄い、銭太鼓を打って親善交流を深めてきました。どうぞ、時々島根の宍道湖、山陰本線、大田駅等、思い出して下さいね。

祝您身体健康（著者注：ご健康をお祈りします）

松江北京放送会会長　荒木八洲雄、栄子夫妻

昭和五十三年六月九日

大正から昭和にかけて一世を風靡《ふうび》した『安来節』は郷土の芸能であるばかりでなく、異国にいる私と故郷を繋ぐ、切っても切れない絆《きずな》であり、精神的な支えだった。

荒木会長の手紙を何度も読むうち、三十四年前の帰郷の際の思い出が目の前に浮かんできた。当時、山陰本線に乗って宍道湖の細波《さざなみ》が見えると、もうじっと座っていられなかった。荷物を持って扉の前に立ち、大田駅で両親と感動の再会をする場面を想像したものだった。しかし今、無期懲役の立場の中、いつその本線に乗れるのか。また、仮にその本線で再び故郷に帰ることができても、その駅で私の帰りを待っていた両親はもう

この世にいなくなってしまったことを思うと、深い悲しみと寂しさに打ちのめされた。

手紙では私の早期釈放については一切触れていなかったが、私には『安来節』の書から「島根県民としての感情からも、日中友好のためにも、早く同胞である深谷義治を釈放してくれ」というメッセージが読み取れた。

知事、荒木さんと県民の思いは必ずや中国政府を動かして、『安来節』の一節にある「鏡の池に映すふたりの晴れ姿」のように、私たち夫妻と子供たちの晴れ姿を日本海に映す日が訪れると信じていた。

後日のことになるが、帰国後も荒木さんから銭太鼓をいただいたりして、いろいろお世話になった。書道について、娘をよく指導してくれた。この場を借りて深い感謝の意を伝える。

第九章　夜明け

1　兄の釈放――敏雄・記

昭和五十三年（1978年）八月十二日、北京で園田直《すなお》外務大臣と中国の黄華外相の署名によって、日中平和友好条約が締結され、両国は正式に友好国となった。父は戦後の日本のスパイ容疑をかけられていたが、これを機に釈放されるべき状況となった。しかし、父と兄は依然として拘禁されたままだった。私たちは六年前の日中国交正常化の際、その恩恵を受けられなかった。ゆえに、日中平和友好条約もまた、私たちと無縁のままになるのではないかと不安を感じた。

それから二週間が経った頃、公安はようやく重い腰を上げて、兄の問題解決へ動き始めた。結核が快方に向かっていた兄は、釈放される前提として公安からふたつの条件を突きつけられた。ひとつ目は「私は拷問を受けていなかった」という書類にサインをすること。ふたつ目は、母との対面の時、泣かないこと。ひとつ目に関しては、公安は兄を拷問したことを隠蔽するため、このようなサインをさせたのではないか。また、ふたつ目については、母が高血圧症と心臓病で体が衰弱しており、約九年ぶりに息子の痩せきった姿を見れば、ショックで倒れるかもしれないと考えたようだった。そのために、兄に泣かないことを約束させたのではないか。

兄は看守所で拘禁された父と同様、外の世界と音信不通にさせられてきただけでなく、新聞などを読むことも一切許されなかった。それゆえに、私たちの運命と密接に関わっている日中平和友好条約が締結されたことを知る由もなかった。生き地獄の苦しみから逃れるため自殺まで試みた兄は、まさか自由の身になれるとはまったく思っていなかった。「溺れる者はわらをもつかむ」という一心で、あっさりと公安のふたつの条件を呑んだ。

公安の人間が家に来て、母に明日兄が釈放されるので、楊浦公安分局に迎えにいくように伝えた。その際、母にも「息子に会っても、絶対に泣いては駄目だ」と念を押した。赤ん坊だった妹を抱き、初めて第一看守所の門をくぐり父への差し入れに行ってから、大きくなった妹と肩を並べて同じ門を通り抜けて兄へも差し入れに行った丸々二十年間、母は高い壁に設けられている有刺鉄線を遠くから見ていつも涙を流していた。公安は弱りきった母にそれ以上悲しい思いをさせないようにと、第一看守所に拘禁された兄を釈放する場所を意図的に公安局の分局に移したようだ。

八月二十八日、母が公安分局に着くと、担当者は賢明にも兄の冤罪を認め、多大な苦難を家族に与えたことを母に謝った。さらに兄の拘禁期間の未払いの給料も全額支払うと約束した。

母は担当者に従い、ある部屋に案内された。ドアを開けると、ひとりの痩せ細った男が放心した様子で隅のベンチに座っていた。その人は血色がまったくない上、父と最初に会った時と同じく栄養不良によって眉がなかった。だがよく見ると、見覚えのある面影がその顔に残っていたので、目の前の男性は長男だと確信した。兄も母の白髪と老けた顔に驚きながらも、やっと母に会えたという感激が湧いてきた。公安に言われた条件を守るため、親子は必死に涙をこらえた。

「鶏の肉を買って、息子さんに栄養をつけてやってくれ」と横にいる担当者は母に言った。兄は釈放の直前から看守所でかなり改善された食事を与えられていたが、体調の快復にはまだほど遠かった。公安は日本に帰国した時の影響を考えて、母にこう言ったのだ。

そして、母は兄を連れて公安分局から出た。兄は久しぶりに外の美味しい空気を何回も吸っているうちに、やっと自由の身になった喜びで涙を抑えきれなくなった。母も泣いた。

家に帰り、母は兄に父がまだ生きていることと無期懲役の判決を受けたことを告げた。兄は自分の辛い体験から、スパイ容疑をかけられた父の生存は絶望的だと思っていた。兄は父の判決に強いショックを受けたが、地獄同然のところでこれほど長く耐えていることに驚いた。

文化大革命が始まってから、お寺の僧侶は坊主頭から髪の毛を伸ばし、無理やり転職させられた。政治犯と刑事犯になると、まず髪の毛を剃《そ》り落とされるので、坊主頭は人民の敵を意味するものとなった。坊主頭の人をトラックの荷台に乗せ、首に「反革命分子」などの看板をぶら下げ、市内を連れ回す光景は至る所で目撃された。私は兄のわずかに伸びた坊主頭から、荷台に乗せられた反革命分子のことを連想し、九年の苦しみを痛感した。

兄は婚約者が自分の生死もわからない中、まして九年も経過した今、待ってくれているはずがないと思って、彼女のことをあえて母に聞こうとはしなかった。母は兄が逮捕されてからも彼女が毎晩のように自分を慰めに来てくれたことや、彼女の身の危険を考慮して、やむなく母から彼女の来訪を断ったことを兄に告げた。それを聞き、兄は涙ぐんだ。

その後、兄が彼女を訪ねると、彼女は泣きだした。彼女は反革命分子の兄と付きあったせいで給料を減らされ、見習い期間も延ばされたが、それでもなお辛抱強く待ち続けた。しかし、兄の生きている手がかりさえつかめず、ついに希望を失い、兄が逮捕された四年後、未練を残しながらも他の人と結婚していた。

九年の間に兄が得たものは囚人となった屈辱と苦しみだった。失ったものは尊い自由、二度と取り戻せない青春、大切な健康と最愛の婚約者だった。

兄の釈放は紛れもなく、私たち一家に待ちに待った人生の春が訪れる前触れなので、私はすぐにその朗報を上海総領事館に報告した。のち、外務省から日本の関係者に「亜中第九四七号、昭和五十三年九月十三日」という書類が届いた。

深谷義治氏の長男の釈放について

御令兄の長男尤夢龍氏が釈放されたことにつきましては、先般、島根県庁経由電話にてとりあえず御連絡いたしましたが、このほど在上海わが方総領事館より、同問題に関するより詳細な報告が入りましたので、参考までに下記のとおり通報いたします。

記

（在上海わが方総領事館報告概要）

抑留邦人深谷義治氏の次男尤敏龍氏から当館に寄せられた八月二十九日付書簡によれば、深谷氏の長男尤夢龍氏が八月二十八日釈放された趣のところ、同書簡には要旨次のとおり述べられている。

1．日中平和友好条約が調印されたとの報に接し、家族を代表しここに心よりお祝申し上げますとともに、日中両国間に再び戦争という不幸な悲劇が生じぬよう祈念いたします。

2．私の兄の尤夢龍（著者注：家族の話によると一九六九年頃毛沢東の肖像画を破ったということで反革命罪に問われ、上海第一看守所に拘置されていた由）が八月二十八日に釈放され家に戻ってまいりました。「上海市楊浦区人民法院」発行の釈放証明書には、「反革命罪としては証拠不十分のため釈放する」と書かれています。
3．政府当局者は、兄が元の職場に復帰しうるよう、また未払分の月給ないしは補助金という形でかなりまとまったお金が受け取れるよう、何かと細かな配慮を行ってくれています。
4．五月十日以来今日まで父とは面会しておりませんが、特に心配してはおりません。何故《なぜ》なら兄が釈放されたことだし、父もきっと帰ってくるものと期待しているからです。
5．この手紙を差し上げるに際し、兄より貴総領事並びに館員の皆様方に対し、深甚なる謝意伝達方ことづてがありました。
本信写送付先　深谷明義氏、島根県社会福祉部長、島根県大田市長

兄の九年あまりの給料が支払われて、その大半は二十年間未払いだった家賃と家の借金の返済に充てられた。残ったお金で二十年ぶりに家族全員の新しい服などを購入したり、兄や父の釈放に尽力してくれている祖国の方々へのお礼の土産を買ったりした。

2　私の釈放　――深谷義治

長男の釈放により、妻は私たちを取り巻いていた人生の氷河期の「氷」がようやく解

けはじめたと感じ、私の釈放への期待に胸を膨らませていた。だが、当局への不必要な刺激を避けるために、私へ手紙を出さず静観することにした。その間、家族は日本のことをよく知るために、使用が禁じられていた短波ラジオを入手し、毎晩のようにNHKの中国語放送をこっそり傍受していた。

日中平和友好条約が締結されれば、国際ルールに基づき、戦後の日本のスパイという判決を受けた私の扱いは、無期懲役であっても刑期を終了しなければならない。従って、私の運命を決める日が、どんなに遅くとも条約が締結される日になると確信していた。そのため、領事たちとの面会の時、一日でも早く祖国に帰り母に会えるように「一日も早く中日平和友好条約を締結してください」と再三嘆願してきた。

在上海日本総領事館も、条約の締結の日が戦後の日本のスパイである私の自由になる日だと見ていた。そのため、面会に来てくださる各領事は皆が「条約の締結は間近です。前途は大変明るいので、くれぐれも体に気をつけてください」と私を慰めた。領事たちの言葉を言い換えれば、「日中関係が順調に改善してきていますので、あなたが自由の身になる日は刻一刻近づいています。どうか、元気で頑張ってください」ということであった。

昭和五十三年（１９７８年）八月十二日、待ち焦がれた日中平和友好条約が締結されたという新聞報道を目にした。何度も読んでいくうちに、それは紛れもない真実だと確認でき、感激の涙が流れた。

物事は、総領事館や私が予期したまさにその通りに運んだ。日中平和友好条約の成立とともに、待ちに待った人生の春の足音が聞こえてくるようになった。

監獄の担当者は私に今の中国の姿を見せるため、上海付近の工場などを見学させた。私は二十年も監獄にいたので、世界どころか中国の変化もまったく知らなかった。市の中心部の建物はあまり変わっていなかったが、郊外に近代的な建物が多く建ち、幹部向けなのか、十四階や十六階建ての高層住宅が見られた。中国労働者の生活水準が上がり、私が見学した定年退職者の住宅にも十八インチのTVがあった。こうした変化は「四人組」追放以降に起きたとのことで、「四人組」が近代化を大幅に遅らせたと現地の人は嘆いた。

妹・恵子が妻に宛てて「明日は七夕さまです。近所の幼稚園児がササの枝を飾って願いを書いています。私だったら毛主席に祈ります。義治の釈放と一家がともに暮らせるように」と書いた。妻も二十年間そのような祈りを欠かさず続けていた。家族の懸命な祈りが神仏に届いたようで、罪人である私が無期懲役の刑から解放される日がついにやってきた。

十月十二日の夜、家族五人はいつものように周囲の人に聞こえないようにNHKラジオの中国語放送を傍受していた。ボリュームを最小限にし、聞いているうちに、「無期懲役の刑で服役中の日本人、深谷義治さんが明日、中国政府に特赦されます」というアナウンスが流れた。ちっぽけなラジオから家族が二十年間もこうむってきた苦難の終結を告げる吉報をいきなり知らされ、その場の誰もが耳を疑った。そして、それは夢ではないという確証を得るために、その晩二度目の放送を聞いた。間違いなくアナウンサーは、感激した口調で「明日特赦される」というニュースを読み上げた。その瞬間、辛酸を舐め尽くした家族は、涙を流した。喜びの感情を抑えきれない子供たちは一斉に飛び上がった。

一階に住んでいる義理の姉は今までになかった子供たちの騒ぎを聞き、何が起きたのかと尋ねに来た。厳しい歳月の中で、我が身を守るため、妻と子供たちは短波ラジオでの傍受のことを義理の姉にも内緒にしていた。そのため、朗報は告げなかった。

「いやいや、大したことはない。ラジオの面白い話で子供たちが喜んだだけです」と妻がごまかした。

NHKのラジオ放送に先だって、十月十一日の『朝日新聞』は、

「北京の日本大使館は十一日、上海の監獄に収監中の日本人二人（著者注：父と中島正義さん）が近く釈放されることになった、と発表した。（中略）外務省は人道的立場から二人の早期釈放を前々から働きかけていたが、特に八月十二日の日中平和友好条約調印後に、佐藤駐中国大使が強く要請していた。今回の決定はこれに応えたものと、外務省では歓迎している」

と報道した。

翌日、『毎日新聞』は、

「（北京十日共同）日中平和友好条約調印と鄧小平副首相訪日にかかわる『特赦』として、中国にスパイ罪のまま抑留されていた最後の日本人二人が刑期を大幅に繰り上げ、近く釈放されることが正式決定した」

という報道を早くも掲載した。同新聞はまた、日本で待つ弟妹の声として、

「義治さんが北京憲兵司令部に勤務中、同司令部にいて帰国した戦友たちが、八日に熊本市で会合を開き、義治さんの釈放運動に全力を尽くすと決議したばかり。その一人からの『深谷君が釈放と決まってよかった』と涙声の電話を受けたときは胸がつまる思い。また北京憲兵学校第三期の同期生で結成している『北三会』の人たちからも、百字以上の祝電をもらい、人々の温情が身にしみた」

と掲載した。

十三日朝、いつも厳しかった隊長が顔に笑みを浮かべてやってきた。その似合わない微笑から、私は何か良い変化がありそうな予感がした。

「今日、おまえを釈放するかもしれない。すぐにおまえが所有する荷物を整理する。力がなかったら、他の囚人に手伝ってもらえ。終わってから法院に連れていく。あっちの人の言われることに『はい』と答えたらよい」と話した。

午前八時頃、私を乗せた乗用車が監獄を出て、上海法院に向かって走り出した。到着後、私はかつて審判を受けた法廷に連れていかれた。九時、法院の係官は上海市高級人民法院の刑事裁定書を読み上げた。

被告人は深谷義治、偽名：尤志遠、大山岡、牛振業。性別は男性、年齢は六十三歳。日本人で、元の住所は市内の周家嘴路二八八弄六十一号。現在は拘束中である。

被告はスパイという罪を犯したので、一九七四年三月十五日上海の中級人民法院によって無期懲役の判決を下された。

深谷義治は服役中刑務所の規定を遵守し、監督に従い、罪を認めた上、反省の意もあった。従って、中華人民共和国の労働改造条例の第六十八条第一項の規定により、被告深谷義治に恩赦を与える、という裁定を下した。

上海市高級人民法院
一九七八年十月十三日

その裁定を宣告された時、私は万感胸に迫った。「玉音放送」を聞いた当時、国のため、戦友のため、戦争の後始末の命を課された。その後、任務続行のためにいろいろな苦難に見舞われて、「終戦」という気持ちを味わわないまま異郷で白骨になる危機に陥ったことが幾度もあった。残された最後の陸軍軍人である私は、戦後三十三年目にしてやっと、大陸の「戦場」でついにその遅すぎた「終戦」を迎えた。心身ともにボロボロになったが、辛うじて命を繋いで来たことはまったくの奇跡中の奇跡。不死身の肉体を与えてくれた母に改めて感謝した。

また、確かに日中平和友好条約が締結されたことにより私の刑期は終わったことになったが、終戦後も中国の安全に重大な脅威を与えたという歴史の真実を忘れてはならない。自分が拘束された理由について、私は拘禁中の面会で領事たちに「私自身が中国人民に対して死刑に処せられてもあまりある大きな罪を犯したからであることは申すまでもありません」と話した。これは本心で、極刑にされてもまったくおかしくなく、実際、日中関係正常化の前に中国政府は私をいつでも処刑することが可能だったはずだ。だが、実行しなかった。その点については中国政府に感謝すべきなので、恩赦を宣告した係官に「中国政府の恩赦に心から感謝いたします」と述べた。

一方、家族は苦難の終わりを祝うために、購入したばかりの人民服に身を包んで、家で公安の通知を待っていた。午前九時頃、公安から「上海市高級人民法院で深谷義治への裁定があるので、行くように」と言われた。昨夜のＮＨＫの報道で釈放は事実だと確信していたが、喜びを顔に出さずに向かった。五人揃って早くから法院の前で待っていたら、係官と一緒に新しい人民服に身を包んだ私が出てきた。離れ離れの一家は、ようやく涙の再会を果たした。その心に刻んだ日時は、昭和五十三年十月十三日九時三十分だった。

「深谷義治は今から自由の身になり、日本人の居留民として認めます。あなたは公安局の外事課に裁定書を持っていって、在留の登録ができます」と係官は告げた。

家族にも「お父さんの出国の手続きは外事課で行ないます。あなたたちの出国の手続きは、虹口区の公安分局で行ないます。あなたたち全員の帰国の願いは、すぐに叶えられます。今後、中国に来られれば、我々は歓迎します。中日友好のために貢献してください」と話した。

その言葉を聞き、妻も子供たちも胸に熱いものが込み上げてきた。今日から反革命分子の家族というレッテルを外され、差別されてきた運命から解放されることとなった。すなわち、二十年間望み続けた「人間としての尊厳」をついに取り戻したのだ。

上海市高級人民法院は黄浦江の近くにある。そこはかつて妻と幼い子供たちと年に一度、中国の国慶節を祝う花火を見にいった場所だった。私の逮捕により、一家のささやかな楽しみは途切れてしまった。子供たちの花火を見る笑顔が消えただけでなく、貧困と差別に満ちた生活を余儀なくされることとなった。二十年四ヵ月という長い間、私たちは苦難の波に呑まれ、再会はあり得ないことだと思わざるを得なかった。だが、一転して一家揃って地獄から人間世界に復帰した。その時の気持ちは言葉では表現できないほど感無量だった。妻は「枯木逢春」という中国語で一家の再会をたとえたが、まったくその通りで、枯れかけた木にようやく新芽が吹きだした。

そして私は長男と、二十年四ヵ月ぶりの対面を果たした。私は軍の特殊工作に従事した経験から、真相を明かしたくないという家族の配慮の裏に、長男が酷い目に遭っていたことをすでに察していた。

秋の日差しの下、長男の眉は完全に消えてしまい、血色がなく痩せている状態を見て、彼も牢獄から釈放されたばかりであることがわかった。

長男が私を見た瞬間、すぐに思い浮かべたのは、監獄病院で、ある日本人を見たことだった。親子が巡りあえたのは、すがすがしい青空の下ではなく、病で同じ時刻にあの暗黒の病院に連れ込まれた時だった。また、私が上海市監獄に移った後、長男はかつて私が拘禁されていた上海市第一看守所の十三号監房に私と入れ替わりに入らされ、しかも私の「指定席」に座らされた。

戦争とまったく関係のない長男は、反革命活動をやってもいないのに、日中平和友好条約が締結されるまで釈放されず、自分とともに条約交渉のテーブルに縛られ、交渉の切り札として利用されてきた。そのことに、私の心はただ震え上がるばかりだった。

私は二十年ぶりに我が家に戻った。路地にある家の外観は昔のままだったが、中を見回すと、すべての家財道具は消えていた。私と長男の逮捕で何回も家宅捜索があり、壁まで部分的にではあるが壊されていた。修繕しても、その壊された痕跡はありありと残っていた。元々は一階と二階ともに私たちの住まいだったが、家賃が払えず二階のみになってしまい、懐かしく思うようなものはほとんど残されていなかった。祖国のため、自分のため、家族がどんなに苦しんだかを家の様子から見てとり、私の心は強く震撼《しんかん》した。

午後、鈴木副総領事が、私たちが迅速に祖国に帰れるようにと家に駆けつけてくれた。

彼は国の代表として初めて、家族が戦火に巻き込まれた場所、家というよりも冷戦戦場に残された「砦」を見てくれた。

無期懲役から解放されても、母に会えない罰は永遠に解かれることなく私を苦しめることになった。しかし、「会えるまでは絶対に死なない」という母の夢は空しいものになっても、恒松知事に「母よ、安らかに眠れ」という手紙を託しても、母の息子を思う魂はまだ日本の我が家の前で一家の帰りを待っているに違いない。帰国の手続きに一ヵ月もかかると聞かされたが、まさに一日千秋の思いで、父の墓に自由の身になったことを報告し、母の墓前に線香をあげて安らかに眠らせてあげたかった。

3　新　生——敏雄・記

祖国へ向かって飛び立つ直前、父は在上海日本総領事館から「日航機が離陸するまで安心しないように」とのアドバイスを受け、私たちの気持ちは再び張りつめた。

中国政府は「罪を認めない者に重罰を与える」という政策に基づき、父に無期懲役の判決を下しただけでなく、日中平和友好条約締結後に即時釈放すべきところ、父を恩赦したが、なお二ヵ月も無理やりに拘束を引き延ばした。つまり、中国政府は建前では父を恩赦したが、本音では投降しない父に罰を与え続ける意思をまだ持ち続けていた。

外務省は、父が戦後の日本のスパイだったという容疑を表向きは否認したものの、実際には中国がなんらかの被害を被っていた事実があるであろうと受け止めていたに違いない。そのために、中国政府の寛大な恩赦に対して、慎重さに欠ける行動を取ると再び面倒なことになりかねない、と判断したようだ。総領事館はそれを心配し、父に異例とも言えるアドバイスをしたのではなかろうか。

当時、その背景について、父が私たち家族に説明することはなかったが、私たちは油断をすれば人生の冬がたちまち逆戻りしてくる、という危機感を抱いた。そのため、六羽の「カモ」たちは心躍る気持ちを胸の奥にしまい、祖国の青空に向かい翼を伸ばして自由に飛べる日が訪れる瞬間を、冷静かつ慎重に待っていた。

父が監獄から持ち帰ったわずかな荷物の中には、八冊の『獄中記録』のノートが無事にあった。父は上海市第一看守所から上海市監獄に移り、『獄中記録』を書くことが許されるようになってから、釈放までの四年間、万年筆で書き続けた。そこには、家に出したすべての手紙の内容、毛沢東の本を学習しながら行なった自己批判などが記されていた。また、郷愁にふけって眠れない夜に唄った『木曾節』『串本節』『安来節』『関の五本松』と大田中学校校歌も書き込んであった。

父は重病で、自由な空気を吸えず、あの世に行く可能性が日に日に高まっていくような日々を過ごした。だが、可能なうちに自身の体験を家族や祖国に伝えなければ悔いを残すことになる。それゆえに、検閲で察知されないようになんとなく匂わせる手法を用いて、国への想いなどを『獄中記録』に書き込んだ。

何よりも驚いたことは、私たちとの面会時のすべての対話をはじめ、恒松知事や日本大使館、総領事館の方々との計十回の対話が、父の超人的な記憶力でまるで録音してあるかのように忠実に記録されていたことであった。検閲の重圧の下で、父は面会時の会話をすべて正確に書くことを余儀なくされた。その結果、このノートは恐怖の中で父が書き上げた貴重な〝傑作〟となった。これらの記録を公安に破り取られないようにページ毎に欠かさず番号をつけていたが、全部で三六五ページとなった。

父は二十年四ヵ月間の厳しい受刑の末、心身ともに重傷を負っていた。それでも、五十九歳から四年をかけて、劣悪な環境の中でこの八冊の『獄中記録』を書き上げた。その間、中国語の理解が十分できないまま、毛沢東の文章六十四篇も暗誦した。祖国に帰還するという夢を実現するために、父はこのような並々ならぬ努力をし続けたのだ。

父が家に持ち帰った荷物の中には、二枚の半ズボンも隠されていた。ボロボロの服というと、すぐに連想するのは、物乞いが着るような継ぎはぎだらけの衣服だろう。しかし、父のズボンの痛々しさはそれを遥かに上回るものであった。一見して、数えきれないほどの小さなボロ布がびっしりと五重六重に縫いつけられていることがわかった。その生地の厚さはどの部分も三センチくらいにもなり、重さは二枚で三キロぐらいあるだろうか。

母が愛情を込めて二回だけ差し入れた服は二十年間、一枚も破棄せず、ひとつのボロ布も捨てられてはいなかった。父は寒さから身を守るため、それらを完全に再利用して、厚みと重みのある原始人顔負けの服を作り出していた。

拘禁前には針など使ったことのない手で父が縫いつけたのは、単なるボロ布ではなく、二十年間の苦しみであった。無数の縫い目は悲惨を極めた地獄絵そのものだった。

ボロ服に残されたのは拷問の爪痕、滲み出たのは望郷の涙だった。長い間、父は零下になる室温の中でそれを身にまとい、そのおかげで痩せこけた体は辛うじて凍らずにすんだ。それは父に温もりを与えてきた「友」であり、過酷な生活を見てきた「証人」であった。

父がボロの服を持ち出せば、当局の虐待の証拠になる。なので、それは公安としては絶対に隠さなければならないものだった。そのために、監獄を出る前に公安は父に「新しい人民服を着て出るようにしろ。ボロの服を残せ」と命じた。

しかし、ボロの服はすでに父の体の一部分のようになっていたので、それらを置き去りにするのは我が身を削るのと同然のことであった。命令を無視すればまたボロの服を纏う生活に戻らなければならないが、父は自由を得るためにすべての「友」を見捨てることが到底できず、危険を冒して二枚の半ズボンを隠し、持ち出した。母が父の荷物を整理した時、それが出てきた。父がここまで苦しんできたことに、私たちは強いショックを受けた。代わる代わるそのズボンを手にして、父の苦しみを痛感しながら、涙を流した。世の中に悲惨というものがあるとすれば、これ以上の悲惨は恐らくないだろう。

父と兄は同じ第一看守所に拘禁され、結核にかかったが、兄は着る物や栄養剤がほしいという意思を公安を通じて家族に知らせた。同様に父がその意思を示してくれたならば、私たちは飢えてでも借金を増やしてでも、石鹸とトイレットペーパーだけでなく、凍えている父に衣服をなんとか一着でも届けたであろう。しかし、父はこう説明した。

「わしのせいで家族にどれほどの苦しみを与えているか、手に取るようにわかっていた。これ以上の迷惑は、たとえわずかでも絶対にかけてはならぬ」

あの戦争のために、それも戦後の日本のスパイとして働いたために体験することになった苛酷な運命を、父は甘んじて受け止めた。このようなボロボロの服を骨と皮だけになった身に纏い、酷寒の牢屋で身を縮めて震えながら、ひたすら歯を食いしばっている光景が目に見えるようだった。

父は私たちに「これらのズボンはわしにとっては極めて貴重なもので、絶対に日本に持って帰る」と言い切った。帰国後、父はその時の心情を吐露してくれた。それは、これらのズボンを前に上官たちに「国のために任務続行の末、これらを身につけて原始人のように生き抜いて参りました」と報告したかった、というものだった。

しかし、出国時、手荷物検査でそれらのズボンが見つかれば、私たちは即座に足止めされる恐れがある。総領事館から慎重にしてくれというアドバイスもあったので、父は断腸の思いでズボンを処分した。その時私たちが心に決めたのは、いかなる物を失っても構わないが、富士山を見る夢と祖国に帰る切符は絶対に失ってはならないということだった。

帰国前、一家揃って上海総領事館にお礼とお別れのあいさつに行った。私は用意した日記帳を出し、お世話になった皆さんに記念のサインをしてもらった。田熊領事は、私が父のために奔走した努力に対して、中国の褒め言葉である「有困難、有辦法」（困難があれば、解決の方法がある）を書いてくれた。

父の釈放のため、私は無我夢中で残酷な運命と戦ってきた。親のため、子として当然すべきことをしただけだが、思いがけなく祖国の代表から評価をもらい、身にあまる光栄だと感激した。

公安は、かつて没収した法務省発行の一家の日本への入国許可証を返してくれた。昭和三十八年に発行され、昭和四十四年に反革命の証拠として兄とともに公安の手に落ちたものだ。それが今、私たちを祖国に導く使命を持って戻ってきた。

昭和五十三年十一月十二日の夕方、鈴木副総領事は私たちを虹橋空港まで見送るため、家に迎えに来た。父は副総領事の車に乗り込み、家族は総領事館が手配した二台の乗用車に分乗した。総領事館の車を先頭に、父の最後の「戦場」を後にした。

母はこの冷たい世界と別れることに感傷の念もなければ、心残りもなかった。子供たちはこの家で生まれ育った。しかし、住み慣れた我が家を離れるような名残惜しい気持ちはみじんも起きなかった。苦しい生活があまりにも長過ぎたため、涙が底をついたようで、別れの涙は一滴も出なかった。

先に述べた「日航機が離陸するまで安心しないように」というアドバイスを受けていたため、私たちは災難がまたもや我が身に降りかかってくるのではという恐怖感からなかなか抜け出せなかった。上海の家を出る前に、飛行機が祖国の地に着陸するまでは喜びの感情を少しも顔に出さないことと、会話をしないことを決めた。日航機に乗り込んでも、難から逃れたという実感はなく、一刻も早く無事に祖国に着くことを全身全霊でひたすら祈った。

飛行機で上海から大阪空港までは二時間ぐらいしかかからないと聞き、本当に信じられなかった。私たちは日本が祖国だということを知ったその日から、ずっと祖国の方を向き、必死に努力をしてきた。さまざまな苦難のハードルを乗り越え、二十年あまりの歳月を費やして、ようやく憧れの地へのラストスパートに入った。

大阪の夜景が見えた時、中国の唐時代の鑑真和上のことを思い出した。彼は布教のため渡日を志したが五度の渡航が密告や暴風雨などですべて阻まれ、来日を果たすのに十二年もかかった。彼はその十二年の間にすでに失明していたが、ついに憧憬の地に辿り着いた。

私たちは、父の「三十四年ぶりに祖国に帰る」という感激にはとても及ばないが、鑑真和上が揺れ動く海原から杖《つえ》をついて初めて日本の陸地を踏んだ時くらいの感動は得られるのではないかと胸をときめかせた。

北京発上海経由のＪＡＬ七八八便は、大阪空港に無事着陸した。私たちは父の後からタラップを降り、生まれて初めて祖国の地を踏んだ。二十年来の悲願がようやく叶った。感極まって泣き出した時刻、昭和五十三年十一月十二日午後六時二十分は、私たちの心にしっかりと刻まれた。その日は長い苦難との訣別《けつべつ》の日であり、人生のスタートを切る誕生の日と同じくらい大切な日となった。

第十章　帰国後の試練

1　故郷に帰還――深谷義治

私は二十二歳で広島の宇品港から中国大陸の戦場に行った。二度目の帰郷時の昭和十九年、両親、弟妹と最後の訣別をし、我が身は大陸で散るつもりで再び中国の戦場に身を投じた。私のような特殊任務を負っている軍人は、生きて帰りたい気持ちがあっても、帰還できる保証はまったくなかった。

その後、終戦になったにもかかわらず、上官の命令通り、戦後の日本のスパイの任務を遂行し、中国政府に拘束された。私は自国を裏切って戦後の日本のスパイであったことを告白しない限り、敵地で極刑に処されても当然の人間だった。そのために、祖国の土を踏むのは毎晩の夢の中、両親に会うのも夢の中、自由に母国語が話せるのも夢の中だけであった。魂になって祖国に帰るはずだった私には、生きて飛行機のタラップから降りて、祖国の硬い地面を踏み、「ただいま」と言える感激はまさに筆舌に尽くしがたいものだった。

大阪空港のロビーで、外務省の代表、島根県庁の代表、大田市役所の代表や親族、そして「深谷さんご苦労さまです」という横断幕を掲げた戦友たちの熱烈な歓迎を受けた。

京都で一泊して、故郷の大田に向かうため、新幹線と特急「やくも三号」を乗り継いだ。昭和五十三年（1978年）十一月十四日の『朝日新聞』はその時のことを「深谷さんお帰りなさい」というタイトルで次のように報道した。

「車中で報道陣に取り囲まれた深谷さんは『日本のみなさん、政府、県、大田市の方々に、そして釈放を決断してくれた中国共産党、政府に心から感謝しています。ほんとにありがとうございました』と帰国の感想を話した。そして故郷に帰って真っ先にすることは『父と母の墓参り。私の家族と一緒に線香をあげ、帰って来たことを報告します。これが私のやる一番大切なことです』」

また、特急の車中で『山陰中央新報』の単独インタビューを受け、十一月十四日に掲載された。

記者　永い間ご苦労様でした。いまの心境を聞かせて下さい。
深谷　感慨無量であります。知事さん、大田市民の方々はじめ（中略）すべての方に感謝しております。私は中国人民に対し大きな罪を犯しました。これに報いるため一切をささげて来たつもりです。私や家族に同情と声援を送って下さったみなさんには一生を通じてお報いいたしたいと思っております。
記者　二度（著者注：正しくは三度）の入院などがあったと聞きますが、体の状態は。
深谷　先月釈放されたときには動脈硬化症でひどく弱っていましたが友達の漢方医

記者　の力ですっかりよくなりました。深谷さんにやっと終戦が訪れたわけですが、戦争はあなたにとってなんだったのでしょう。

深谷　私は日本が中国を侵略した犠牲者のようなもので、二十年四カ月罪ほろぼしをしてきました。日本は戦争に負けたからいまの経済成長を得たのです。私にも日本にも戦争はよい教育となりました。

記者　苦しい拘留生活だったと思いますが、もっともつらかったのは。

深谷　十六年間家族に会えなかったことと肺結核を患ったときです。

記者　一番うれしかったのは。

深谷　もちろん今度だが、それを除けば生後二カ月足らずで別れた娘が四度目の面会で初めて「お父さん」と呼んでくれたことです。

記者　拘留生活で心の支えとなったのは。

深谷　母でした。私の帰りを待っているのを知っていましたし、私も必ず会えると信じていかなる困難にも我慢しました（母ヤノさんはことし一月八十二歳で死去、再会はならなかった）。

記者　拘留中の生活ぶりは…。

深谷　あまり話さない方がいいと思います。過去のことは水に流し、私たちに必要なのは平和な将来を考えて行くことです。

記者　八月の日中平和友好条約調印はご存じでしたか。

深谷　園田外相がおいでになることなど人民日報を通じて知っていました。それに私は日中友好の日が必ずくると確信していました。

記者　ところで三十四年ぶりの日本は予想以上の変わり方と思いますが一番驚かれたのは。

深谷　大阪が爆撃されたのは知っていましたのでその復興ぶり。車の数、どれをとっても驚きばかりです。新幹線も聞いていた通り飛行機に乗っているように快適でした。

記者　家に帰って何をされますか。

深谷　ことし面会した知事にも妹にもいっていましたが、「母を想う」と題したなにかをまとめてみたいですね。

記者　いい正月になりますね。

深谷　日本の正月は四十数年ぶり、大好きなもちが食べられます。

大阪空港に着いた時にはすでに日が暮れていて、周りの景色がはっきり見えなかったので、私は祖国に帰ったことが長い苦難の中で見てきた夢の続きなのではないか、と疑った。懐かしい山陰本線のガタガタという音を聞きながら、宍道湖と雄大な日本海を目にした時も、故郷に帰ってきたことにまだ半信半疑だった。昔とあまり変わらぬ大田市駅に降り立つと、どよめきとも歓声ともつかない声が広がり、誰からともなく拍手が湧き上がった。林市長をはじめ、市民二〇〇人あまりの盛大な歓迎を受け、ようやく私の戦争が終わったと実感し、感無量で嬉し涙が溢れてきた。

「不幸な戦争のため、長い間ご苦労様でした。市民もこのように歓迎しています」と市長は労いの言葉をくれた。

「私たちのために長い間ご支援をいただきましたことに感謝します」と私はお礼の言葉を述べた。私たちは地元の児童六人からそれぞれ花束をいただいて、拍手の中、実家に向かうマイクロバスに乗り込んだ。車窓からは様変わりした家々と懐かしい山々が見えた。実家に到着すると、近所の皆さんの歓迎を受けた。

夢でしか見られなかった懐かしい生家に着き、三十四年前に見送りをしてくれた両親の姿がない寂しさに耐え、その足で家の横の先祖の墓地に行った。両親の墓に花を供える日、そして家族が祖父母の墓前に初めてのあいさつをする時が、ついに訪れた。

父の墓はすぐにわかったが、母の墓はなかった。母は確かに十ヵ月前に亡くなったと伝えられたのに、なぜ母の墓はなかったのか。私は受刑中に日本の代表から聞いた「お母さんはあなたに会えるまでは絶対に死なないと言っている」という伝言を思い出した。母はまだこの世にいて、私たちの一家の帰りを待っているのではないか。しかし、どうして「お帰りなさい」と声をかけてくれないのか。「会いたいよ、最愛の母」と父の墓前に叫びたくなった。

快晴の空の下、父は無言だったが、その代わりに事情を知っている方から「母の墓はまだ建てていない」と言われた。それを聞き、悔しさと悲しさが一気に胸に込み上げてきた。

妻と子供たちと一緒に、父と病気で早世した妹の墓前に花と線香を手向け、ぬかずいた。

「お父さん、お母さん、義治が帰って来ました。長い年月、心配をかけて本当にすみませんでした。これから妻と子供たちとともにお母さんの墓を建て、最後の親孝行をしますから安心してください」

と私は帰郷の報告と今後の決心を述べた。

実家の蔵の二階にある六畳の部屋が私たちの住まいになったが、そこはあまりにも狭過ぎて六人が暮らせる場所ではなかった。急な階段を毎日何回も昇り降りするのは、片目が不自由である私にとっては危険なので、三日滞在する間に大田市に斡旋してもらい、三瓶工業という企業の二階の2DKに住むことにした。

私たちのことがあまりにもマスコミに頻繁に報道されたので、行く先々で皆が「お疲れ様でした」と、中国での苦労を労ってくれた。テレビで私たちのニュースを見た見知らぬ人々から、励ましの手紙も送られてきた。周囲の皆さんから服や中古のテレビ、石油ストーブなどもいただいた。地元の商店の社長は、新品の布団セットを援助してくれ、日本赤十字社も毛布を届けてくれた。その温かい気持ちに、様々な不安のある私たちは祖国で新しい人生を切り開いていくための大きな勇気を与えられた。

間もなく、私たちは出雲大社に行き、宮司さんの格別の配慮で、光栄にも皇室の使者が毎年来られた時にしか使用されない二階の特別室に招かれた。

また、京都の浄土宗総本山知恩院の九十歳の岸信宏門主は私が国に尽くしたことを感慨深く思い、「犒労《こうろう》の辞」と、「忍」という漢字を揮毫《きごう》した色紙を贈ってくれた。その辞の全文は以下の通りである。

犒労の辞

深谷義治殿

御家族殿

このたびの御帰国大慶に存じます。御家族の皆様も御労苦を共にされ御苦労様で御座居ました。

本当によくお帰り下さいました。佛様《ほとけさま》も貴方がたのお帰りをお喜びの事と存じます。

貴殿の抑留生活は云《い》えば日本国民の代りにお務め頂いたと同様であり、永い年月を耐え抜いて御苦労を頂いた事は、正に佛教《ぶっきょう》で云えば菩薩行《ぼさつぎょう》ともいえましょう。

これからは更にお念佛に御精進賜わり、御自愛と御多幸の日暮しを過されん事をお祈り致して居ります。

昭和五十三年十二月二日

浄土宗総本山知恩院門跡大僧正量誉

犒労の辞をいただいたことは、この上ない光栄であり、国からもらったふたつの勲章と同様に故郷に飾った錦である。

その色紙にある「忍」は私の過去を総括しただけではなく、これからの日本での生活に欠かせない精神的な支えになるものと感じ、崇める気持ちで部屋にかけた。

2　後遺症――深谷義治

帰国後間もなく、大田市長の配慮で、私と妻と長男は、島根の国立大田病院で検診を受けた。七年間患った結核は私の肺をボロボロにし、機能している部分は三分の二しか残っていなかった。その上、右肺の上の半分は蜂の巣のように穴が空き、左肺にも大きな空洞がふたつ空いているので、肺活量は普通の人の三分の二しかなかった。大きな声で思い切り笑うこともできず、少しばかりの坂道を歩いても呼吸が荒くなる。

「あなたがた三人のレントゲン写真は、戦闘経歴を物語っています」と国立大田病院長は話した。特に私の肺のレントゲン写真は、その当時の迫害された生活を生々しく語っていた。

また、昭和五十四年（1979年）十月二十二日、突然左腰に激痛が走り、歩行困難になった。そして、大田市の上垣外科医院で受けたレントゲン検査で、体幹機能の著しい障害（第二、三腰椎圧迫骨折後遺症。第二、四、五腰椎変形性脊椎症）があったことが判明した。そのことにより、強制労働をさせられた時の怪我の酷さが初めて確認された。治療が施されていないことは、そのレントゲン写真にはっきりと現れていた。

同年十二月十三日、私は大田市の井上眼科医院で両眼の診察を受け、「両眼眼底動脈硬化症、兼両眼網膜脈絡膜萎縮、兼両眼白内障」と診断された。「右目の視力は〇・六、左目の視力は〇・〇二」と判明した。左目は読み書きがまったく不可能で、左目から脳に通じる血管が著しく悪化したため、左目を細めないと右目の正常な視力も妨害される。その病院の勧めで身体障害者用の杖を購入した。

三種類の診断書が揃ってから、身体障害者交付申請書を大田市役所身体障害者係に提出し、島根県庁に審査してもらい、昭和五十五年（1980年）、体幹機能障害で身体障害者五級第二種と認定された。

その年、私は北京日本憲兵教習隊時代の恩師、西沢幹雄先生の招きで福井県の三国に行った。それは三月六日の『日刊福井』に「福祉学園の一日講師に招く」という記事として掲載された。

深谷さんは島根県から約十二時間かけ四日夕、国鉄芦原温泉駅に到着、二人は四十年ぶりに旧交を温め合った後、五日九頭竜福祉学園のお年寄りに長かった獄中生活や戦時中のことなどを切々と訴え、出席した約三十人のお年寄りに深い感動を与えていた。

深谷さんは、四人組の迫害を受け左目は失明同然、さらに両方の肺は穴が空くなど〝ぼろぼろ〟の状態、つえをつきながら歩く姿も痛々しく、獄中生活の悲惨さを物語っている。しかし、元軍人らしく、き然とした話しっぷりに西沢さんはうれしそう。

3　三つの感謝――敏雄・記

私たち家族の帰国に寄せて、私は三つの大きな感謝の念を抱いた。

ひとつ目は、島根県知事をはじめ県民に対する感謝。

父の受刑中、恒松知事は忙しい公務があるにもかかわらず異国の牢屋で父と面会をし、故郷の味と人情を届けてくれた。「あなたの苦は故郷の苦でもありますから」というその時の知事の言葉から、父は自分を育ててくれた故郷がどんなに素晴らしいかを改めて知り、計り知れない励ましをもらった。

私たちが故郷の土を踏めたのは、長い間知事と県民が心血を注いで帰還のために尽力してくれた結果でもあった。父はすぐには県民に恩返しできないが、せめて家族を連れて知事にお礼に行かねばならないと思い、その意思を大田市長に伝えた。すると、ただちにその意向を受け入れて、市長は知事から了解を得て、わざわざ私たち一家のために県庁に行くタクシーを手配してくれた。

帰国後三日目の昭和五十三年十一月十五日、一家六人が分乗したタクシーは国道九号線を松江に向かった。見渡す限りの日本海が、再び目の前に現れた。

私がかつて働いていた上海の農場は海の畔にあったが、長江が上流の土砂を流し込んでいるので海は濁って黄色一色。それは、私たちの苦難を象徴しているような色だった。そんな海と別れ、ようやく青い宝石のような日本海の傍らに来た。これからは必ず人間らしい生活に恵まれると確信した。

以前、恒松知事が送ってくれたガイドブックには日本海の写真も載っていたが、受刑中の父が見ることは許されなかった。また、帰国した時は、山陰本線を走行中、記者の取材を受けていたため、父は満足に懐かしい海を見る余裕がなかった。三十四年間、父はどれほどこの海に思いを馳せてきたことか。どれほどこの海を思って涙をこぼしたことか。涙ぐみながら食い入るように海を眺め続ける父の様子から、帰郷の感激がありありと伝わってきた。父にとって日本海はいかに特別な存在なのか、と痛感した。

タクシーは松江城の前にある島根県庁に到着した。知事は忙しい公務の中で時間を割き、面会してくれた。父は「長い間、大変お世話になってありがとうございました」と深々と頭を下げた。私たちも慣れない日本語で「ありがとうございました」と言った。

「いつも手紙を書いてくれたのは、どなたですか」と知事は真っ先に聞いた。

「次男です」と父は私を指して答えた。

知事は私に向かって、「よく頑張ってくれた」とうなずいた。

帰国前、私の体には日本人としての血が流れていても、知事に中国語でしか手紙が書けなかった。私たちの訴えを完全に知事に理解してもらえているか気がかりだったが、そのように言ってもらい、危険を冒してまで手紙を書いた甲斐《かい》があったと感激した。

私は用意した日記帳を出し、知事にサインしてくださいと頼んだ。知事は「元気で早く県民になってください」とひと言添えてサインをしてくれた。面会の時間は短かったが、最後の「頑張ってください」という言葉に、第二の人生の門出は大いに勇気づけられた。

この訪問後、私たちは親戚による手紙で、町長をしていた私の祖父が亡くなった時、知事のお父上が弔問に来られていたということを知った。知事の二世代にわたる厚意に対して、ここで改めて深くお礼申し上げる。

ふたつ目は外務省の尽力に対する感謝。

昭和五十三年十二月八日、私は父と一緒に山陰本線と伯備線に乗り、岡山で新幹線に乗り換え、外務省へお礼に行った。静岡を過ぎると、車窓から神聖な富士山が青空にくっきりと浮かんでいる姿が見えた。横に座った人の話によると、富士山は晴れている日でも雲か霞《かすみ》の中に隠れていることが多く、こんなに綺麗に見えることは少ないと教えてくれた。きっと異国での囚われの日々の中で富士山の夢を見ていた父を労うため、わざわざ雄姿を現してくれたのだろう。視力の残された片目でじっと見つめている父の頬に、感無量の涙が流れていた。

上海で『今日の日本』の中の富士山の写真を何度も見ているうちに、私にとっていつの間にか富士山は心の拠《よ》り所《どころ》になっていた。その後、東の空を眺めるたびにいつも富士山を思い浮かべていたので、初めて富士山を目にした気がしなかったが、目の前の優美な姿から写真では決してわからない神秘的な美しさと迫力を感じて、やっと祖国に帰ったことを実感した。日本中の皆さんの声援と尽力のおかげで、私は富士山に出会うことができた。涙で言葉にならなかったが、「ありがとうございます」と心の内で言った。

日本政府の在外代表機関が駐在の国に拘禁された日本人と面会する慣例は、大体半年に一度となっているそうだ。しかし、父が判決を受けてから父の釈放までの四年間、日本政府の代表は父と十回会った。そのたびに父は励まされ、必ず帰還できるという自信を深めた。日本政府はそれ以外にも、父を救出するために粘り強く中国政府に働きかけてくれた。帰国の際、父は大阪空港で外務省の代表の歓迎を受け、とても感動した。長い間、国のために苦難を背負ってきたにもかかわらず、その晩、ホテルで父は私たちに

「日本人に生まれてくることができてよかった」と話した。

東京に着き、外務省に行った。そこで、柳谷謙介アジア局長、田島高志中国課長、川本事務官などに会った。父は彼らの尽力に対して感謝の意を伝えた。

その場で担当者が、鄧小平副首相の訪日の際、園田外務大臣が父の特赦に関しお礼を述べてくれた、と教えてくれた。

ここで父は「中国の公安当局から、日本政府がおまえの親族に支給している多額のお金は『スパイ機密費』であるし、日本の新聞が『深谷義治は日本陸軍中野学校を卒業した』と書いているから、おまえは日本が潜伏させた現役のスパイだ、と決めつけられた。のちに『四人組』が勝手に起草した、いわゆる『深谷義治の調書』の書き写しを強制的にさせられ、一九七四年三月十五日、無期懲役に処されました」と述べた。

これによって外務省は、中国政府が判決を下すに至った具体的な背景を初めて知った。そして、国の名誉のために、戦後の日本のスパイであっても否認してきたことを本人から直接確認した。

三つ目は、大田市民に対する感謝。

父が再び母の料理を口にした時に噛みしめたのが、単なる二十年ぶりの懐かしい味だけではなく、拾ってきた野菜の皮のような材料を工夫して作った料理で子供たちを育ててくれたという感動だった。郷里に戻って祖母の料理を口にすることができないことは悲しかったが、母の料理で心が癒された。それゆえに、父にとっては、母の手料理は世の中でもっとも美味しいものになった。

母には島根県民へ恩返しをしたいという思いがたくさんあったが、言葉の壁で直接感謝の意を伝えることができず、とまどっていた。のちに父と相談して、地元の皆さんに上海料理を教えることにした。このことは、父の自慢している味を皆さんにも味わってもらうことにもつながった。講習会後、母の料理は評判になり、あちこちから教えてほしいという依頼が来た。その時、母は心身的な後遺症を忘れたようで、要請に応じ、父や妹の通訳で、感謝の気持ちを込めて得意な上海料理を教えた。

山陰地方のテレビ局は四、五回も母の上海料理を紹介した。昭和五十四年十一月二十五日、『毎日新聞』は次のように掲載した。

大田市川合町出岡の若い主婦でつくっている亀遊会（中略）は、二十三日午後、本場の中国料理を学びたいと、川合町公民館で講習会を開いた。

講師は二十年間、上海第一看守所に拘禁され、昨年、郷里の大田市川合町吉永に帰ってきた深谷義治さん（六四）の妻チヤさん（五三）。会員十五人のほか、しゅうとめさん六人が、チヤさんの長女の通訳で、鶏肉とクリのいため煮（上海菜）など五種類を習った。どれも手軽につくれる家庭向きのもので、経費も安あがり。中華料理は油っこいと思っていた会員は、意外にさっぱりした味と、油の上手な使い方に感心していた。

講習中、母は人生で初めて、尊敬の意で「先生」と呼ばれた。中国では軍国主義の母として散々批判を浴びていたことを思い出し、私は感慨もひとしおだった。

上海は長江の下流にある。かつて中国の悠久の文化は長江の流れに乗って日本に運ばれてきた。近年この流れが運んできたのは、私たち一家の苦しみばかりだった。しかし、祖国の大勢の方々の尽力により、その苦しみに終止符が打たれた。母が作った上海料理の品々を見て、この流れが今、私たちの感謝の意を父の故郷に運んできたのだと思わずにはいられなかった。

4　ぞっとする事実——深谷義治

帰国後、自分がまったく予想していなかった事実が判明した。

先に述べたように、私は「日本政府が親族に多額の金を支給していて、そのお金がスパイ機密費である」という「憶測」と、日本の新聞に載った「深谷義治は日本陸軍中野学校を卒業した」という「誤報」を基に、中国政府から戦後の日本のスパイだと断定された。そしてそれは、両者ともまったく根も葉もないことだと確信を持ち続けてきた。

しかし両者とも、経緯はともあれいくばくかの事実を含んでいることであったことがわかった。

帰国直後の年末に、私は初めて旧軍人として軍人恩給をもらえることを知った。そこで手続きに出向いたところ、私が第一看守所に拘禁されていた昭和四十六年に、国が私の軍人恩給を母に支給することを認め、軍人恩給ができた昭和三十六年にさかのぼってすでに十年分の恩給を一括して支払っていたという事実が判明した。この事実は、拘禁中、中国政府が私に「日本政府がおまえの親族に多額の金を支給している」と指摘した話と一致した。

原則として、軍人恩給は戦争後にその軍人が生きている場合に日本政府が支給するものである。消息不明の場合、それは支払われない。一方で私の軍人恩給支給の手続きがなされたのは、中国政府が私の生死を極秘にしていた時期、つまり日本から見れば消息不明の時期だ。その中でなぜか軍人恩給が支払われた。後ほど詳しく述べるが、こうしたことは正規の手続きではあり得ないことであり、中国政府はそれを恩給に見せかけた「スパイ機密費」であると受け止めたのではなかろうか。

中国政府としては、戦後の日本のスパイを活動させるための「スパイ機密費」という「証拠」が出て来た以上、私を見逃すことができない。そのために、私を拘禁し続けたのではないだろうか。たとえそれが「憶測」に過ぎないものであったとしても。

ただ、中国政府は「憶測」のみでは私を断罪できないため、日本で私に関する情報を収集し続けたに違いない。

また、帰国後に私は、昭和四十八年（1973年）三月十四日の『朝日新聞』に載った「『釈放して』待ちわびる老母ら　反革命罪で十五年間」という見出しの記事を読んだ。その時、思わず目を疑わずにはいられなかった。「義治さんが出征したのは昭和十二年、二十一歳（著者注：正しくは二十二歳）の時。中野学校で訓練をうけ、経済事情調査の特殊任務についていた。第二次大戦後、『これからは日中友好につくす』と遺言のような手紙を寄せたまま、消息が途絶えてしまった」と書かれていた。

この記事には「中野学校で訓練をうけ」という一文が入れられていた。

中野学校とは、陸軍によるスパイ養成のための学校である。ここの教育方針は、任務を遂行するためなら、たとえ虜囚の辱めを受けてもなお生き残れといったものであった。例えばフィリピン・ルバング島から帰還した中野学校卒の小野田寛郎少尉は、戦後二十九年経って発見されるまで銃を捨てずに異国のジャングルにこもり、逆襲の機会をうかがっていたとされる。

だから、この学校を卒業した者がたとえ「日中友好につくす」と書いても、世間からすればそれは心からのものではなく、偽装をしているととられても不思議ではない。となると、「中野学校卒」のスパイである深谷義治も、「反省・謝罪の気持ちなどなく、戦後になっても引き続いて決死の戦いを遂行する」というつもりで中国でスパイ活動を続けていたと疑われてもおかしくはない。

だが問題は、私が中野学校卒業ではないことだ。私は北京の日本憲兵教習隊を卒業して、東京の陸軍憲兵学校を出たが、その憲兵学校が中野にあり、近所に陸軍の中野学校があったのだ。それは、言うまでもなく別の組織である。要は、新聞記事が誤報だったのだ。

もちろん、日本の大手新聞に載せられた記事なので、中国政府の目に入らないわけはない。それゆえに、私の経歴に誤報に基づいた「中野学校の出身」という要素が加わった。スパイ機密費という「憶測」に、大手新聞での「誤報」が加えられ、中国政府は私を戦後の日本のスパイと断定することになったのだ。

中国政府が私に対して十六年間も判決を下すことができなかった原因は、ひとえに、確たる証拠を得られなかったからに違いない。結局、中国で得られなかった証拠は日本から入手された。すなわち、身も心も捧げた祖国から私に致命的な打撃を与える〝証拠〟が提供されてしまうことになったのだ。

私の軍人恩給が支払われ始めたのは昭和四十六年で、「中野学校卒」という報道がされたのは昭和四十八年だった。この年、中国政府は私に「スパイ機密費」と「中野学校」について厳しく追及し、「深谷の戦後の現役日本スパイを認める調書」を強制的に別の紙に書き写させた。

これらの「憶測」と「誤報」に基づき私に「中国の安全に対し重大な危害を与えた

罪」で無期懲役の判決が下されたのが翌年の昭和四十九年で、因果関係のタイミングとしてはぴったり成り立っている。

もし、「スパイ機密費」という「憶測」と「中野学校卒」という「誤報」がなければ、私は絶対に存命中の最愛の母に会えたはずだった。

5　重婚罪　――敏雄・記

帰国後、二ヵ月が過ぎた。マスコミや故郷の歓迎一色のムードがまだ冷めやらぬ時に、私たちは思いも寄らない出来事に巻き込まれた。父が突然「重婚罪」の嫌疑で告訴され、松江家庭裁判所出雲支部に出頭するようにと命じられたのだ。

重婚罪が成立すれば、刑法一八四条に基づき、両親はともに二年以下の懲役を科せられる。日本国籍を有しない母は、服役後、外国人として国外退去の処分を受ける。子供たちは日本に残ることができても、再び罪人の子供になる。私たちがやっと手にした団欒の喜びは、あっという間に水の泡となってしまう。父の元婚約者はすでに結婚して幸せな家庭を持ち、お子さんも成人していた。そんな彼女も巻き添えを食うことになる。

たとえ父が三十四年前になんらかの問題行為をしたとしても、凶悪犯罪ではないなら、国のために中国で長い間受刑してきた父の苦労を考えて、父をそっとしておくのが人情ではないか。せめて父に、会えなかった祖母の墓を建てさせ、その墓の前で悔みの涙を気がすむまで流させ、長い年月の中、思いを馳せるしかできなかった故郷の山河を思う存分に眺めさせ、また、心身ともに受刑からできた深い傷を治療させてから追及しても、遅くないのではないか。しかし、父は祖国の地をしっかり踏みしめる余裕すら与えられずに、重婚罪という容疑で即刻、出頭しなければならない状況に追い込まれた。

おとぎ話の浦島太郎は、故郷に帰って玉手箱を開けたが、白髪の老人になっただけでことがすんだ。しかし、父は「玉手箱」を開ける間すらなく、乞食と同然の身からたちまち故郷の刑務所に入れられる寸前の容疑者の身となった。中国での受刑の恐怖の記憶から抜け出せない中、新たな恐怖を重ねることになった。

私たちは父の無実を信じていた。しかし、祖国のことを何も知らなかった私たちにとって、法律という分野を推し量ることは到底できなかった。どのような判決を下されるのか、まったく見当もつかず、終始針のむしろに座らされたようだった。中国で私たちを苦しめてきた悪魔が祖国にまで追いかけてきて、私たちに牙をむいて襲いかかってきたのではないか。この世に果たして私たちの安住の地はあるのだろうか、と私たちは恐怖に震えていた。父はその疑惑を晴らすために、自らが中立人になって裁判に臨むことにした。

昭和五十四年の桜前線が島根半島まで到達した。桜の薄いピンク色は、あっという間に緑の山々と鮮やかなコントラストを成した。本当に溜息《ためいき》が出るほど見事な、日本列島ならではの絶景だった。私たちはかねてから、桜の花を目にすればきっと人生の春が訪れると確信していた。しかし、実際に感じたのは、単なる花冷えではなく、背筋が寒くなる思いだった。父は三十四年ぶりの桜の花を満喫するどころか、拘禁の後遺症を抱えた痛々しい姿で、残された片目を酷使しながら裁判所に無実を訴える書類を書き続けた。

三十余年間、故郷と音信不通となっていた父ゆえに、地元で人の恨みを買うわけがなかった。父には、一体自分の身に何が起きたのかとうてい理解できなかった。故国が凄まじい変貌を遂げたことから、世間の道徳もこれほど衰退してしまったのか。こんな酷いことがまかり通る時代になったのか。ショックを受けた父は、こう思わざるを得なかった。

四月二十七日、裁判の日、父は私たちを残して、重い足取りで裁判を受けにいった。上海高級人民法院（裁判所）に運命を委ねてからわずか半年を過ぎたところで、今度は祖国の裁判所に運命を委ねることとなった。

松江家庭裁判所出雲支部の調停による審判の結果は、以下の通りである。

主文

昭和十七年四月十三日付島根県安濃郡川合村長受付にかかる申立人と相手方との婚姻が無効であることを確認する。

理由

申立人は主文同旨の調停審判を求め、その事情として申立人と相手方とについて

は、昭和十七年四月十三日島根県安濃郡川合村長宛婚姻届がなされているが、
申立人は
1、本籍地で出生、旧制大田中学校四年終了後、昭和十二年九月一日召集により旧浜田二十一連隊に入隊、同年十二月連隊と共に中国に渡り、昭和十五年憲兵となり以後参謀本部直属の特殊工作員となりその身分を隠蔽するため昭和十七年（1942年）四月二日中国人の陳綺霞と結婚し、そのまま中国で終戦を迎えた。
（中略）
2、応召中の昭和十六年中国から東京まで公務のため帰国し、再度中国に渡る途中生家に立寄ったとき申立人の両親及び相手方を交えて相手方と許婚（今でいう婚約）をしたものである（勿論《もちろん》挙式もなくその場の口約束であった）。
その後申立人が陸軍憲兵学校在学中（昭和十八年十月一日から翌年三月まで）日本の敗戦が予想されることを聞き、そのようなことになれば当時の申立人の特殊工作隊員という身分から生きて帰ることができないと考え、昭和十九年四月初め憲兵学校から中国へ戻る途中生家に立寄り申立人の両親及び相手方の前ではっきり前記婚約を解約する旨を告げ相手方も申立人両親もこれを了承したものである。
3、以上のとおりで申立人は相手方と事実上結婚したこともなければ婚姻届を提出したこともなく、また婚姻届の提出を他人に委託したこともない。
4、最近本申立をするに際し、相手方に真相を尋ねたところ相手方も婚姻届につい

ては全然知らないと述べており、中立人の推測によれば（中略）偶々《たまたま》当時中立人の父は川合村々会議員をしており役場職員とも心易《こころやす》い関係から父が届け出たものと思われるが中立人の父は昭和二十六年に母は昭和五十三年一月に死亡しておりその届出の真相を知る者はいないと思われる。

（後略）

以上の文書からわかるように、父の無実は認められた。判決のおかげで両親が刑務所に入るという最悪の事態は回避され、私たちは祖国で最初の危機を乗り越えた。父は祖国に正義と人情が昔と変わらずに残っていることに、ほっと胸をなでおろした。長い年月をかけて手に入れた一家の団欒が壊されずにすんだことで、皆が涙ぐんだ。

父の元婚約者にも「重婚罪」の訴訟で多大な迷惑がかかり、嫌な思いをさせてしまい、本当に気の毒だった。その人の母親も父の味方になり、法廷で証人として重婚罪の嫌疑を固く否定してくれた。

だが、私たちが帰国した今になって、誰かが父を重婚罪に陥れようとしたという事実も明らかになった。

父が中国の法廷に立たされたのは、日中戦争と冷戦下において日本国のために犯した罪に対して審判を受けたためだった。父としては極刑にされても悔いがなかった。しかし、命を捧げてきた祖国で、しかも三十四年間、一分たりとも忘れたことのなかった故郷で法廷に立たされた時は、かつて中国の刑務所で受けていた拷問と虐待を遥かに超える苦しみを感じたと父は話した。父は無罪を宣告されてほっとしたというが、家に戻ると心の奥深くを突き刺されたようにひたすら涙をこぼしていた。

すでに身も心もぼろぼろで身体障害者になった父が再び刑務所に入るとなれば、命取りになることは十分に予想できた。父が死に追い込まれそうにならなければならない理由は、一体なんなのか。

この裁判によって、父と母との戦中の謀略結婚の事実を祖父が知らなかったことは証明された。祖父は、父が国益のために婚約を破棄し、敵国へ行き危険と隣りあわせの潜伏生活をしていることを不憫《ふびん》に感じていたに違いない。日中の敵対関係が続く中、音信不通になった我が子の生存を絶望視したのだろう。せめて息子の魂が故郷に帰ってきた時、籍に妻がいた方が寂しくないだろうという切なる思いから出した婚姻届を、そのまま残したのではなかろうか。

父は、本来であれば両親を含む内地の親族の祝福を受けるべき結婚という出来事さえも、国のために彼らに明かせなかったのだ。それは父が戦争で被った大きな犠牲のひとつであった。

母は中国で、軍国主義の母と名指しされた。こうした苦難の運命になった発端は、日本軍の謀略にあるということは明らかだ。母の人生は謀略結婚をしたがゆえに狂わされたのであった。

父が誰に訴えられたのか、裁判所は教えてくれなかった。故人の尊い想いと両親の犠牲を利用して両親を罪に陥れようとするとは、まったく無慈悲な行為ではなかろうか。

6　軍人恩給は誰が申請したか　――深谷義治

問題は前後するが、私の軍人恩給の申請はいったい誰がしたのだろうか。

軍人恩給の申請は、基本的には受給資格のある者自身が所在地の都道府県福祉援護課に、申請書とその旧軍人の履歴書を提出して行なう。その後、都道府県福祉援護課からの承認、次いで厚生省の審査を受け、総理府恩給局が最終裁定するという仕組みになっていた。支給を認められれば、その軍歴は所在の都道府県福祉援護課に保管されることになる。

軍人恩給を取得する権利について、総理府から送られてきた書類には「未帰還者の場合、その留守家族(妻、父母等)が旧軍人の代理人として普通恩給を申請できることになっております」と書かれている。代理人になれる優先順位は、妻が父母より優先だということである。

先の重婚罪の判決文にも記されているが、私の籍にはおそらく父が私の婚姻届を出して以降、判決で決着がつくまで「妻」として「深谷〇〇」という人が存在していた。

従って、私の籍に「妻」がいる以上、母は代理人になれない。そのために、まず、代理人ではない母への恩給支給が認められたことはそもそも違法であった。

また、未帰還者の代理人が軍人恩給を申請する時には、未帰還者本人の委託書を提出しなければならないことになっている。

私は釈放されてからすぐの時期、故郷の親族に手紙を出した。それについて、昭和五十三年十月二十一日、『朝日新聞』は「尽力に心から感謝」というタイトルと「三十数年ぶり便り」という副題でその手紙が届いたことを報道した。

また、同じ日の『山陰中央新報』は「二十日届いた深谷さんの手紙は拘置中、私信は許されていなかっただけに自筆のものは初めて。（中略）弟妹らは何十年ぶりかに目にする兄の筆跡に感慨深げでうれしい内容に大喜びだった」と報道した。

これらは私が拘禁されている間、私が日本側に「委託書」を送るようなことは絶対に不可能だったということを証明している。恩給申請がされたのが昭和四十六年（1971年）。この時、私は言うまでもなく上海市第一看守所に拘禁されており、通信の自由はまったくなかった。もし私が「委託書」を書いて日本側に送ったとすれば、各報道の中でされた「三十数年ぶり便り」や、「何十年ぶりかに目にする兄の筆跡」といったような記事は誤報ということになる。

帰国直後の昭和五十四年（1979年）一月二十三日、私と妻は厚生省援護局に出向き、恩給について尋ねた。係官は「あなたはこの通り、母、深谷ヤノに、『恩給をもらっておいてください』という『委託書』を書いているのではありませんか」と言いながら、私に「委託書」を見せた。筆跡は当然、私のものではない。

　また、その書類には私の名前の印鑑も押されてあった。だが、昭和二十年八月、私は情報収集をせよという上司の命令で北京日本憲兵隊司令部を離脱する前、日本人と疑われる書類や私が公的、私的に使用していた実印も一切、司令部炊事場のスチーム用窯に投げ込んで焼却した。緊迫した状態に置かれていた当時、私を含めて自分の印鑑を内地に送った軍人はまずいなかったはずだ。つまり、「委託書」に押された印鑑も偽造されたものとしか考えられない。

　軍人恩給の受理の権限を持っている島根県庁は申請を審査する時、その「委託書」は本人が書いたものかどうか確認しなければならなかったはずだ。

「誰かが深谷義治の名義を使用して委託書を書いたという事実は、まったく知らなかった」と援護局の係官は言って、調査すると明言した。同時に「厚生省と総理府恩給局は、島根県庁から提出されたこの『委託書』を根拠として恩給を発給した」と付け加えた。

　軍人恩給の支給額は、従軍年数だけでなく、任務の危険度によっても裁定されるので、正確な軍歴が示されなければならない。

　私は特殊任務に従事していたため、戦中戦後を通してその軍歴というものは直属の上官以外には秘密で、絶対に公にできないものであった。それゆえに、上官と私がその秘密を明かさない限り、私の親族であっても私の真の軍歴を書くことは不可能である。では、上官から情報が漏れた可能性はあるのか。私の当時の隊長であるK中佐は、昭和五十三年の『週刊現代』誌の取材に対し、「戦中から深谷君の帰還の見通しがつくまでにかけて、軍事機密と深谷君の命を守るために任務の詳細は誰にも話さなかった」という趣旨のことを証言している。にもかかわらず、私が上海で拘束されていた時期に私の軍歴を明記した書類が恩給申請の際に出されていた。

私は島根県庁で、私の軍歴を記した書類のコピーを確認した。それは手書きで、一目で母の筆跡ではないことがわかった。また、履歴書に書かれていたすべての日付は、ことごとくでたらめなものだった。偽造の軍歴の最後には「現役満期、すなわち除隊」と書いてあった。私が自分の真っ赤な血で戦場を染めて、特殊任務に携わった経歴にも触れず、血と汗で勝ち取った軍人の誇りであるふたつの受章記録も記載されていなかった。その履歴書は旧軍人である私を著しく侮辱するものだった。

当然ながら、勝手に作った軍人履歴書で決定された恩給は、私の正当な軍歴を反映する額ではない。偽りの申請で確定していた私の恩給の年額は二九万六三〇〇円であった。

長野に在住のE君は元日本陸軍憲兵曹長で、昭和十五年八月一日、私とともに北京日本憲兵教習隊第三期卒業後、陸軍憲兵伍長勤務上等兵を拝命した。のち、済南日本憲兵隊に配属され、また昭和十九年三月末、私とともに東京の日本陸軍憲兵学校丙種学生隊卒業後、再び済南憲兵隊に復帰し、昭和二十一年五月に帰国復員した。

昭和五十四年二月二十四日、E氏は悪質な手口によって捏造された私の恩給に憤りを感じて、「こんな少ない額になるはずがない」と私に参考にさせるつもりで、手紙の中に「私の場合は現在、軍隊関係の恩給として普通恩給年額四六万六五〇〇円及び傷病年金（第3款症）五八万九〇〇〇円を受けております。これが現在、私と妻の生活を支えてくれております」と自分の恩給額を教えてくれた。

終戦までの私とE氏の経歴はよく似ていたが、彼は制服の曹長で、私は特殊任務を帯びていた私服曹長だった。E氏は終戦後すぐ帰還したのに対して、私は任務続行したうえ、囚われの身となった。私のほうが任は重く、期間も長い。

また、履歴書には本人の印鑑を押さなければならないが、偽造された履歴書には印鑑さえ押されていない。偽造にしてもあまりにもずさん過ぎた。

このように、違法な要素をいくつも含み、事実と違う記述に基づき支給された軍人恩給を、私は自分のものとして受け入れるわけにはいかない。このような強い思いから、島根県庁を訪れ、新規恩給の再申請を行なった。しかし福祉部長は、「軍人恩給の申請は一回だけで、あなたの恩給はすでに支給してきたので、新たな申請は駄目だ」という理由で机を叩き、私の申請を拒否した。その後、私は諦めきれず何回も足を運んだが、そのたびに門前払いされた。

では、いったい誰が偽りだらけの私の軍人恩給申請書類を提出したのか。

関係する役所が口をそろえて言うように、実際には母が書類を捏造して私の恩給を申請し、受け取っていたのだろうか。

私には上海で拘禁されていた昭和三十六年（1961年）四月から昭和五十年（1975年）六月までの十四年間、年金がかけられていた。これは母が支払い続けてくれたものだ。その後、支払いが止まったのは、おそらく母の病気が悪化したために余裕がなくなったのではないかと推察している。

昭和三十六年の春は、妻が、私が拘禁されたことや四人の子供たちと苦しんでいる状況を初めて母に手紙で知らせた時期だ。この手紙を読み、母はせめて私の出所後の老後の生活が少しでも安定したものになるよう、自分の小遣いか、あるいは家の貯《たくわ》えから、私の年金を納めてくれたのだろう。

昭和四十六年（1971年）、国は未帰還兵の内地にいる妻と父母の生活苦を考慮して、異国に居住している旧軍人の恩給を内地にいる妻や父母が取得できるという恩給法の追加条文を制定した。このタイミングで私の恩給申請の書類が役所に提出された。

もしこの時期、母が生活に困っていたのなら、まず私の年金の納付を中断して、そのお金を生活に充てるだろう。その上でなお困難だったら、私の恩給を請求する可能性が出てくるかもしれない。しかし、私の年金記録の記載を見ると、私の恩給申請がされた昭和四十六年の時点では、母は相変わらず私の年金を支払い続けていた。つまり、私の恩給を代理で受け取る必要があるほどには生活には困っていなかったといえる。

私の年金を納付してくれるということは、私の老後を助けることである。一方で、私の恩給を代理で受け取るということは、私に損害を与えることとなる。母が同時にそのふたつのことをするのは、とても理に適《かな》わない。すなわち、同一人物が代理で年金を納付しながら代理で恩給を取得することはあり得ないことである。

腹を痛めて産んだ我が子を犠牲にしたり、乞食にさせたりするような母親はいないに違いない。「虎毒不食子」という中国の諺がある。トラがいくら凶暴であっても、絶対に我が子を食い物にしないという意味である。

また、母が本当に生活に困れば、異国で貧困に喘いでいる息子と嫁、四人の幼い孫に手紙で「ごめんなさい。義治の恩給を使わせてね」と書いて、通知するはずであろう。しかし、世界中、母親と呼ばれる女性でこのような手紙を書ける人がいるのだろうか。

拘禁中、私は自分が凍死しようとも、子供たちが私の残された服を売って飢えと寒さを凌いでくれるだろうという思いで、妻からの服などの差し入れを三回目から拒否した。それと同様に、あれほどまでに私の将来のことを案じてくれた母は、たとえ自分が飢え死にするようなことがあっても、息子の生存に関わる恩給に手を付けるようなことは絶対にしない。これは世界中の親に共通する慈悲である。

私の恩給が申請された年には、母はすでに七十五歳であった。その七年後、母は老衰で亡くなったそうだ。我が子を心から思ってくれた母が本当に自分の意思で一連の書類を作成し、申請をしたのだろうか。私は強く疑問を感じている。そのことを裏付けるように、県庁と厚生省に保管されていた私の恩給申請書類はすべて母の筆跡ではなかった。では、誰が勝手に一連の書類を作成し、申請をしたのか。おそらく、私の帰国時に恩給証書を持っていた身内の某が少なからず関わっていると考えている。

私の恩給を横取りするために、母の名前を担ぎ出して、私を食い物にし、責任を母に押しつけた人間がいる。こんなに息子思いの母を貶《おとし》める行為を断じて許してはならない。

そして、こうした偽造の書類をずさんな審査で簡単に通してしまった島根県庁や厚生省、総理府といった関係官庁の罪もあまりにも重い。

今、私は身体障害者になり、とても働けない。病弱の妻と生きていくためには、正規の軍歴に見合った正当な恩給をもらわざるを得ない。

だが、私の恩給はすでにこういう残念極まりない形で申請されてしまっていたので、受刑により身体障害者になっても、生活費を賄《まかな》える軍人傷病年金をもらえなかった。年額三十万円未満のその軍人恩給が私の唯一の収入源となった。優遇されたのは、身体障害者として公共の乗り物運賃が半額になることだけだった。

最後の帰還日本兵である私は、軍人恩給を申請する権利を奪われ、泣き寝入りの生活を強いられている。こうして祖国での生活は、私たち夫婦が乞食になるかもしれぬという予想もしなかった危機に直面した。

7　新たな試練――敏雄・記

父の軍人恩給では、四万円の家賃を含む生活費はとても賄いきれなかった。父は受刑のせいで満身創痍《そうい》となり、母も中国での苦労で弱りきっていた。両親がすぐに働けない状況で、家族は困窮生活を強いられることになった。

父が中国で罰を受けたことはやむを得ないが、一生を捧げ、やっとの思いで戻ってきた祖国でこのような境遇になったことについて私たちはとても理解することができなかった。父が夢にまで思っていた祖国に本当に帰って来られたのか、という疑問さえ湧いてきた。

その時、私たちの目に浮かんできたのは、父が刑務所から持ち出したあのボロの半ズボンの〝地獄の絵〟だった。ズボンは処分したが、〝絵〟の模様は脳裏に焼きついていた。母が自殺未遂にまで追い込まれたことも、同時に思い出された。長い間苦しんできた両親がわずかばかりの安らぎも与えられないというのは、あまりにも惨め過ぎるのではないか。私たちは、かつて大陸で両親を助けようと奔走した時の使命感に再び駆られるようになった。

父が故郷に帰れたのは知事たちや県民の尽力、日本政府関係者の粘り強い交渉のおかげだった。大勢の方々の善意で得られた成果を無駄にしてはならぬ、という強い気持ちに押されて、兄弟の力を合わせて両親を養うことにした。

帰国してからわずか七日で、兄弟三人は過去の恐怖を抱えながら肉体労働に就いた。もちろん通訳はおらず、現場では身振り手振りで意思の伝達を行ない、仕事を教わった。帰国時に三十三歳だった兄は拘禁中、重い結核を患った。二ヵ月半前に出所したばかりでしばらく静養が必要とされた。にもかかわらず、任されたのは八時間立ちっぱなしで瓦をベルトコンベヤーから台車に載せる仕事だった。両親を養うためとはいえ、兄が重病後の痩せ細った体で働いている現実に、両親は身を切られる思いだっただろう。二十歳になった妹は、しばらく大田市の中学校で日本語の勉強をしながら、両親の面倒を見ることになった。

領事館がくれた『今日の日本』に、日本の義務教育の事情が紹介されていた。苦難の中、憧れの祖国に帰った私たちにも当然、日本国民と同様にその教育を受ける権利があることを確信していた。しかし帰国後、一切の支援はなく、私たちは日本語を独学で学ばざるを得なかった。私はこの時、三十歳になっていたため、丸々九年間の義務教育を受ける必要はなかったが、せめて日本語入門を終えるまでの教育を援助してほしかった。

当時の厚生省は、私たちの帰国前の昭和五十二年（1977年）、すでに中国残留孤児と中国からの帰国者への援助を実施していた。その内容は、日常生活や日本語の習得に関する援助、生活相談にあたる指導員の派遣など、早期に社会生活に適応するための自立支援であった。一年目の家庭訪問の回数は月に七回と定められていた。しかし当時、私たちはこのような支援があることを一切知らされなかった。やむを得ず、言葉のハンディキャップを抱えながら就労したのだ。

その二十年以上も前の昭和三十年、ＴＢＳの番組は、受刑者の更生の一環として松本少年刑務所内に松本市立旭町中学校の分校が開校したことと、外国籍の人を含め、受刑者が中学校の制服を着て無料で授業を受けていることを報道していた。受刑者は日本で法を犯して裁かれた立場であるが、差別されることなく学校教育を受ける権利が与えられていた。それに比べて、私たち兄弟は二十年間も日本のために人質にされ、やっとのことで憧れの祖国に帰ってきたというのに、肝心の日本語入門の教育さえ受ける機会を与えられなかった。なぜこんなに不平等な扱いをされたのか、未だにとても理解することができない。

間もなく、厚生省援護局からテープレコーダーと日本語を学習するための本とテープをもらったが、勉強できる時間は平日の帰宅後と日曜祝日だけだった。いくら父が懸命に教えてくれても、肉体労働でくたくたに疲れ果てて、うわの空で聞いているので、なかなか覚えられなかった。こうして、私たち兄弟は日本語の勉強に専念するどころか、肉体労働を余儀なくされる中、目の前に立ち塞がった言葉、風習、文化の厚い壁を打ち破れずにいた。仕事をしながら、日本人が幼少期から成人になるまでに教わる知識を短期間でゼロから身につけることは、まったく困難極まりないことである。

だが、日本人の感覚で富士山の真の雄姿や桜の花の美しさを感じ、その気持ちを祖国の人々と語りあえるようになるために、私は言葉の障害という難関に挑むことにした。瓦工場の仕事は単純な肉体労働で、頭を使う余裕は十分残っていた。そこで、「ながら族」になるアイディアが頭に浮かんだ。私は作業着の袖の部分と膝の部分に、記憶しにくい単語を目いっぱい書き込んだ。作業をしながら、単語を見て暗記していった。幾度かの洗濯で単語が消えかかる頃には、頭に叩き込まれた。そして、また新しい単語を書き、記憶するということを繰り返し、十ヵ月が過ぎた頃には、その地道な努力の末、簡単な日本語は話せるようになった。

ある日、その一部始終が工場の担当者に見つかり、「作業中に勉強するのは駄目だ」と禁止令を出されてしまった。やむを得ずそのやり方は取りやめて、仕事に行く前と休憩時間に単語をたっぷり頭に詰め込んで、仕事中に思い起こすという方法で勉強を続けた。

仕事と勉強しかない生活で私たちの心が安らぐのは、朝晩の食事の時間だった。一家揃ってテーブルを囲み食事をするというごくありふれた平和な光景を、私たちは大陸で二十年間かけて求めたが、得られなかった。それが祖国で毎日のように繰り返されている時、その感動は私たちの心から泉のように湧き上がり、祖国でつかんだ幸福がいかに大きなものかを感じた。そして、それは日本語の勉強に大きな励みとなった。

8　墓――敏雄・記

母の両親は上海で相次いで亡くなり、郊外の墓地に埋葬された。私たちは幼い頃、中国の風習に従い、清明節（旧暦の四月五日で、日本のお盆にあたる）に必ず両親と一緒に墓参りに行った。供え物を墓前に並べ、香を焚《た》き、あの世で生活に困らないようにと、金色の紙でできた馬蹄銀《ばていぎん》の「お金」を焼いて天に送った。祖先を尊ぶ気持ちを込めて霊を祀《まつ》った。

母の話によると、墓参りの際、父は義理の母を死なせたことと、日本の父の墓参りに一回も行けていないことを思い出し、いつも悔やんでいたのだそうだ。父が逮捕されても、母は私たちを連れて墓参りを続けた。そのたびに、一日でも早く父が家に戻れる日が来るようにと懸命に祈った。

文化大革命が始まると、墓は革命派に全部掘り起こされた。母はその話を聞き、急いで両親の墓地に駆けつけたが、その時にはすでに更地になっていた。骨がどこに捨てられたのか知る術《すべ》もなかった。死者も革命の嵐から逃れることができなかったのである。

帰国後、父はすぐにでも祖母の墓を建てて死者を弔いたいと思っていたが、その時の父は中国からびた一文持って帰れず、お金に困窮していたため、願いはすぐには叶えられずにいた。

父は戦前に山を買っていたのだが、その山では祖父が植えた松の木が大木に生長していた。その木を売却して、そのお金を墓の費用に充てる案を思いつき、伐採の職人を頼んだ。できるだけ早く伐採が進むようにと、私たちは体が弱い両親を除いて、兄弟揃ってその伐採を手伝うことにした。

出勤前、私は兄とふたりで山に木を伐《き》りにいった。作業中、兄が持っていたチェーンソーが、木を伐った勢いで、私の左足に当たった。私がその場に座り込むと、ズボンの破れたところから血が流れ出た。私は慌てて上着を脱いで、止血のために傷口の上部を服の袖でぐいと縛りつけた。

兄は救援を求めて、走って下山した。日本語が話せないので、一番近くに住む住民に助けを求めることができず、一・五キロも離れた家まで両親に知らせにいった。

山間は静まり返っていた。助けを待つ間、私の脳裏には様々な思いが錯綜した。災難に見舞われた人を精神的に支えるためには、心のケアを行なう必要がある。しかし、私たちは帰国後にそのようなケアさえも受けられずに働き出したせいか、過去の恐怖がずっと胸に残っていた。流血が止まらず、耐えきれぬ痛みの中、自分は国を移れど依然として戦場という泥沼から抜け出せていないのではないかと不安な感情に襲われた。

万が一、チェーンソーが骨まで切り込んでいたら、足が不自由になる可能性が極めて大きい。そうなれば、両親を養う責任を果たせなくなるだけでなく、わずかの収入しかない父に治療費と生活費を出してもらわなければならなくなる。それに加えて、結核が治ったばかりの兄の体調が過重な肉体労働で再び崩れれば、大陸での苦難の生活がまた繰り返されることになるのではないかと、私は気が気でなかった。その時は生活保護制度の存在を知る術もなく、打開策などひとつとして思い浮かばなかった。辛い運命は、いつまで私たちにつきまとってくるのであろうか。悲しさのあまりに涙がこぼれた。

じっと痛みを堪えていると、小鳥のさえずりが聞こえてきた。もしここが戦火の中だったら、小鳥がこんな穏やかに鳴くはずはない。かつて「戦場」であった上海の生活では、このように人を魅了する鳥の鳴き声を聞いたことがなかった。その時聞いた鳴き声は、まるで小鳥が「この地があなたたちを苦しめることは、決してないでしょう。どうか安心してください」と慰めてくれているように聞こえた。

約三十分後、救急車のサイレンが聞こえ、父と救急隊員が助けに駆けつけてくれた。救急車が無料であることを知らなかったので、搬送されている最中もずっと料金のことが気がかりであった。大田市民病院で診察を受けた結果、足の筋肉と神経が切れており、九針縫うことになった。全治一ヵ月という診断に、これは多分、天国にいる祖母が、孫が血を流してまで自分の墓を建ててくれようとしていることに心打たれ、最小限の傷でとどまるよう守ってくれたのだと感じた。

この思わぬ負傷によって、私には日本語を勉強する時間がたっぷりできた。まさに「災い転じて福となす」である。勉強に熱中している間、痛みは忘れてしまうのであった。しかし、仕事を休むことで家計を支えることができていない現状には心が痛んだ。

伐採後、父はその木を売却し、そこで得たお金で祖母の墓を建てた。妹は得意な隷書で祖母の碑文を書き、業者に彫ってもらった。父の名前も碑の横に明記した。帰国して一年が過ぎ、やっと祖父と祖母の墓が並んだ。線香の煙の中、父はようやく叶った祖母との再会に目に涙を浮かべていた。

その後は父が丹誠込めて育てた四季折々の花が途絶えることなく供えられ、母は足繁く墓参りに行き、一家の無事を祈っている。母は年のせいか、日本語がなかなか上達せず、いつも上海語で祈っていた。父は先祖に通じるかと心配したが、心のこもった祈りなのできっと通じていたに違いない。現に今まで、祖先は両親を守り、長生きさせてくれているのだから。

9　岸壁の母　――深谷義治

中国での潜伏という緊迫の日々の中、私は最悪の事態が起きた時に備えて、家族を助けてもらえるよう岡村氏を通じて大阪の伯父に家族の存在を知らせておいた。そうすれば、もしもの時には大阪の伯父から母に連絡が行くはずだと考えた。また逮捕直前、妻に母の住所を教えておいた。それは、自分がいなくなった時に、妻が母を頼り救済されるようにという私の願いでもあった。私が逮捕されてのち三年が経った昭和三十六年（1961年）、妻は母に連絡を入れ、現状をすべて伝えた。それを知って母は、なんとかして家族を引き取れるように動き出してくれた。

帰国直前の昭和五十三年（１９７８年）十月一日『毎日新聞』は「今年一月死亡した母のヤノさんは帰国した時の用意にと、ふとんやナベ、カマまで買いそろえ……」と伝えた。

この一文から、当時の母が幼い孫たちを愛し、育てようとしてくれていた熱意が伝わってきた。母の思い描いていた夢が浮かんできた。息子の代わりに孫たちを暖かい布団に寝かせ、鍋と釜でご飯とおかずをいっぱい食べさせ、父親がいない寂しさを忘れさせたい。また、孫娘を抱き、日本の子守り歌を聞かせながら、息子が罪人になった悲しみを紛らせたい、そんな夢だったのだろう。

日中両国の敵対の狭間《はざま》で母の夢は壊されたが、家族を助けたい信念は揺るぎないものであっただろう。かつて貧困の中、鶏の卵を売りさばいて通学用の自転車を買ってくれた時と同じように、孫たちにお菓子や玩具を買うために懸命に近所に卵を売りにいったに違いない。

母の行動には一見すると家族を突き放すようなところもあったが、その理由はすべて回り回って家族への思いやりが発端であった。例えば、母は私の国民年金を、昭和三十六年四月から昭和五十年（１９７５年）六月までの十四年間払ってくれていた。しかしその時期は、上海で家族が経済危機に見舞われていた時期と重なった。なぜ母は、そのお金を上海の家族の救済に回してくれなかったのか。その行動は、まるで母が上海の家族を見殺しにしたかのようだった。しかし母がそのような行動をとったのも、恐らく私が判決を受ける前に送金すれば、中国政府にスパイ機密費だと受け取られると考えたからだろう。送金すれば、私の首を一層絞めることになりかねない。その恐れから、橋田さんが預かっているBさんのお金を家族に渡すことができないばかりでなく、母は孫たちにお年玉さえ送れなかった。そんなやむを得ない事情から、上海へ届けられない愛情を私の年金に託したのだろう。

十四年間、母は年金を納めるたびに、孤立無援の上海の家族が飢えで死んでいるかもしれないと思い、涙を流し心を震わせていたに違いない。年金記録に記載されたのは、納めた金額の証明というだけでなく、母の言葉に尽くせない十四年間の断腸の思いだった。

文化大革命の嵐は、母と上海の家族との通信を断ち切った。罪のない人が「四人組」に吊るし上げられ、中国全体で推定約二〇〇〇万人もの犠牲者が出た。四人の生存率も極めて低くなっていた。この恐ろしい情報は母の耳にも届いただろう。そんな中で、私の生死がわからないままに妻と子供たちが慰霊のつもりで上海市第一看守所に差し入れを届けてくれたのと同様、母も悲しみに耐え、私の年金を納め続けてくれた。もし、その時私が死んでいたなら、母が三瓶山の見える寒村で年金を納め続けてくれたことは、私への供養になっただろう。三瓶山にもし情があったならば、母のひたむきな愛情にきっと涙を流したことだろう。

帰国後、近所の人から聞いた話によると、母は軍服姿の私の写真を引き伸ばして応接間の壁にかけ、「義治と家族が無事に帰国できるように」と祈り続けていたのだそうだ。帰還後、私はその写真を探したが、いくら探しても見つけられなかった。多分、あの世でも祈り続けられるようにと、母が写真を持っていったのだろう。

受刑中、北京日本大使館の加藤一等書記官が私に「お母さんはあなたに会えるまでは絶対に死なないとおっしゃっています」という伝言をしてくれた。その伝言に込められていたのは、母の私に対するどんなにか深い愛情だろう。それゆえに、その母が受難中の息子を見捨てるようなことをするなんて、どうして信じられようか。

私の帰りを待ち続けてきた母は、やっとのことで帰ってきた我が息子が乞食同然の身になってしまったことを見て、あの世で泣いているに違いない。

私の帰還という「戦後」が訪れないまま、母が私を待ちきれずこの世を去ると、各新聞はこぞってそのことを報道した。

昭和五十三年一月二十四日、『毎日新聞』に「わが子の顔見られず死去」という見出しのついた記事が載った。「ヤノさんは義治さんに会えるのを生きがいにしていたが、昨年九月二十六日から老衰が悪化、重体の状態が続いていた。『あの体で生きておられるのはわが子に会いたい一心からだ』と家族が驚くほどだった……」と記されていた。

昭和五十三年一月二十五日、『朝日新聞』は、「再会果たせず他界」という見出しの記事で「家の庭に義治さんが中学生時代に持ち帰り、父母が植えたキンカンの木が二メートル余りにも育って、梅干し大の実をつけている……」と書いている。

実家に帰った時、キンカンは見違えるほど大きくなっていた。息子と生き別れになった母は、必ずその子がキンカンを食べに帰ってくることを信じ、苗に水とともに望みをかけて育て、大きく実らせたのである。しかし残念ながら、母は息子がその実を口にする前に世を去ってしまった。母はその木を眺めるたびに、私の姿を目に浮かべていただろう。今、私はその木を眺めるといつも母の姿が目の前に浮かんでくる。会えなかった親子が、この木の傍らで会っているように思えた。

京都に住む妹・恵子は、よく母のことを『岸壁の母』にたとえていた。『岸壁の母』は舞鶴の桟橋でひとり息子の帰りを待っていた。一方、母が寂しい寒村でひたすら待ち侘《わ》びていたのは、ひとりの息子だけでなく、人質として囚われた嫁と孫たちの帰還だった。日本海はどれだけ深かろうと底がある。しかし、母の悲しみの深さは底なしだったと言っても言い過ぎではない。

母は三十四年間にわたって私に会う夢を、そして十七年間にわたって家族がその布団や鍋、釜を使って一緒に暮らす夢を見てきた。あの世に旅立つ前に、それらの夢が叶わないものであったと落胆した母の心境を思うと、どんなにか寂しくて悲しかっただろうと胸が締めつけられる。

日本海に夕日が沈んでも、息子である私に会えなかった母の遺恨は海に永遠に浮かんでいる。その遺恨を作り出した原因は、一体なんなのか。また、私が帰郷しても、真の平和に恵まれなかった原因はなんなのか。その終わらぬ悲劇の原因は、「戦争」というひと言で片づけられるものではなかろう。

庭のキンカンを口に入れるたびにいつも涙が湧いてくる。また『岸壁の母』の歌を聴くたび、母が歌っているように感じる。特に歌の中のセリフ、「あれから十年、あの子はどうしているじゃろう。雪と風のシベリアは寒いじゃろう、つらかったじゃろうと命の限り抱きしめて、この肌で温めてやりたい。その日の来るまで死にはせん。いつまでも待っている」の部分が流れるたびに、あれから十年どころか、三十四年間も私の帰りを待ち続けた母の心境を思い、私は泣かずにはいられなかった。

10　日本人になった――敏雄・記

前述のように、父は日本軍の謀略に従って、偽りの国籍と姓を上海で登録した。そして、私たち子供は生まれた日からその偽りの国籍に入り、偽造の姓を継ぎ、その後「日本の鬼の子」になってしまった。帰国前、子供たちをその災難から助け出すために、恒松島根県知事は私たち子供が日本国籍を取得することを強く望んでいた。北京の日本大使館は私宛の手紙に「深谷敏龍様」と書いて、私が日本人であることを認めてくれた。

帰国後、父は「あなたの家族が日本国籍を取るのには、最低でも五年かかる」と言われた。確かに日本の国籍法では、外国人が日本に帰化する場合は、その条件のひとつに

「五年以上日本に住んでいる」というものがある。もし、私たち子供が外国人と扱われ、帰化という手続きになれば、少なくとも五年間は偽りの国籍と姓から抜け出せないことになる。

帰国の際、父は大きな犠牲を払った家族がすぐにでも救われるようにと切に願っていた。しかし、その望みが叶わず、家族が恵まれない生活を強いられていただけでなく、日本人になるのもままならないかもしれない、と父の不安は募る一方だった。

還暦を迎えた父は受刑の後遺症を抱え、帰国後、相次いでトラブルに襲われた。それにもかかわらず、父は自分自身の責任を痛感し、なんとしてでも我が子に真の姓と国籍を与え人間としての尊厳を得させなければならないと思い、新たな戦いに身を投じた。不屈の精神の持ち主である父は、徹夜しては片目で事情を説明する文書を書き、翌日杖を突いて、力を振り絞ってあちこち奔走した。

それを見つめる私たちの前には、言葉の壁が立ちはだかっていた。一日も早く日本人になれるよう祈りながら、必死に日本語を学ぶことしかできなかった。私たちは精も根も尽き果てた父の様子を見て、父が倒れるのではないかと絶えず心配していた。

昭和五十四年（1979年）五月十五日、林大田市長の並々ならぬ尽力を得て、私たちは帰国してから半年で家族全員が日本国籍を取得でき、二十年来の悲願を達成した。世の中の親たちと同様に、父が我が子に本当の姓を与える日がやってきた。しかし、それが生まれたばかりの赤ん坊ではなくすでに成人した四人の子供たちだということに対して、父の心中はどんなにか複雑だっただろう。

父は私たちを連れて、大田市役所に行った。そこで私たちは、帰化ではなく、日本人として正々堂々と「深谷」という姓の父の籍に入籍した。

この時、暗い過去と訣別する意味で、父は私たちに新しい名をつけてくれた。母の名前は「陳綺霞」から深谷綺霞《チャ》になった。子供たちの名は上から重雄、敏雄、龍雄、容子と改名された。生まれ変わったような気持ちになり、感激のあまり私たちは涙ぐんだ。

帰化と比較すれば入籍することは簡単なように思えるが、実際には私たちは二十年にわたってありとあらゆる試練に耐え、やっとのことで念願の日本人になることができたのだ。サツキが満開の爽やかな五月、私たちは日本人になれた喜びにひたった。

のち、父が出した手紙の返信として、加山元領事から父宛に祝いの葉書が送られてきた。

拝復

梅雨期の毎日ですが、如何おすごしでしょうか。奥様やお子様方も日本の生活に慣れ、また日本語も大分身につけられたことと思います。みなさんによろしくお伝えください。

また、お便りによれば、奥様方が日本国籍を取得された由、おめでとうございます。上海時代、再三再四、敏雄君、龍雄君そして容子さんたちが国籍取得について総領事館に要望して来ていたことを想い出します。山陰の地に在っての活躍を祈っていると、特に若い兄妹たちにお伝えください。お体を大切に。

敬具

黄浦江の畔で悲嘆に暮れ、精神的な拠り所のなかった私たち一家は、桜の国でやっと安住できる権利を獲得した。歳月がいくら流れても、初めて目にした富士山から得た感動と、私たちが日本人になったその日の感激は記憶の中で薄れることはない。

また、日中戦争で戦った経験者である林大田市長からの父への配慮は格別で、父の早期釈放に尽力するだけでなく、帰国後も私たちが日本の生活に慣れるように絶大な支援をしてくれた。その後、市長と加山元領事は相次ぎ永眠されたが、彼らの恩情は私たちの心に深く刻まれている。私たちは彼らの期待に背かないように、立派な日本人であり続けなければならない。ここで改めて、両氏の冥福を祈りたい。

11　実家の生活——深谷義治

帰国後、私たち夫婦を助けるために、収入がない娘を除き、三人の息子は安い給料にもかかわらず、懸命に私たちの生活を支えてくれた。最初の六年間は各自、年に十六万円を拠出し、その後は二十万円まで増やし、計十八年間仕送りをしてくれた。その間、私たち夫婦の年間の収入は恩給と仕送りを合わせて一〇〇万円未満だった。

帰国後三年を過ぎた頃、ある有志の方が私に、父母の財産を長男として正式に得るために家事審判の申立を起こしたらどうか、と勧めてくれた。この時点で、実家とその周辺の畑は母の名義になっていた。昔、私が軍隊で得た資金で母に買ってあげたものだ。勧めに従いそうすることにし、昭和五十七年（1982年）一月二十七日、松江家庭裁判所出雲支部で審理が行なわれた。

日本陸軍憲兵学校の情報を記したあるホームページによると、昭和十二年（1937年）の上等兵の俸給は月に八円八〇銭で、憲兵上等兵は一〇〇円だった。終戦前、私の俸給は特殊工作という危険極まりない仕事と国への貢献度により、七二〇円にも達していた。従軍してから終戦まで、俸給の半分は軍から直接両親に送った。

裁判官はそれらの事情を考慮して、実家や周辺の畑と宅地を私に与える審判を下した。そのおかげで、私は実家に戻ることができた。

実家の前に立つ一本の富有柿の木は昭和天皇が即位された日、父が記念として植えたものである。大きくなった木は実家の古さを物語っている。

私が家に入って目にした光景は、上海の家と同じ、家財道具がひとつもない部屋だった。古い畳の敷かれた床、畳は何ヵ所も欠けていて、床下の地面が見えた。台所、風呂場とトイレは使えない状態だった。

水道管が家の中と連結されていない状態なので、生活用水を得るために私は家の横に井戸を掘ることにした。だが、業者がいくら深くボーリングしても、硬い岩盤ばかりで水源がなかった。四十万円をかけてようやく井戸ができたが、流れてくるわずかな水は上の田んぼから滲んできたものだった。結局、生き抜くためには雨や雪の中、バケツを持って道路の傍らにある蛇口まで水を汲みにいくより仕方がなかった。

私たち夫婦は畳がないところを古い板で塞ぎ、破棄されていた古いカーペットを拾ってきて幾重にも敷いた。障子もすべて穴だらけになっていたので、自力で張り直した。梅雨の季節に入ると、粗末な畳はかび臭くなり、虫がよく湧いた。次男は私たち夫婦が何回もムカデなどにかまれたという話を耳にし、畳の上に直接寝ないですむようにとベッドをプレゼントしてくれた。

台風や地震の後には、屋根瓦が元の位置からずれた。雨漏りは日常茶飯事であった。そのたびに、次男が屋根に登って直してくれた。

実家には昔、両親と生活をした思い出がたくさん詰まっている。両親の生活の痕跡がたくさん残されている畳の上に立つと、両親に会えたような気がする。古びた畳に寝転がると、異国の刑務所の冷たくて硬い床には決してない柔軟さを感じ、心が和む。刑務所から幾度となく想いを馳せてきた実家は、私にとっては天国のような存在だ。異国で歯を食いしばり、虐待と拷問に耐え、歯がボロボロになり、私はとうとう総入れ歯になってしまった。だが、祖国で新たな苦行に襲われて入れ歯がボロボロになろうとも、我が家を再び離れる気持ちはまったく生じなかった。

北風の吹きすさぶある日、水を汲みにいった妻は、凍結した地面で足を滑らせて転倒した。強い痛みを感じながらも、私の支えでなんとか家に戻った。その晩、痛みがなかなか治まらないので、広島で働いている子供に帰るように電話をかけた。翌日、子供の車で大田市の上垣医院に行ったところ、脊椎が骨折しているということがわかり四十日入院することになった。

昭和六十三年（1988年）、公的な機関の助けを借りて、入居してから実に六年目になって、やっと水道を室内に引くことができた。大怪我で水の大切さを痛感していた妻は、家の蛇口から水が出てきた瞬間、思わず涙をこぼしていた。

妻は日本のため、私のため、子供たちのため、自分の一生を犠牲にした。日本ならではの着物は妻に最も似合うはずだ。私には妻に着物を着せたい気持ちはありあまるほどあった。だが、貧しい生活の中で妻に着せてやれたのは、いつもバーゲンセールの安い洋服だけだった。

中国で継ぎはぎだらけの服で凌いできた妻は、着物でなくても私がプレゼントした服に満足してくれた。一度だけ憧れの着物を着た思い出があったが、それは私と一緒に訪れた京都の映画村で、時代劇の着物を借りて身に着け、記念写真を撮った時だった。

妻に恩返しをするどころか、また再び不自由な生活をさせて、本当に心苦しい毎日だった。大田の彼岸市が巡ってきて、昔と同様に様々な木の苗が売られていた。露店でイチジク、西条柿、さくらんぼなどの苗を買い、育て方を教えてもらった。また、長野県にいる戦友にクルミの種を分けてもらって、それらを山と家の前の畑に植えた。のちに、手塩にかけて育てた果樹はふたりが食べるに十分な量の果実を実らせてくれた。人生の苦しみばかり舐めてきた妻が、初めて実家の熟れた果物を食べてくれた時に、私はようやくわずかではあるが安堵感を得た。

昭和五十七年六月、私たち夫婦は子供たちの経済的負担を少しでも減らそうと、体の無理をおして、大田市にできたショッピングスーパー内の上海料理店で働くことにした。私はレジの担当で、妻と娘は調理を受け持った。最初は私の帰国が話題になったこともあり客が多かったが、田舎の人々にとっては中国料理が受け入れにくかったようで、一年二ヵ月で閉店に追い込まれた。

平成八年(1996年)四月一日、中国残留邦人等に対する国民年金の新たな特例措置施行により、私たち夫婦も中国残留邦人と同等の年金を受けとれるようになり、これ以降子供たちからの援助を辞退した。事実上、子供たちは中国で二十年間、戦争の代償を払い、日本でも十八年間、追加でその代償を支払わされたことになる。

私は戦後補償と恩給申請の権利を求めるために妻と一緒に上京し、国に陳情した。しかし、望みはなかなか叶わなかった。のち、私は上京の気力を失い、手紙で陳情することにした。中国政府が私に宣告した無期懲役の刑は私が二十年四ヵ月間、苦しみを耐える事で乗り越えることができたが、なぜその後、祖国でも再び苦役を受けねばならぬのか。私が祖国に対して一体なんの「罪」を犯したのであろうか。できるものなら神様にそう問いかけたかった。そんな思いを込めて、小泉純一郎首相と森山眞弓法務大臣に陳情書を送った。

陳情書

私は島根県大田市に住む八十六歳の深谷義治と申すものです。

戦後五十五年、日本国の戦争処理はまだ完了していません。私の場合は、歴史の闇の部分で不当に忘れさられ、まだ軍の任務さえ解かれず、誤った深谷義治の軍人恩給を受ける身です。

私深谷義治本人が今日本国へ訴えなければ、上官の命令を受け、自分自身と家族を犠牲にして祖国日本のために尽くした事実は永遠に葬り去られてしまいます。

昭和五十三年十月十三日中国の鄧小平副総理が訪日の特赦で釈放され、帰国後何度も上京し、厚生省と恩給局へ訴えてきましたが、地方の問題は地元でと取り合ってもらえません。地元でも訴え続けていますが、いまだに納得のゆく回答をもらっていません。

これでは死んでも死に切れません。自分が生きている内に、日本政府が再度ご確認の上、私へ正当な戦争処理を賜りたく陳情いたします。

深谷義治

平成十三年五月二十一日

しかし、そんな陳情も叶わず、状況を好転させることはできなかった。中国で左目の視力をなくし、祖国に帰れば右目もますます悪くなる一方である。しかし、たとえ右目の視力を失っても、希望が叶うという夢を諦めずに見ていたかった。

12　闘病生活——敏雄・記

心身ともにボロボロになった父は、風前の灯《ともしび》のように消えるはずだったが、悪夢に怯まず、屈服せずの心意気で、帰国後、祖父母の墓に花をいっぱい手向けるという獄中の誓いを二十七年間も守ってきた。だが、この世の苦しみをあまりにも多く受け、ついに重度身体障害者になってしまった。何よりも残念なのは、刑務所で夢にまで見た祖国の桜を心ゆくまで見ることも、三十四年間異国で口にすることができなかった大好きなお餅を思う存分味わうこともできず、平成十七年（２００５年）から寝たきりの生活に入ってしまったことである。

父が大田市の病院に入院中の半年間、八十歳の母は、交通の便の悪さにもかかわらず、雨の日も雪の日も、一日も欠かさず片道三十分を歩いて父の見舞いに行った。父はこれ以上大田に留まるときっと母が倒れると考え、実家に住むことを断念して三人兄弟が住んでいる広島に転院することにした。

身を起こせない父のために、私は横たわった状態のまま乗車できるレンタカーを借りた。そして、大田市の病院で父を乗せ、実家に寄ることにした。車を実家の前につけることができず、少し離れた道路沿いに停めた。車から実家が見えるようにドアを開けると、車中にいた父は住み慣れた実家と祖父母と叔母たちの墓に別れをした。父の体の状態では、生きているうちに再び我が家に戻ってくることは極めて困難だろう。そのことを悟ったのか、父は墓の方向に向かって涙を流した。

同じ場所で父は終戦直前、祖父母や叔父叔母と生別した。その時もさぞ悲しかっただろう。今となっては、祖父母の泣き声は聞こえない。墓の下で眠っている叔母たちが別れの言葉をかけることももちろんない。ただ、父が我が子のように愛《め》で育ててきた木々の葉が風にざわめいている音は、泣き声として父を見送っているような気がした。

「お父さんが元気になりましたら、また連れて帰ります。その間、私たちが墓参りに来ます」と私たちは涙ながらに泣きやまぬ父を慰めた。

転院手続きをすませ、母は病院近くのアパートに住むことになった。

私は父の悲劇を病院で出会った人々に話した。先生と看護師長さんをはじめ、皆父の不幸に深く同情してくださり、看病に全力を尽くしてもらっている。その献身的な治療と看護のおかげで、父の受刑時の後遺症は悪化しておらず、病気の進行も食い止められている。

過酷な受刑生活や帰国後の心労から、私たちは父が長生きをするのはとても無理ではないかと心配した。だが、まさに再び奇跡が起きようとしていた。「二十年間の刑務所生活で失った人生を取り戻すために一〇〇歳まで生きたい」という父の悲願が叶いつつあるのだ。

平成二十六年（２０１４年）六月二十日、父は九十九歳の誕生日を迎えた。私は病院の皆さんに「今日は父に線香をあげる日になることなく、皆さまのおかげで父を見舞うことができました。本当にありがとうございました」と感謝の意を伝えた。看護師長さんは「あなたたち家族の愛があってこそ、深谷さんは今日を迎えられたのですよ」と話してくれた。

母は高齢にもかかわらず、毎日のように父の見舞いに通った。母の右手にはずっと微かな痛みがあり、広島鉄道病院で診てもらったが、レントゲン検査で指の関節の五ヵ所に異常が見られた。先生に「働き過ぎが原因なので治せない」と言われた。四人の子供を育てるために、母は昼も夜も、人差し指が曲がっても、なお必死に働いた。その当時の無理がとうとう老後に現れた。また、大田の実家の前に張った氷で足を滑らせ骨折したため、神経が圧迫され、長く歩くと激痛を感じる。それでも神経ブロック注射を受けながら、痛みのある手で父の食事の介助を続けていた。

看護師のひとりは「毎日、お父さんの昼食の介助をしてくれて、感謝状をあげないといけませんね」と言った。

父は元気な時、言葉で母に苦労をさせまいと彼女の通訳をしていたので、母の日本語はなかなか上手にならなかった。だが、ここ九年間は母は見舞いに行くたびに病院の皆さんと会話をした甲斐もあって、日本語が随分通じるようになった。

母は実家に行くたびに、花を摘んで墓前に供え、父の健康と長寿を祈る。広島に帰ると花の咲いた様子を父に報告する。しかし、我が家から離れざるを得なかった父の寂しさと悲しさを拭い去ることはできないだろう。

母はよく看護師たちに「私たちは結婚してもう七十年以上も経ちました」と夫婦の絆の強さを語っている。その話は人生の幕を閉じようとしている父にとっては最大の慰めである。父がかつて刑務所で歌った『関の五本松』の「あとは切られぬ夫婦松」という歌詞は、幾度も苦難を乗り越えて広島で生き続けているのではないだろうか。

病院の先生は、父はいつあの世に行ってもおかしくない病状にあると言った。母はそれを聞き、父にあの世にまで全部の苦しみを持っていかせたくない、せめて恩給の問題をなんとか早く解決しなければならない、と固く決意した。その思いで数年前、父の名義で、長妻昭厚生労働大臣と原口一博総務大臣にも陳情した。そのことを父に話した時、父は涙を流した。

しかし、残念ながら父の念願を叶える回答は得られなかった。父の戦友のほとんどは永い眠りに入ったが、父はまさに自ら陳情書に書いた「死に切れません」という思いから生き抜き、戦い続けている。

第十一章　真相と検証

1　国想い――敏雄・記

父は二十年以上にも及ぶ中国政府による監獄での厳しい追及の中、日本国の名誉を守るため、戦後も任務続行したことを否認し、国の名誉を守り切った。釈放後も、その信念を貫くために、戦後スパイの件を表沙汰にしないように心がけていた。

帰国の翌日、実家で『週刊ポスト』誌の取材に応じた時もその思いは変わらず、次のように受け答えをした。

――あなたは憲兵としてどんな任務についていたのですか？

父　そのことについては一切どの記者にも語ってはいない。これからも語る必要はないだろう。いまさら過去を語って何になりますか。

――結婚のいきさつは？

父　それも話しても仕方がない。私たちは未来に眼を向けていますからね。

――逮捕については？

父　戦時中、中国に対してひどいことをしたのですから……。

――終戦直後、帰国しようとは思わなかったのですか。

父　それには一切、ノーコメントです。

――裁判の模様は？

父　何度もいうが、そんな話は日中友好のためにならないでしょう。私はこれから日中友好のためにどんな役割が果たせるのかを考えているのですから。

このインタビューで逮捕の理由を聞かれた父は、「戦時中、中国に対してひどいことをした」と答えたが、戦後も任務続行したことは口から出ることはなかった。帰国しなかったことや裁判についても、真実を述べれば国の名誉を損なうことになるので、父が取った戦術はノーコメントだった。

『山陰中央新報』による車中インタビューでも拘留中の生活ぶりを聞かれたが、「あまり話さない方がいいと思います。過去のことは水に流し、私たちに必要なのは平和な将来を考えて行くことです」と話した。

終戦を迎える時、父も大勢の兵士と同様に精神的に戦争の後遺症にかかったに違いない。その心の傷を治す間もなく、上官の命令で別の戦場で再度戦うこととなった。その後、囚われの身になり、二十年あまり地獄を見てきた。そのために父は、心身ともに他の帰還兵たちよりもさらに深い傷を負ったはずだった。帰郷した際は、紛れもなく傷口から血が流れているような痛ましい状況であっただろう。その苦しみを水に流すといっても、流せるはずがなかった。だが、国の名誉を傷つけないために父は沈黙を貫き、苦しみをそのボロボロの心身に閉じ込めた。

父は中国で二十年四ヵ月間罰されたことに関して、「抑留は当然の罰だ」というひと言で終わらせた。その言葉は、戦後の日本のスパイとして働いたことで重罰を受け、最後の日本兵として帰還したことはやむを得ないことであったとの心境を表していた。

前出『週刊ポスト』誌は「深谷さんの答えを読んでおわかりになったと思うが、期待に反して（あるいは予想どおりに）彼は詳しいことは語りたがらないのだった。過去に触れたところで、それは何の意味もない、無意味だ、と自分の人生のドラマチックな部分には触れようとはしないのだった」と書いた。


父の話では、帰国後間もなく、父は上官であったI元憲兵司令官代理やA元少佐と電話で連絡を取り、命令通り任務を全うしたことと、戦後スパイであることを否認してきたことなどを詳しく報告した。上官たちは国に迷惑をかけないように、戦後スパイの件については闇に葬った方がよいと父に勧めたそうだ。それゆえに、父も上官たちも国を思って、当時の厚生省に提出した書類に「任務続行」という命令があった事実には触れなかった。離隊の経緯については、父が自ら決心して上官たちの了承を受けたことにした。

I氏は後日、厚生省による「終戦直後の深谷義治氏の行動に対しての調査依頼」に対して、「本人は諜報関係の勤務をしていたので、戦犯に指名されるかもしれぬという心配から速やかに憲兵隊司令部を離れ行方をくらましたい旨願い出たのでこれを諒《りよう》とし離脱を許したと記憶しています」というように「了解のうえでの離隊（亡命）」と取れる記述をした。同時に、「当時は終戦直後のことで前途は暗く、（著者注：深谷義治の）復員等のことは深く考えていなかったので、現地除隊などとはっきり命令した覚えはありません」とも併記し、任務終了を命じてはいない、すなわち任務続行させたことをほのめかしもした。

I氏は自分の命令から結果的に父を二十年四ヵ月受刑させることになった責任を痛感して、厚生省に出した書類に「本人（著者注：深谷義治）の場合は特殊なケースであり、また、中国側から日本憲兵として、あるいは日本軍人として、残留諜者として疑われ二十年以上も追尾抑留され、非常な苦難を舐めておりますので、できるだけ有利な解釈によりご援護の手を差しのべていただきたく、また、恩給支給についても格別のご配慮を賜りたくお願い申し上げます」と父が報われるように切に嘆願した。

その後、熊本県に在住の上官A氏は、地元出身の国会議員に父の恩給などの戦後処理の問題に関して相談し、政治の問題として解決を目指していくという話になった。

I氏はそのことを知り、昭和五十五年（1980年）十一月十二日の父への葉書で「貴殿の戦後処理問題は、今度いよいよ政治問題として決定していただくことになられました由、喜びに堪えません。ご成功をお祈り申し上げます」と書いた。しかし、残念ながら父の戦後処理問題はその議員に健康上の理由が生じたこともあり、未だに満足のいく解決には至っていない。

2　真相の公表——敏雄・記

戦後の混乱の中で、I元司令官代理は中国軍に拘束される前、情報収集の任務を負っている父と会う約束をしていた。そのぎりぎりのタイミングで「上海で任務続行せよ」という命令を下すつもりだったが、I元司令官代理は捕虜になってしまった。しかし、父は上官に会う約束を果たすために、危険を冒し、中国軍の捕虜キャンプに忍び込んだ。その結果、上官は捕虜の身で、日本陸軍として最後の極秘の命令を父に下したのだ。

繰り返しになるが、父が部隊を離脱した本当の動機は、父やI元司令官代理が厚生省に申し立てた内容とは違うものであった。父とI元司令官代理は国のことを思って、事実でないことを厚生省に申し立てたに過ぎない。

しかしその申告によって、厚生省は父を「亡命」（自己の都合で、部隊を離れた）と認定し、一切援助を与えないという決定を下した。結局、父は帰国後、一銭の補償も得られず、報われるどころか恩給の虚偽申請の問題もあって年に三十万円くらいの軍人恩給のみで困窮を強いられることとなった。

帰還兵として国に帰ってきた時の年齢が若かったならば、体力もあり生活を立て直す力も持てたかもしれないが、父は還暦を過ぎて帰還し、しかも身体障害者となり、自力で人生を再建するのはとても無理だった。それゆえに、人質の身から解放されたばかりの子供たちが、祖国で両親を養う責務を背負うことになった。

厚生省による「亡命」という結論に対して、上官たちはとても納得できなかった。そして、私たち一家の生活を不憫に思い、I元司令官代理は高齢にもかかわらず、自ら上京し、厚生省に父が除隊していなかったことを再び訴えた。

だが、思うようにならなかった。そこで、「亡命」を根底から否定するためには、任務続行を命令した歴史的事実を公表するしかないと感じていた上官たちは、苦渋の選択でありながら、自分たちが戦後も命令を下したことによって一家が犠牲となった真相を公にしてくれ、と父に電話で勧めた。

上官たちは最初は日本軍の名誉を傷つけまい、体裁を崩すまいと真相を闇に葬ろうとしたが、それはあくまでも職務上の決断であった。上官たちにとって父は大事な戦友であり、その戦友が国から「亡命」という兵隊として最も不名誉な認定を受けたことは決して好ましいことではなかった。そのような個人的な感情も反映してのアドバイスだったといえよう。

異国の密林にこもり続けた小野田寛郎少尉が直属の上官の呼びかけに応じて戦いを終えたのと同様に、父は上官たちの勧めに応じ、帰国してから六年目の昭和五十九年（1984年）四月十八日、テレビ朝日の水曜スペシャル『日本100大出来事』という番組で初めてその歴史の真相を公表した。

当日の新聞の番組表に「私は大物スパイだ」と父のことが書いてある。この約一時間二十分の放送では、父を三回の場面に分けて取り上げた。最初の登場場面では両親の写真を画面に映し出して、日本陸軍のスパイであった父を簡単に紹介しながら、「戦慄、私は陸軍の最後のスパイだった！」という字幕が出てきた。二回目は「……ところで中国大陸でスパイで暗躍していた男を、あなたは知っているだろうか。平凡な中国人として暮らし続けていた男性、彼こそ帝国陸軍の最後のスパイだったという情報をつかみ、取材班は彼の故郷島根に向かった。六年前、中国の牢獄から出たばかりの彼は、何を語り、何を私たちに訴えるのか。やがて、あなたもそれを聞くことになる」。三回目は、鄧小平副首相が夫人とともに専用機のタラップから降りてきた場面を映しながら、画面に「昭和五十三年十月二十二日鄧小平副首相来日」という字幕が出た。それと同時に、父が終戦後も命令を受けたという歴史の事実がナレーションによって流れた。その内容が以下である。

昭和五十三年、中国の鄧小平副首相来日。この日中両国の新しいスタートの裏に、実はもうひとつドラマがあった。日本軍のスパイとして二十年間牢獄につながれていた深谷義治さんは、釈放され、三十四年ぶりに故国の土を踏んだのである。日本軍は大陸に侵攻し、日中戦争が始まるとともに数々の謀略スパイ活動も活発に行なわれるようになった。深谷さんもスパイとして潜入。終戦後も上官の命令でそのまま中国に残り、謀略活動を続けた。昭和三十三年、ついに囚われ、二十年間に及び、獄中の生活を送ったものである。

また、父がその番組に提供した本人の略歴が字幕で流された。その中には「昭和二十年九月、上官の命令で、終戦後も任務を続行。上海へ」という一行も含まれていた。この番組で「どんな活動をしたか」と聞かれた父は、戦後の具体的な謀略活動のことは避け、もっぱら戦中のことを答えた。

父は二十年と四ヵ月の間、国の名誉を守るために拷問、虐待と重病に耐え、戦後の日本のスパイであるという事実を決して認めなかった。帰国後、闇に葬るつもりの事実を公表したその空しさを感じながらも、軍人のプライドからそれ以上のことは口にしようとしなかった。

潜伏と抑留の苦労について聞かれた時、「家内の命がけの援護と協力で、十三年間上海に潜伏しておったわけであります。私は抑留された二十年間、零下六度、七度の極寒も歯を食いしばって過ごしてきました。寒さを食いしばって、私の歯は鬼の歯のようになってしまいました。全部抜いてもらいました。監獄の中でそういう原始人に近い、苦しい生活をしてきました」と沈痛な面持ちで語った。また、母が映し出された画面の下には「奥さんにも日本人スパイであることを知らせず、謀略活動を続けていた」との字幕が映っていた。

番組の収録を終えた後、父はすぐにその番組の放送日を全国にいる上官たちや戦友たちに知らせた。放送後、父の元上官たちから相次いで激励の電話がかかってきた。父についての放送時間は短かったが、歴史の真実を伝えた番組なので、皆は戦争時代にタイムスリップしたような気持ちになったそうだ。

のちに、三重県在住のY元参謀は、以下のような手紙を父に送ってきた。

「四月十八日夜のテレビ放送見せてもらいました。

久しぶりにご風貌を拝見いたしましたが、私の描いておりましたお顔とはまったく異なり、当時の深谷氏とは似ても似つかぬご容貌にて驚きました。お若かった頃のお写真が出て参りましたそのお顔立ちは、はっきりと私も覚えておりまして、一見賢そうであらせられることがわかります。ご令閨《れいけい》様にも初めてお目にかかりました。

北海銀行券も懐かしく見せていただきました。

昨夜改めて、かねてから承っておりましたご苦心のほどを偲ばせていただきました。あれから四十年近くになります。四十年は長い年月です。よくもまあとにかくお元気に今日をお迎えくださいましたことと感心いたしております。（後略）」

I元司令官代理が極秘に中国大陸において任務続行させたという重大な出来事を、帰国後に父が勝手に公にすれば、上官への許しがたい背信行為となり、上官との関係が断たれたはずだ。しかしその後も、多くの上官たちは変わらず毎年、苦しんでいる父に生きる勇気を与える手紙と年賀状を送ってきた。

上官たちは歴史の事実が公表されたことによって、父の苦労が報われるだろうと期待していた。しかし、昭和から平成に変わっても、父の悲劇が終わる気配はなかった。座視するのでは忍びないと思った上官たちは、さらに努力をしてくれた。平成十年（1998年）十一月、I元司令官代理は上官A氏を通じて島根県福祉課に「深谷義治は『現地除隊』をしていない」と訴える手紙を書いた。

しかし、上官たちの真摯な訴えは再度却下される結果となった。のちに父の軍歴について、一通の手紙が父の元に届いた。

平成十年十二月二十一日

島根県健康福祉部高齢者福祉課長

高発第三一一号

深谷義治様

履歴について（回答）

このことについて、平成十年十一月二十四日に送付いただきました当時の上官〇〇〇〇様（著者注：実際は実名）の証明書の内容について厚生省に照会したところ、

「昭和二十年九月一日現地除隊」の履歴を訂正することは認められない旨の回答がありましたのでお知らせします。

I元司令官代理は毎年の年賀状に必ず「元日、忠魂碑に詣ず」と書き入れていた。国に忠誠を尽くした英霊を弔いながら、この国に一生を捧げてきた父の恵まれない境遇に心を痛めていたに違いない。

I元司令官代理は高齢のせいか、白内障で視力が低下したせいか、次第に送ってくる便りの字が判読しにくいものとなっていった。その筆跡から震える手で書いたものだとひと目でわかる。彼は、自分の命令で部下に終わらぬ悲劇をもたらした責任から、なお力を振り絞って父を励ます便りを送り続けた。

上官たちから数多くの便りが届くということは、父が歴史の真相を公開するに当たって、上官たちの確たる支持を得た証拠とも言える。母はその友情の象徴である手紙と年賀状を、今でも大切に保管している。

3 「長期間上海に潜伏していた日本人スパイ」という記事

――敏雄・訳

平成九年（1997年）八月、上海で発行された『上海灘（著者注：現在の「灘」）』という雑誌に「一個長期潜伏上海的日本間諜」（長期間上海に潜伏していた日本人スパイ）という記事が掲載された。サブタイトルは「軍国主義処心積慮、隠身中華伺機還魂」。「軍国主義者は苦心惨澹《さんたん》して、大陸で身を隠しながら復活の機会を狙っていた」という意味である。著者は中国人の中凡堅という人であった。

この記事の冒頭に「秘聞録」という見出しが書いてある。「秘密にされた記録」という意味である。また最初のページに、法廷で誰もいない傍聴席の前に佇む人民服を着たメガネの父と、監視にあたった刑務官の写真が載っていた。

父はこの写真を見て、「無期懲役の判決を下された際、公安に撮られたものだ」と説明した。父が判決を受けた時の写真は過去には公にされたことがなかったので、私たちはこの写真を通して、初めてその瞬間の痛々しい様子を知った。この写真から、父の当時の苦しみがありありと伝わってきた。

判決は密室で言い渡されたので、公安以外の外部の人間が立ちあうことはあり得ない。だから、その写真が出てきたことから、上海公安関係者が記事作成に関わったのはほぼ間違いないことがわかる。この雑誌の編集部に問い合わせたところ、情報と写真を提供したのは父を取り調べた公安局の担当官だとわかった。

記事は中国政府が父に言い渡した判決書の内容をベースにし、具体化したものであった。戦後の日本のスパイの事件を検証するに当たり、一方の当事者である中国公安当局側が父に関してどこまで真相を把握していたのかを示す重要な文献だと思い、取りあげることにした。
以下は、父が逮捕されるまでのことに関して雑誌に書かれた部分を私が翻訳したものである。

五十年代後期、上海で十三年間も潜伏していたひとりの日本のスパイが摘発された。その人は深谷義治。日本の島根県の農村で育った。幼少期から日本の軍国主義や武士道の精神的な教育を受け、一九三七年盧溝橋事件勃発の際、「戦時召集令状」で日本軍人となった。

(中略)

彼は天皇に忠誠を尽くし、戦闘にも勇敢、しかも臨機応変に不測の事態に対応する機才に富んでいたので、北平(著者注:北京の旧称)の「北支那派遣軍憲兵司令部教習隊」で訓練を受けることになった。訓練の項目は中国語、歴史、地理、中国共産党の党史と反謀略などだった。一九四〇年夏、彼はクラストップの優秀な成績で卒業し、憲兵の「特高課」に配属された。済南の十二軍参謀長兼スパイ作戦責任者・河野悦次郎、参謀部第二課長山田少佐と憲兵隊長葛西寿大尉の直接の指揮下に置かれ、中国共産党及びその党が統治した根拠地に対して反共の陰謀活動に携わることになった。普段の彼はいつも私服姿で、商売をしているのだと言い、めったに憲兵隊に戻ってこなかった。憲兵隊内で、彼が何をしているのか、どんな任務についているのかを知る人はほんのわずかだった。また、彼について尋ねることは固く禁じられていた。彼は憲兵隊の「特殊人物」となった。こうして、深谷は日本の侵略軍のごく普通の兵士から、職業スパイとして変身し、スパイとしての生涯を歩み始めた。

（中略）

河野と山田は中国の民間の抗日青年から信頼を取りつけさせるために、深谷を「除隊」させるという「苦肉の策」を取った。また、済南鉄道局人事課長に日本人の居住民として鉄道局に就労した証明書を発行させた。深谷もしばらく鉄道局勤務を装い民間人になりきった。のち、参謀部は「大山岡」という名前で商売人の格好をさせ、中国側に同情し、戦争に反対する役を演じさせた。

そこで、深谷は中国人経営の旅館に宿泊しながら、中国青年と交流することになった。その間、何人もの反日の言論をする中国青年が彼の目にとまった。青年たちを誘うために、彼は反戦と反日という姿勢を示して、「中日青年は一家だ」「中国青年は団結せよ」というスローガンを掲げ、彼らに接近した。その付きあいの中で「中日青年連盟」を組織することを提言し、間もなく、彼らの賛同を得て自分を首領にその組織を立ち上げた。

その後、深谷と青年たちはよく秘密の集会を開き、進学できない青年のための教室を設置し、手分けして学校や教会、キリスト教青年会に入って活動した。彼らは中国共産党宣伝部という名目で「日本軍閥に反対せよ」「日本財閥を打倒せよ」「反共に反対せよ」などのポスターを書いて貼った。また、漢奸《かんかん》（著者注：日本軍に協力する者）の商会長を暗殺せよと呼びかけた。深谷はこれらの青年の信頼を得てから、共産党の組織と連絡を取るという口実で中日青年連盟のメンバーに、膠済、津浦線辺りの共産党の根拠地や、彼らの故郷での共産党および地下抗日組織の情報を調査するように指示した。このような方法で入手した共産党の情報を、定期的に済南市の商埠緯三路にある日本人が経営する楽器店で葛西と極秘に会い報告した。

（中略）

日本侵略軍は抗日の八路軍とゲリラ（著者注：中国人民解放軍の前身）の捕虜に対して極めて残酷だった。日本軍部は「救国訓練所」という捕虜キャンプを設立し、捕虜を収容した上、虐待と迫害を加えた。それと合わせるように、彼らは深谷に靴下工場を開設するように命じた。日本軍は「救国訓練所」から感化できそうな見込みがある捕虜を選び出して、この工場に送り込み、働かせながら感化教育を行なった。捕虜から経済的利益を搾取すると同時に、「感化」を通して中国共産党と抗日根拠地の情報を獲得することが目的だった。

深谷は上海南陽橋で靴下を織る機械を購入して、軍用品として済南に送った。「華北繊維協会」という日本人の組織に安い繊維を提供させて、「亜蒙袜廠」という靴下工場を開業した。

この工場では、日本軍の特務人員が捕虜たちに感化教育と拷問による自白の強制をしていた。捕虜は心を入れ替える教育を受け、日本軍に忠誠を誓うと、済南の日本軍の特務機関に派遣され、日本軍のスパイとして八路軍に潜入する。帰順しない捕虜は、極秘のうちに処刑される。このような「感化」は、三ヵ月を一期とし、「亜蒙袜廠」が成立してから四、五期行なわれていた。多くの抗日軍人がその場で非人道的な虐待と迫害を受けた。

(中略)

一九四三年夏、世界的にファシズムに対する戦争が決定的な勝利を収めつつある中、日本軍は中国の戦場で一層不利になっていた。日本軍国主義者は侵略戦争の失敗に直面しつつあったために、中国でスパイを潜伏させる陰謀を企てることにした。彼らは中国で活動している憲兵の中から「中国通」を選抜し、東京中野区の陸軍憲兵学校に送る計画を立てた。そこでは反共のため、諜報活動を訓練する専門のクラスが設けられ、プロのスパイを養成していた。

深谷は中国で長期的に秘密工作員の仕事に従事し、抜きんでた才能を発揮した。さらに中国人妻がおり、カモフラージュしやすいというメリットも持っていたため、当然のようにその学校に送られる対象に選ばれた。そして、何年間も山東省済南で活動していた深谷は、ある日忽然《こつぜん》と姿を消し、より高度な謀略に関する知識を習得するために秘密裡《り》に日本に戻った。同期の訓練生は一三七名になり、外国の占領地及び日本国内での反共活動のため、諜報訓練を受けた。その授業の内容は、諜報、謀略、偵察など特別な訓練と哲学のような精神的教育、国際法、司法、気象測定、剣道や柔道だった。また、身分を隠しながら生計を立てるために、機械、電気、撮影などの専門的な技能訓練も受けた。

一九四四年五月、学校修了後、深谷は中国における今後の自分の使命を自覚し、両親、弟妹と永遠の別れをするため帰郷した。これから家族に会えず、親孝行ができない上、連絡も禁じられることになる。別れを前に、両親に自愛するように伝え、弟妹に自分の分まで両親を大切にするよう頼んだ。

そしてすぐ妻に、上海特別市の第二警察局で、尤志遠という偽名を使い、居住証を買わせた（著者注：当時はお金で居住証を買えた）。また、深谷を中国人として登録させた。中国に戻ると、新しい命令を受け、北京の日本軍華北派遣軍憲兵司令部警務部に身を隠し、公的活動の一切を中止することになった。

一九四五年八月十五日、日本国天皇は無条件降伏を宣言した。それと同時に、日本軍華北派遣軍参謀部には「日本軍が何年後かに必ず大陸に戻ってくることを見込み、各軍の参謀部で人を選び、個別に話をしたのちに、任務を与え潜伏させよ」という、通知による指令が密かに伝えられた。指令で要求されたのは、ふさわしい人員を選び出し、現地の日本人の組織に加入させること。共産党に反対する口実から、国民党軍に加入させること。中国の国情に精通し、才能があり、中国語に堪能な者が現地で国籍を隠し、商人に成りすますことであった。

指示を受けた人が実行すべき事項とは、以下のようなものであった。

一、潜伏について、慌てず、長期戦の心構えをしろ。

二、中日間の貿易はいずれ再開するので、そのルートを利用して命令を伝達する。その命令を待て。

三、環境が不利となる場合、独自の行動を取れ。

四、合法の職業に就くか、中国人と合同で商売を行なえ。

五、現地の日本人との交流を控えろ。

間もなく、北京の憲兵代理司令官伴部大佐、情報課長稲田少佐（著者注：実際には稲田少佐ではなく、前述のA氏のこと）は深谷を呼び、「三年ごとに『尤志遠』という名前で、新聞に商業広告を出す方法を使い連絡せよ。活動資金は横浜正金銀行北平支店から受け取れ」と命令した。それと同時に、長期潜伏させるために上海での金銀売買の仕事を手配した。

深谷は、自分の長い間積んできたスパイキャリアのこと、中国人の妻と子供がいること、偽造の中国籍で上海住民として登録済みであることに触れ、「上海での生計と活動はまったく問題ない」と上官たちに任務遂行への自信を示した。そこで、稲田は個人の身上調書を保管した金庫を開け、深谷に関する極秘の調書を本人に渡し、「きみはこれを自分で処分せよ。今後はきみの判断で行動しなさい」と話した。

深谷は即時にこれらの書類を焼却した。それから、横浜正金銀行北平支店長（元日本陸軍経理部将校）から多数のプラチナ、金、ドル等をスパイ活動資金として受け取った。支店長らが深谷にご馳走した後、深谷は髭を剃り、庶民の着る中国服に着替え、北平を後にし、潜伏生活を開始した。

（中略）

中国共産党が政権を取ってから、彼は一層注意深くなっていた。スパイ学校で教わった技術を生かして、電気関係の自営業で生計を立てていた。その間、数多くの工場が彼に製品を発注していた。彼は得意の技術で、積極的に他の市と省（県）の工場に貢献して好評を得た。その傍ら、スパイ活動ができる時期を待っていた。ある人は彼に「一緒に人民紙幣を偽造しないか」と誘ったが、断られたという。

（中略）

五十年代中期、中日民間人の往来は盛んになり、通商貿易も大いに発展した。深谷はいよいよ自分の出番が来たと思い、日本人が宿泊しているホテルや出入りの場所にたびたび行き、日本人と付きあった。ある日、南京東路の文房具屋で、英語で買い物をしている日本人を見かけ、声をかけた。しばらく立ち話をしてから、付近の喫茶店に誘った。

翌日、深谷はその日本人が宿泊しているホテルに行った。相手が旧日本陸軍の将校で、戦後、米軍に勤めていて、中国に来た目的は主に中国の状況を探ることだと知り、深谷は自分が日本憲兵で、中国人に成りすましていることを相手に打ち明けた。そして、日本の「関係機関」（著者注：情報機関を指す。恐らくは父に任務を続行させた上官たちのこと）に自分の現在の様子を伝えてほしいと頼み、深谷も彼の要求通り、中国の対外貿易の情報を提供した。

その日本人は帰国して間もなく、「関係機関」との連絡がついたという手紙を深谷の元に送ってきた。そこで深谷は、十数年間にわたり様々な辛酸を舐め、潜伏の危険を冒してきたが、いよいよ本領を発揮する時期が来た、と上機嫌になった。

（中略）

深谷が巧みに中国人に変装していても、必ず正体はばれる。上海公安当局は頻繁に密告を受けていた。鉄道関係の仕事をしている人物が、「尤志遠」が華北の日本軍の軍曹で、抗日戦争中、中国人に成りすまし、北京、済南、上海などの都市でスパイ活動をしていたと告発したのである。ある紡績工場の職員は「尤志遠」が日本人の「大山岡」という人で、抗日戦争中、靴下工場を経営し、拳銃も持っていたと告げた。印刷工場に勤めている人は、「尤志遠」が「牛振業」という偽名を使い、抗日戦争中、上海で「北海銀行券」を偽造していたと知らせた。

これらの情報は上海市公安局探偵部に絶大な関心をもたらした。ただちに調査が始められた。しかし、最初わかった事実は、その人は虹口区に在住している帰国華僑の「尤志遠」という人で、戦争中にすでに現地で在住資格を取得していたということだった。一体どういうことか。密告が誤りだったのか、それとも偽装が巧妙過ぎるのか。

白黒はっきりさせるように、探偵たちは「尤志遠」の写真を持って、遥々、山東省や北京市などに足を運び、ついに真相を知っている人を見つけた。そして、深谷がかつて情報特務（スパイ）活動に従事し、中国の抗日事業に大きなダメージを与えていた事実を突き止めた。また、北京市の古い書類の中から、日本の北支那派遣軍参謀部が潜伏の配置を通知した秘密文書を発見した。それらを踏まえて、深谷が戦後の日本のスパイであることはほぼ間違いないと判断した。

深谷が中国に来ている日本人とよく接触していることも確認された。深谷がある国営工場の情報を獲得するために、履歴書を偽造してのち、その工場の技術顧問と技師になったことも明るみに出た。そのために上海公安局は、十三年潜伏してきた日本軍国主義分子の身柄を拘束することに踏み切った。

（後略）

この記事の最後には、「法廷は中華人民共和国の法律に基づき、深谷に無期懲役を言い渡した。その場で深谷は、本判決に不服の場合は判決の次の日から十日以内に本法廷に上訴できると言われたが、罪の重さを自覚し、ただちに上告を諦め、判決に従い服役すると表明した。受刑中、彼は粛々と十万字の『自白書』を書いた」とある。

この時、父は自分が日中戦争と冷戦下で犯した罪により、極刑になることを覚悟していた。生きることが許された寛大な判決を受けて、本心から上訴を断念したのだと思う。

これまでに監獄で外国人受刑者が異国の文字で十万字にも及ぶ「自白書」を書いた前例はないだろう。父は判決後の四年間、重病を患い、片目で毛沢東の本を丸暗記しながら「自白書」を書き続けた。祖国に帰るため、その想像を絶する悲壮な努力を成し遂げたのだ。

だが、父はその長い「自白書」において、肝心の戦後の日本のスパイのことについては、強制的に書かされた部分を除き、新しいことは何も書かなかった、と言っていた。それは真実であろう。

なぜなら、正式に戦後の日本のスパイであることを認めれば、ＮＨＫのドキュメンタリードラマ『開拓者たち』での罪を認めた兵士と同様に、早い段階で帰還できたはずだからだ。日中平和友好条約の締結を待たずに釈放され、このようなおびただしい文字数の「自白書」を書くこともなく、毛沢東の文章を六十四篇も暗誦せずにすんだであろう。

また、父は終戦後の十三年間、なぜ「尤」という姓を使い続けたのか。この謎を解くヒントもこの記事に含まれていた。

父は上海での潜伏中、「尤」という姓を使わずに別の姓を使う選択も可能だったはずだ。単なる亡命であれば、日中戦争の間に使っていた「尤志遠」がそのまま残ると、過去の正体をつきとめられる手がかりになりかねない。謀略に精通した工作員として、そんな無謀なことを積極的にするはずがなかった。戦中と関連のない姓を使えば、自分の過去を隠すに当たって一層有利になる。さらに、謀略戦に使われた姓を我が子につけるのは、これから平和に暮らしていこうとする中でどうしても心苦しさがぬぐえないだろう。なのに、あえて父が「尤志遠」をそのまま存続させたのは、記事に書かれていた「三年ごとに『尤志遠』という名前で、新聞に商業広告を出す方法を使い連絡せよ」という上官の命令を守り、仲間と連絡を取るためだったとしか考えられない。

4　「士は己を知る者のために死す」——敏雄・記

父は特殊任務に携わった最初の日から、「いかなる状況下にあっても、軍参謀部直属の謀略憲兵という身分は絶対に暴露してはならない。万一殺されたらそれまでだ」という厳命を胸に戦中の任務を遂行した。そして、その後の上海での潜伏生活の中であれ、受刑中であれ、日本への帰還後であれ、上官の許しがない限り、終始その厳命を忠実に守り抜いた。

命令を受け、上官たちと別れた父が、三十二日かけて大陸を一〇〇〇キロ踏破して日指した上海は、過去には「冒険家の楽園」と呼ばれ、戦略要所として列強にたびたび占領された歴史のある地だ。戦後から今日まで、中国の最も重要な都市のひとつでもある。東西冷戦中、ここにあった軍事、政治、経済などの情報は、敵対関係にある日本にとって高度に価値があるものばかりだった。

だが、上海には父の紙幣偽造に関わった母側の親戚をはじめ、父の過去を知っている中国人の知人が多数いた。その地で中国人に成りすましても、遅かれ早かれ正体がばれるはずだった。だから、父にとって上海はまさに危険と隣り合わせの地であった。

終戦直後にはまだ国民党軍に支配されていた上海だが、その四年後、共産党軍に侵攻され陥落寸前になった。戦中、父の主な任務は、中国共産党軍に対するスパイ作戦や党の流通紙幣を偽造してその活動を妨害することだった。そのために、共産党にとって父は生かしてはおけないカタキなので、共産党軍に捕まると万事おしまいということになる。

差し迫った危険の中、両親の中国人の友人は父に「一緒に台湾に行きましょうか」と誘った。災いから逃れるために母は台湾に行くことに賛同したが、父は断った。のち、その友人は他の大勢の国民党の人々とともに上海から脱出した。

こんな危険極まりない地をあえて潜伏の地として選ぶのは、まさに自殺行為だ。しかし、なぜ危険な戦場である上海から逃走せずに、そこに住み続けたのか。

また、軍の階級的には父は曹長で、常に将校に命令される低い立場であった。当時、中国に抑留された軍人は一〇〇〇名ほどいて、父より遥かに高い階級の軍人も含まれていた。昭和三十一年（1956年）、中華人民共和国の特別軍事法廷で戦犯として起訴されたのは、旧日本軍の司令官、中将や少将など高級幹部四十五名だけだった。故周恩来首相の特別な計らいで、彼らはひとりも無期や死刑の判決を受けず、宣告された刑は八年から二十年までで、シベリア抑留と戦犯管理所収容期間までが刑期に算入された上に、満期前に帰国が許された。父のような階級の低い軍人たちは皆、寛大な「起訴免除」とされ、即座に釈放され帰国の途に就いていた。

父も中国政府に投降すれば、釈放された他の日本軍人たちと同様に、故郷で待ちわびていた両親や弟妹と再会でき、私たち家族とも一緒に幸せに暮らせたに違いない。それは亡命よりもよほど賢明な選択であった。なぜ父が帰国できる道を選ばず、危険な潜伏を続けたのか。

そして、父は逮捕後、取調官から「戦後の日本のスパイであることを白状すれば、ただちにおまえを釈放する」と告げられた。父は拘禁される二年前に四十五名の戦犯が寛大な刑を受けたことと、抑留された一般の軍人が帰国したことを知っていた。「罪を徹底的に吐き出せ」という中国政府の要求に従い、戦後の日本のスパイについての容疑を認めれば、他の日本兵と同じく寛大な扱いを受けることは自明だった。逆に中国政府の要求を無視すれば、獄中で恐怖に満ちた審判の放送を定期的に聞かされ、身も心も凍る思いをするだけでなく、さらなる拷問と虐待に晒されることもわかっていた。

選択の瀬戸際に立たされた父は、自由の身になるよりも、生き地獄に落ちる道を選んだ。なぜか。

すべての問いはひとつの答えに辿り着く。それは父が任務続行中であったからだ。

その任務を遂行すれば、極刑に処されるだけでなく、家族は大変な災難を被り、故郷の母と会う夢は永遠に断たれる可能性が高いという恐ろしい結果になることを父が予想できないはずがない。それでもなおその任務を全うするため、がむしゃらに突き進んだのはなぜであろうか。父の心を支えていたものはいったいなんだったのか。

その答えは、「日の丸」への想いがあったからだ。父の人生は「日の丸」に貫かれてきた。二十七歳の若さで国から二回も勲章を受けた誇りから、目指したものは当然、新たな勲章しかなかった。

同時に、父は国の名誉を傷つけないために、自分自身と家族を犠牲にすることを選択せざるを得なかった。父の言葉を引用すれば、「私は国に命を捧げてきた軍人であり、死んでも日本国に対して不名誉なことをかぶせてはならぬという信念から、終始『私は戦後の日本のスパイではない』ときっぱり答えた」ということになる。

周恩来元首相は中国で抑留された日本戦犯の扱いについて、「復讐や制裁では憎しみの連鎖は切れない。二十年後にはわかる」と無期も死刑も認めなかった。それとは対照的に、中国政府は父の問題に対しては、両国関係が正常になってもそのような配慮をせず、憎しみを買っても構わないといわんばかりの厳しい姿勢で臨んで、父を無期懲役の刑に処した。

例えば中国・撫順戦犯管理所の日本戦犯に対する扱いは、人道的で寛大そのものだった。当時、周辺の住民がトウモロコシや粟《あわ》を中心とした食生活をしているのに対して、管理所は戦犯に白いご飯をはじめとする上等な食事を提供して、彼らのために銭湯まで作ったという。ある日本兵が撫順戦犯管理所に関して記した記事には、満州国国務院総務長官である武部六蔵氏が禁固二十年の判決を病室で受けた際、「ただし、病につき即時釈放」と伝えられたと書かれている。

それに対して、父は食事は一日一回だけで二十年間一度もシャワーを浴びることなく長い間虐待を受け続けた。日中平和友好条約が成立するまで幾度も病で死にかけたにもかかわらず、撫順のような人道的な恩恵は受けられず、ひたすら過酷な受刑で苦しんだ。父が投降すれば悲惨な結果を回避できたはずだったが、国の名誉を絶対に守ると心に決めていた父はその結果生じる処遇を受け止めるよりほかに選ぶ道はなかった。

言うまでもなく、中国政府の父への追及は想像を絶するものだった。密室の状態で行なわれた追及なので、虐待にしろ、拷問にしろ、完全にやりたい放題だった。その結果として、父の背骨は折れ、肺はボロボロになった。衣服はずたずたになり、原始人と同然の生活を強いられた。今でも父の体に残された傷跡は、受けた虐待の凄まじさを物語っている。しかしそれは、残忍さの氷山の一角にすぎない。これは、いつの戦争でも自国に忠誠を尽くした戦士がたどりつく定めなのか。

このような極限の生活の中で、父は「七重八重咲かせて　結ばむ罪つぐないの気節は大和の桜花」という詩歌を作り出した。常にその詩歌を詠んで自分を励ましながら、戦後の日本のスパイであったことを否認し続けていた。

また、父は上海市第一看守所での過酷な拘留中、「士は己を知る者のために死す」という言葉を常に胸に刻んでいた。この言葉は『史記』「刺客列伝」によれば、中国の戦国時代に晋《しん》の予譲がかつて仕えていた恩人である智伯の仇《かたき》を討つ際に放った名言だ。

父の解釈は、「士」は日本では「さむらい」のことであり、意味は自分の真価を認めてくれる知遇を得れば、その人のためには命も惜しまない、ということだ。その言葉通り、父は「さむらい」のように勲章と名誉を与えてくれた日本国のために死ぬ決意だった。『獄中記録』を書くことが許された時、その言葉を座右の銘として書き込んだ。

大和桜の詩歌や「士は己を知る者のために死す」という言葉を吟味すれば、それは紛れもなく桜の花のように国のために潔く散っていくということを意味していたのだろう。

父は赤紙をもらってのち、帰国までのおよそ四十一年間、大陸で「さむらい」に憧れるひとりの日本軍人として、日本国に「己」を捧げたのだ。

潜伏中、父はひそかに家に日本刀を一本所有していた。父の身分がその刀によってばれる恐れがあるので、母は処分してほしいと何度も父に話したが、断られた。恐らく命と同然である刀を捨ててはならぬという武士魂の表れだったのだろう。

I元司令官代理は帰国後の父が出した手紙への最初の返事に、「いろいろと厳しい迫害を受けながら、国のことを考え、戦友のことを考え、毅然として日本男児の節操を守り通されたことは誠に敬服の至りであります」と書いた。これはI元司令官代理が自分の終戦後の命令でもたらしてしまった父と私たち家族の苦労を労った上、日本国の名誉を守るために、中国政府のあらゆる刑罰を前に、刀折れ矢尽きても戦後の日本のスパイであることを認めなかったことに対して捧げられた、この上ない敬意だった。

父の年賀状を整理しているうちに、宛先ミスで相手に届かず、返送されたものが見つかった。それは父が帰還して一ヵ月後、初めて故郷で正月を迎える前に熊本の戦友に出したものだ。

年賀状には、「幾度か死線を越えて来た私は、生きて祖国の土を踏めるとは決して思っていませんでした。余生を引き続き祖国に捧げる決心です」と書いてあった。戦場、潜伏、そして拘禁生活の中、幾度も生死にかかわる危機を乗り越えた父は、長い間祖国に尽くした信念を今後も貫く決心をしていた。

しかしながら、「日本男児の節操」を守り抜く中、父本人だけでなく、私たち家族も中国で凄まじい災難をこうむった。日中平和友好条約が締結されなければ、その「節操」のために、受刑の身となるのは、父と兄にとどまらず、私たちすべての家族に及んだだろう。

父は「日本男児」になったせいか、帰国後、浦島太郎より一層惨めな帰郷の生活を強いられて、ついに重度身体障害者になり、再び故郷を離れざるを得ない羽目となってしまった。

父が出所の際に持ち出した、監獄の中で毎日胸につけていた布札は、父が長い軍人生活の中で獲得した第三の「勲章」と言っても過言ではない。また、「日本男児」ならではの「勲章」とも言える。前のふたつの勲章と共通するのは、国のために命を捧げて得たものであるということ。ただ、布札は日本国から与えられた褒美の証ではなく、中国政府による重罰の証であったが……。

もし祖父母が生きていれば、我が子が四十一年かけて得たその「勲章」を手に取って、きっと私たちと同じく体を震わせ、悲しい涙を流してくれただろう。このような「受章者」が歴史上再び出ないようにと痛切に願っている。

第十二章　奮闘記

1　開拓期の兄弟 ——敏雄・記

帰国後二年目、私は足の怪我が治った頃に、親族の紹介で京都・西陣の問屋に勤めることになった。出発前、大田市の林市長は「誘惑に負けないように頑張ってください」という言葉と餞別《せんべつ》をくれた。父は領事館からもらって大切にしていた『日漢辞典』を私に譲ってくれた。

その重く分厚い辞書には、領事たちの父に対する励ましの思いが込められていた。ページ毎《ごと》に父の受刑の苦しみと望郷の涙が浸みこんでいた。そして、一家の悲劇を本にしてくれという父から私への積年の期待も熱く感じた。

京都に行った時、私はすでに三十一歳になっていたが、所持金は六万円。他には着替えと貴重な辞書などを詰めたカバン一個だけ。まさに裸一貫に近い状態だった。もちろん、中国で自分を支えていた不屈の精神力も大切な財産として持っていった。

入社後、私は荷物の発送と仕入れの仕事に就いた。会社の寮に住み、中古のテレビと自転車をもらい、古都で新生活をスタートさせた。

巣立ちと言っても、私は中途半端な日本語しかできず、会社で「おまえは中国人だ」

と言われたりからかわれたりすることもあった。仕事上でも生活上でも、まるで巣から落ちた飛べない幼鳥のように惨めさを痛感していた。中国で被った差別と比較すれば、よっぽどましな方ではあったが、やはり辛かった。

兄・重雄は安い給料の仕事から抜け出したいと思って、肉体労働も厭《いと》わず仕事を探したが、言葉の問題でなかなかうまくいかなかった。ある日、母は偶然新聞で広島の自動車会社ヒロテックの従業員募集の記事を目に留めた。父はその会社に兄を連れて、面接に行った。ヒロテックの専務はニュースで父の帰還のことを知っていたので、特別の配慮で兄の入社を認めてくれた。

半年後、父はその専務に弟・龍雄も入社できるように頼んだ。幸いにも受け入れてもらい、弟も兄と同じ、部品の製造ラインに配属された。ふたりは両親に仕送りしながら、三交代の仕事に励んだ。会社の寮に住み、道楽をせず、質素な生活を送った。

妹・容子は大田中学校で日本語を勉強した後、パートで働きながら、家で体の弱い両親の面倒を見ることにした。

私たちの一番の楽しみは、お正月とお盆休みに帰省して両親の顔を見ることだった。いつも京都から出雲行きの各駅停車で往復した。片道十二時間ぐらいかかったが、料金は特急利用の半額以下だった。久しぶりに一家で食卓を囲むことを想像すると、長旅の疲れはまったく気にならなかった。

昭和五十六年（1981年）五月、弟は中古車を十万円で購入し、お盆休みに兄を乗せて帰省した。上海では自転車が普及していたが、私たちは欲しくても買えなかった。乗用車はあまり見かけず、あっても共産党の高級幹部の送迎に使われる公用車ぐらいだった。弟の車は見た目はおんぼろでも、自転車より遥かに勝る乗り物であった。弟は苦しい時代には夢ですら見られなかった大きな喜びを、祖国で手に入れた。

2　京都での生活――敏雄・記

努力すれば、私も必ず都鳥のように飛べる鳥になれる、すなわち一人前の日本人になれると信じ、暇さえあれば日本語の勉強に取り組んだ。休日の朝は、携帯ラジオを聞きながら、鴨川沿いをジョギングした。番組中でわからない単語があれば、寮に戻って辞書で調べ、覚えるまで反復練習を続けた。買い物などで外出する時も、時間を無駄にせず、単語帳を持ち暗記した。

「継続は力なり」の通り、帰国後二年目には自動車の運転免許試験に一回でパスした。そして、西陣の会社では絹糸の配達を任され、約九年間、一〇〇ヵ所以上の得意先を走り回った。「聞くは一時の恥、聞かぬは一生の恥」という言葉を胸に、行く先で「毎度おおきに」とあいさつをするついでに、ちんぷんかんぷんな日本語で皆と会話した。両親に仕送りするために、同僚と飲みに行くことはせず、食事はほとんど自炊ですませた。苦しい上海時代を思い出せば、質素な食事でもご馳走を食べている感じである。

バーゲンセールで買った服でさえ、贅沢をしているような気がした。節約して貯《た》めたお金で初めてスーツを手に入れた時の嬉しさは、今でも忘れられない。

また、「貧乏暇なし」の言葉通り、休日もほとんど朝から晩まで社長の邸宅に行っては内外の掃除をしたり、花と野菜を育てたり、五右衛門風呂の薪《まき》を割ったりして働いた。とにかく言われた雑務はなんでもやりこなした。花屋に行って、松の盆栽の剪定《せんてい》を見て独学で学んでからは、三十鉢ぐらいある松の盆栽の剪定も私の仕事になった。それらが終わると、いつも社長から「寸志」と書かれた現金入りの封筒をもらった。

だがある日、突然会社の人が冷やかな顔で、「おまえは出る杭《くい》は打たれることを知っとるか」と言った。その言葉の意味をまだ知らなかった私は、寮で辞書を調べて、その意味を知った。社長の家にたびたび働きにいくことが、その人の目には社長の機嫌を取るように見えたのである。その時、一生懸命頑張っている自分がなぜ嫌われたのかが初めてわかり、日本社会の人間関係の難しさを痛感した。

帰国後、このような経験をしたのは私だけではなく、兄妹も大なり小なり何回もこういう目に遭ってきたことを知った。それは日本語や日本の文化、風習などがわからないままいきなり日本の社会に入り込んだ結果だった。今も私たちは「郷に入っては郷に従え」という言葉のごとく、日々努力している。

帰国後六年目、日常会話は一応身につけた。独学でここまでできた自信から、英語にチャレンジする意欲も出てきた。NHKラジオの英語講座のテキストを買い、新しい勉強に乗り出した。日本語をベースに英語の勉強をすることで、日本語も一層上達した。今はNHKのニュース番組を見る際、いつも英語で聞いている。

ある時、肉親捜しのために一時帰国していた残留孤児が祖国の文化に触れられるようにと、京都の「日中友好手をつなぐ会」が歓迎の催しを開き、着物体験を行なった。私は一応言葉の壁を乗り越えた経験があるため、彼らのためにボランティアで通訳をすることにした。

私たちと残留孤児との共通点は、過去の戦争の犠牲者ということである。異なるのは、私たちは実の母親に育てられたが、彼らはまったく血のつながらない中国人の養父母の元で実子と同様に育てられ成人したことである。また、母と私たちが罪人の妻と子として文化大革命の嵐に直接晒されていた時、中国人の養父母は彼らの防波堤になり、彼らの被害を最小限に食い止めようと全力を尽くした。そのため、私たちが抱く母への気持ちと同様に、彼らは養父母をとても大切にしている。

日中関係正常化の前に日本赤十字社を通じて残留孤児の身元が判明した例もあり、日本側が引き受けの態勢を整えれば中国政府は彼らの帰国を許可した。しかし、私たちの帰国については、日赤が中国側に再三要請したが、無視された。その温度差の原因は、ひとえに父が戦後も中国に脅威を与えたことにあっただろう。

昭和六十三年（1988年）、私はより良い収入を求めて、西陣の問屋を去った。バスの運転手になるため、左京区にある四畳半の一間を借り、大型二種免許取得に挑戦した。

模擬テストの例文をしっかり勉強した甲斐があって、ペーパーテストは一回で通った。バスの運転手は大勢の乗客の命を預かる仕事なので、次の実技試験は警察官により実施される。試験はかなり厳しく、受験者の中には道半ばで諦める人もいたが、私は十七回も受験し、ついにその難関を突破した。

その後、元京都市議会議員、水上七雄先生の紹介で明星観光に入社した。社長は履歴書を読んで、「あなたは大型車の運転経験がないので、とりあえず一年間は会社のタクシーを運転してくれ。無事故無違反だったら、観光バスの運転を任せる」と言った。そうして、私はタクシーの運転手になった。

乗務中、乗客と会話をすると訛《なま》りに気づかれ、よく「運転手さんはどこの国から来たのか」と聞かれた。大型二種免許まで取得したのに、まだ外国人と思われてしまう。客にこんな質問をされるたびに悔しい思いをしたが、日本語の会話のレベルを向上させるために、その悔しさにめげず、また次の客と会話をした。

客は私が中国から帰国した上、独学で日本語を学んだことを知ると、いつも興味津々で会話をしてくれた。話が弾むと下車の際、励ましの気持ちなのか、よくチップをくれた。しかし、いくらチップをもらっても、外国人と誤解された悔しさはなかなか解消できなかった。

中国語訛りの私の日本語の発音は、すでに私の一部分になっているので、「三つ子の魂百まで」というように直せるものではない。しかし、帰国してすぐプロの先生の手ほどきを受けていれば、もしかすると少しは違ったのではないか、と悔やまれてならない。発音は、私たち兄妹の共通の悩みで、これからもずっと「外国人」と思われながら世渡りを続けなければならない。

じっと駅で客待ちをすれば、売り上げは少なくなる。昼食の二十分を除き、一日中走り回った。月給は前の会社の倍以上になったが、疲労により集中力が低下したため、物損事故を起こしてしまった。そのため、バスの運転手になることを断念し、タクシーの仕事も辞めた。

母は上海から難を逃れるように日本に来たが、来日してからも様々な壁にぶつかった。そのつど、涙をこぼした。一方で、上海は母を苦しめた地であっても、母の両親の骨を埋めた、母の故郷でもある。もし母を中国の旅に連れていけたら、母の悲しみを癒せるだろう。そのために、私は再就職を前にして、貯えで両親を中国旅行に連れていく計画を立てた。父は故郷を離れる気がなかったため、母と十日間で上海、広州、桂林、香港を巡る旅をした。旅行中、母は父のことを心配して、なかなかくつろいだ様子にはならなかった。

私にとっては上海は悲しい思い出ばかりだったが、桂林では絵に描いたような山水を眺めながら、漓江の遊覧船に乗り、過去の苦しみが少し癒されたような気がした。香港はまだ中国に返還される前だったので、現地の共通語は広東語と英語だった。広東語ができない私は、英語で香港の旅を満喫した。

兄と弟と妹は日本語が不自由で日本人の結婚相手を見つけるのが難しかったため、この時期に相次いで知人の紹介で中国人と結婚した。父は日本人の連れ合いが深谷家に来ないことを少し寂しがっていたが、やむを得ないと受け止めた。私も四十歳になって、日本人と結婚したいという夢を諦めねばならない時期に来たと感じた。そして、四十一歳の時、隣に下宿していた中国人留学生の紹介で、北京の女性と二回会っただけで結婚した。

3　父子家庭――敏雄・記

兄と弟が広島で勤めていたので、私も再就職のために広島に行くことにした。市営アパートに入居し、貯えで初めて新車や家財道具を買った。間もなくマツダの下請け会社、黒石鉄工でトラックの運転手になった。兄と弟に負けないよう働き、バブルの時は月に七十時間以上残業した。この会社が不景気で吸収合併されるまで、約十七年間勤務した。

平成二年（1990年）八月八日、中国で最も縁起のいい数字とされている「八」がふたつ並んだ日に、娘が生まれた。貧乏な家庭で生まれ育った父は、孫には貧乏をさせたくないという気持ちで「富」という字と、孫が母の美しさを継ぐようにという気持ちで「美」という字を使って、娘に「富美子」という名前をつけてくれた。

しかし、結婚前に妻と十分に話しあわなかったせいか、生活上のいろいろな問題が生じた。平成五年の暮れ、事情もあって協議離婚し、私は三歳の娘の親権を取り、仕事を続けながら子育てすることにした。その翌年、元妻は北京で事故に遭い亡くなったと聞いた。

中国では苛酷な運命と無我夢中で格闘する日々の中、自分の命さえも危険に晒され、我が子を持つことなど想像もしていなかった。そんな中で四十歳を過ぎ、やっと授かった子だったので、仕事と育児を両立させる苦労よりも、親子で暮らせる幸せの方が大きいと思わずにいられなかった。母が赤ん坊だった妹を含めて四人の子供を育てたのは、貧困と差別の真っただ中だった。一方、私がひとり娘を育てるのは、平和の鐘の鳴る音が聞こえる広島ならではの素晴らしい環境の中である。母にはなかった幸運の中、親子の生活は続いた。

私は外食を一切せず、家で得意の上海料理を作った。栄養面のバランスに気を使っていたからだろうか、娘は保育園から中学校まで、いつもクラスの中で一番背が高かった。小さい頃は朝、出勤がてら保育園に連れていき、仕事帰りに娘を迎えにいった。こうして昼間は父親として仕事をし、家に帰ってからは母親として家事をこなした。

保育園の先生は連絡帳にこう書いてくれた。

いろいろと事情があったようですね。これから大変でしょうが、頑張ってください。最近の富美子ちゃんはとても明るくなりました。「富美ちゃんね……」とおしゃべりをして遊んでいる姿がよく見られます。なんでも自分でできるお姉ちゃんになりました。

私は夜勤もしなければならなかったが、幸いにも兄の一家が隣の建物に住んでいたので、夜勤に行く前に子供を兄の家に預けることができた。その最初の夜勤のことを、私は連絡帳に以下のように書き込んだ。

夜勤に行く前、私は娘を兄の家で預かってもらいました。初めて娘を外泊させたことは、私としては本当に辛かったです。仕事を終え次第、迎えにいったが、富美子が「パパ、パパ、どこにいるの」と泣きながら寝入ったと言われました。朝早くまだ目が覚め切らない子供を寝床から起こさないと仕事に間に合わないので、いつも富美子に「ごめんね」と言いながら着替えさせています。苦しいけれども、子供はきっとしっかりした人間に育つと信じています。

私は節約するために散髪に関する本を参考にして、娘が小学校を卒業するまで自分で娘の髪の毛を切っていた。シーズン外れに子供服がセールになると、来年に使える分を買い揃えた。中国で針と糸を使い、破れた服を直した経験を活かして、タオルケットを縫いあわせたり、取れたボタンをつけたりなどもした。母はよく私と娘のセーターを編んでくれた。大切な手編みなので、洗濯機を使わず、いつも手で洗った。また、家事の後、娘に英語を教えてあげた。

ようやく、娘がランドセルを背負い小学校に登校する日を迎えた。日本の教育を受けたことがなかった私は、娘と一緒に初めて祖国の教育の現場に足を踏み入れた。それから、参観日や運動会などの学校生活に触れるようになった。社会主義の教育を受けてきた私にとっては、明るくて差別のない日本の学校生活はうらやましい限りだった。

娘が四年生になった時、私は思わず同年齢の時の自分を思い出した。この年に父が逮捕された。それ以降、差別を受け続け、私の学校生活はほとんど無いものとなっていった。同級生には明るい未来が約束されている一方、私は先の見えない苦難の暗闇に入った。だが、娘を見ていると、自分が日本で受けられなかった教育だけでなく、私が中国で失った学校生活をも取り戻してくれるような気がした。しかし、そう思ったのも束の間、娘は車にはねられて足に怪我を負い、二ヵ月入院した。その間、私は仕事をしながら、看病に追われた。

その頃、父の右目の視力はだんだんと低下し、文章がきれいに書けなくなってきていた。国は必ず自分の過去を正しく評価してくれると信じ、死ぬまでペンを執り、陳情を続けるつもりであったのだが……。一方で、私たち子供は父を助けたい気持ちがありあまるほどあれども、その時の未熟な日本語では陳情書まではとても書くことができなかった。

だが、幸いにも娘が家にあったワープロを独自にマスターしていた。そこで、父が小泉純一郎首相と森山眞弓法務大臣に陳情書を書きたいと考えた際、私は十歳の娘を連れて父の家に行き、父が述べたことを娘がワープロで入力するという二人三脚で陳情書を完成させた。

この時、父はたとえこれから失明したとしても、このように孫娘の力を借りられるのだということに安堵し、自分の悲劇を終わらせる戦いに孫娘も加わったことに感激した。のち、私も娘にワープロの基本的な知識を教わり、パソコンで文章を打ち込めるようになった。

私たち兄妹は中国で差別され大学に行くことが許されず、帰国後も大学どころか、日本で正式な教育さえ受けられなかった。その悔しさから、どうしても子供を祖国の大学に通わせてやりたいという強い思いを抱いていた。ところが、私たちは収入が少ないだけでなく、両親の生活費も仕送りしなければならなかった。だが幸いにも、人質になって身についたハングリー精神は、心にしっかり残っている。酒もタバコも飲まない、食事に好き嫌いをしないなどという初心を貫けば、必ずや子供を大学に進学させられると確信していた。そして、弛《たゆ》まぬ努力を続けて、不可能だと思われたことをやり遂げた。

ついに、娘が大学を卒業するまでのすべての費用を貯めたのだ。

娘は市立戸坂中学校ではテニス部の部長になり、第五回広島市中学校の英語暗誦大会で「発音賞」を受賞。学校の推薦で憧れの広島市立舟入高等学校国際コミュニケーションコースに入った。すべて私費で国際交流に参加し、韓国の釜山《プサン》でホームステイをし、またカナダで十日間活動をした。その翌年にはフランクフルトとパリにも行き、現地で十日間交流を行なった。祖父のDNAを受け継いでいるおかげか、塾にも行かず自力で英検二級にも合格し、受験をして関西学院大学に入った。平成二十五年（2013年）、大阪の会社で一年間のインターンを終え学校に復帰し、翌年卒業した。今は東京で生活をしている。

本書ができるまで、娘も積極的に力を貸してくれた。男手ひとつで子育てをしてきた甲斐があったと、心から喜んでいる。

私は心のケアを受けられなかったせいか、帰国以来、中国警察に連行されたり治安幹部に追いかけられたり、さらには上海の家から追い出されたりといったような悪夢を数えきれないほど見た。恐怖で息が詰まりそうになり、冷や汗が流れ、衝撃によって目が覚めた。そんな時でも中国にはなかった寝床の暖かさを感じた瞬間、あるいは畳の香りを嗅いだ瞬間、またあるいは中国とは異なる夜蟬《よぜみ》の鳴き声を耳にした瞬間、自分が祖国に住み、平和な世界にいることを実感した。そして、真夜中に見たのは悪夢に過ぎないとわかると、胸をなでおろして安堵の涙を流した。年月とともに少しずつ悪夢を見る回数は減ってきたが、恐らく生きている間にまったく見なくなることは決してないだろう。

戦争という「悪夢」は私の青春を破壊し、永遠に治せない傷を心に残したのだ。

ただ、祖国での生活の中、「悪夢」はマイナス面ばかりではなく、時には私にとって意外にも宝物のような存在になったこともある。困難や挫折に遭遇した時、下手な日本語で見下げられた時、「過去の悪夢」を思い出すと、悩みや失望は消え去った。祖国に帰れた幸せを噛みしめることで、その時々の心の痛みを緩和することができた。従って「悪夢」に対しては、憎しみよりもむしろありがたさを感じている。

第十三章　五つの所感

1　無念――敏雄・記

母はずっと、父が戦後の日本のスパイではないかという疑問を抱えていたが、真実を知る術がないまま時は流れていった。母が真実を知ったのは前述の『日本100大出来事』という番組がきっかけだった。父と母とで出演したドキュメンタリー番組であったが、母は日本語がほとんどわからなかったため、改めて放送日に父に通訳をしてもらいながら番組を鑑賞した。「奥さんにも日本人スパイであることを知らせずに謀略活動を続けていた」という字幕を通訳された時に、母はようやく父の正体を知ることとなったのである。父は日本国に尽くすという信念から、四十二年間もこの事実を母にまで隠し続けていたのであった。

ふたりが結婚する際、母はまだ十五歳だった。その時、父にとって母は、妻というよりは、戦場での心強い相棒のような存在であった。こうして、ひとりの中国人の少女は知らず知らずのうちに危険な謀略戦に巻き込まれることになってしまった。

しかし、父は母との生活の中で、母の優しさや義理堅い気質に魅《ひ》かれ、次第に愛を育んでいった。獄中での十六年ぶりの面会の時には母は白髪の老婆になってしまっていたものの、自分との再会の希望を持ち続けながら、幼い子供たちを育ててきてくれたという悲壮な愛情に触れ、今まで知らなかった母の内面の強さ、美しさに心を奪われた。

父は大陸に潜伏するために、終戦直前、兄をもうけた。続けて、潜伏と任務続行のために三人の弟妹を誕生させた。父は任務を続けることができたが、その代わりに私たち家族は大きな災難を被った。

それでも、私たちは母と同様に父を恨むことなく、苦難の最中、母と一緒に差し入れを持っていき、父を励まし続けた。面会が許されてからは、父を見舞いながら、釈放のために公安と必死に戦った。

それらのことに対して、父は胸を強く打たれ、前にも書いたように監獄へ面会に来た自分の弟妹に母と子供たちのことについて次のように話をした。

　生命を賭して私と縁を結んだ妻は、善良で立派な中国女性だ。妻は一九四二年四月、十五歳の時、両親の生活を助けるために私の身分も犯した罪もまったく知らずに一緒になったのだ。私には到底及ばない良い性格を持っている。十七年近く、四人の子供を育ててくれた。これも私の最大の幸福だ。あなたたち、できるだけ多くの時間を割いて妻や子供たちに接触してはくれないか。彼らにとっては極めて大きな励ましとなるから。

父は謀略結婚で一緒になった母を自分の真の妻として認め、誇りにさえ思うようになっていた。また、家族と一緒に暮らしたい気持ちも心から持ち続けた。だが、国を裏切ってはならぬという信念を貫くために囚人であり続ける道を選び、家族を長期間犠牲にせざるを得なかった。

そのような事情で、父は叔父と叔母に自分の代わりになって家族を励ますように頼むしかできなかった。ひとりの夫として、また、ひとりの親としてその言葉に込めた無念さは計り知れないものであったに違いない。

昭和五十四年（1979年）、大田市の成人式の会場には、晴れ着姿の青年たちが列席していた。会場にいる親たちはめいめい我が子を育ててきた思い出を振り返ると同時に、我が子の晴れ姿に感激していた。そんな中、妹はただひとり中国の普段着で席に着いていた。

この時、父の脳裏には、十六年ぶりに娘に会った時の衝撃や、娘が初めて「お父さん」と呼んでくれた時の嬉しさと悲しさの入り混じる思いしか浮かんでこなかっただろう。その娘の人生の大事な節目の時、困窮のため振袖を借りることすらできなかったことに対して、父は心苦しさで泣きそうになっていた。

父は自分に尽くしてくれた母と正々堂々と結婚式を挙げたい一心だった。それを機に、かつて日本の親族から受けられたであろう祝福を得たかった。また、「義治は綺霞《チャ》さんと結婚式を挙げましたよ」と祖父母の墓前に報告し、安心させたかった。その悲願について、いつも私たちに「金銭の余裕があれば、おまえのお母さんと結婚式を挙げる」と言っていた。いろいろな事情で結婚式を挙げられないままだった熟年夫婦が、還暦を過ぎて式を挙げた様子を取り上げたテレビ番組を見て、その気持ちを一層掻《か》き立てられていた。しかし父は、その夢を実現できないままに寝たきりの介護生活に入った。

光陰矢の如しで、父の広島での入院生活は平成二十六年（２０１４年）で九年目に入った。

日帰りでもいいから大田の地に父を再び連れていきたいという気持ちはあるが、とても無理である。存命中に帰郷し、祖父母の墓前で合掌することはもうできないだろう。その無念からか、父は一層落ち込んで口数も少なくなった。母がどれほど話しかけても、父は簡単な受け答え以外、話さなくなった。二年前からは、父は無言のままである。受刑中、父は家族に援助を求めず、歯を食いしばってひたすら苦しみに耐え抜いた。その時のように、今、父は新たな無念さを病身で黙々と受忍しているのではなかろうか。

2　恵子叔母の霊よ、安らかに　――敏雄・記

上海時代、恵子叔母は数多くの手紙を送ってくれた。その手紙の中に、次のようなものがあった。赤いリボンで束ねたカーネーションの絵の上に「母の日に感謝の気持ちを込めて」と文字がプリントされたカードで、こう書かれていた。

お母さんいつも本当にありがとうございます。お母さんの幸せと健康を心からお祈りします。

深谷麗蓉より

陳綺霞様

これは日本では馴染みのある、母の日のカードである。当時の中国では母の日がまだ制定されていなくて、中国人の大多数は母の日のことを知らなかった。

文化大革命の中、どれほど多くの人たちが、苦しみに耐えきれず、自ら死を選んだことか。その時勢の中、母が受けた苦しみは、そうして仏様となった人たちに決して劣らなかった。それでも、子供たちのために、そして父のために、母は父と同様に歯を食いしばってひたすら苦しみを受け止めていた。そのおかげで、子供たちは孤児にならず、生き残れた。だから私たちは、母への感謝の念をいつも胸に抱いている。

叔母はその気持ちを察して、「母の日」のカードに妹の名で「お母さんいつも本当にありがとうございます」という言葉を記し、私たちの心の声を代弁してくれたのだろう。

母はカードの内容がわかった時、感動のあまり涙を流した。私たちは叔母が白衣の天使として、日常で接する患者たちの心だけでなく、異国にいる私たちの心とも通いあっているのだと感じ、感激した。

叔母は精神的に私たちを勇気づけてくれただけでなく、一生懸命に働いて、その稼ぎで当時の私たちを助けてくれた。叔母の手紙をもう一通載せる。

敏龍君は休日賃金を得るために春節は働いたそうですね。大変でしたでしょう。私も今年の正月は休まないで働きました。深谷家の血筋はよく働く真面目な家系ですから、きっと敏龍君は義治に似ているのでしょう。生活費に不自由していませんか。困っていたら送金しますから、連絡してください。お母さんを大切にしてください、お願いします。

今日はこれでペンを置きます。体を大切にお過ごしください。

お母様によろしくお伝えください。会える日まで頑張ってください、と。

かしこ

恵子

昭和五十三年三月八日

麗蓉様

叔母から私たちに届いた数々の手紙には、母のことに触れないものは一通もなかった。帰国後もよく両親の体調を気遣い、薬を送ってくれた。大田の祖母と上海の母に常に心を寄せてくれた叔母は、まさに父が監獄での面会の時に「女の一念岩をも通す」と称賛した通りの人だった。

私の京都での生活の中で一番残念だったことは、恵子叔母が広島での被曝《ひばく》が原因と思われるがんになり、亡くなったことだった。死去の前の春先、私は高島屋で叔母の好物の二十世紀梨を買って見舞いに行った。

「敏雄、秋の梨を食べてしまったら、恐らく今年の秋が終わるまでは生きられない」

医道一筋に歩んできた叔母は、職業的な勘で生きられる日がそう長くないと悟っていたのか、悲しそうに話した。

献身的に多くの患者を救い、懸命に私たち一家を助けてくれた叔母がそんなに早く世を去るなんて、神様の間違いであろうか。私は涙ぐんで「そんなことはありませんよ」と慰めた。

叔母は私にこんな質問をしたことがある。

「敏雄、将来は何になるの」

私にはならなければならないものがあった。

「できれば、私たちの悲劇を本にして世に伝えるために作家になりたいのです」

「頑張ってね」ととても喜んでくれた。

叔母は亡くなっても、生前のように私たち一家を見守ってくれている。現に、本書を書くにあたっては、私に無限の勇気と力を与えてくれた。

父の逮捕後の苦難が母にもたらした酷い頭痛は、兄の逮捕がさらに追い討ちをかけることとなり、毎日のように母を苦しめた。鎮痛薬に依存する生活になり、日本に来てからもしばらく飲み続けていた。しかし叔母があの世で母の体を気遣ってくれたのか、それとも中国での地獄の苦難から解放されたおかげなのか、母の頭痛は次第に良くなり、快復していった。

最近、母は広島市の太田川病院で初めて脳の検査を受けた。すると、脳梗塞を起こした跡が無数にあると診断された。苦難の歳月の中、きっと母は恵子叔母と京都の明義叔父の温かい支えのおかげで、幾度も死の危機から逃れることができたのだろう。

叔母は独身を通したので、線香をあげてくれる家族はいない。しかし、母はいつも叔母への恩を胸に、叔母が好きだった鉄砲百合の花を中心にいろいろな花を墓前に手向けている。

妹は可愛がってくれた叔母を偲んで、叔母の写真を狭いアパートに飾っている。私たちが妹の家の叔母の写真の前で、あるいは叔母の墓の前で手を合わせる時、いつも叔母の笑顔がまぶたに浮かぶ。そして、そのたびに「ありがとう」と心で強く思うのだった。

3　子供の歌　──敏雄・記

平成十四年（2002年）、娘の富美子が十一歳の時に、広島県廿日市市でＮＨＫ『Ｂ

Sジュニアのど自慢』の出場募集があった。

「パパ、うち出てみたい」と娘は言った。NHKに申込書を送ると、予選の案内通知が届いた。

六月二十九日、広島県廿日市市の文化ホールさくらぴあで予選があり、七十八組中十五組が勝ち残った。娘も運よく合格した。

翌日、NHKの関口健アナウンサーと歌手の森口博子さんが司会を担当する本選の収録が行なわれた。ゲスト歌手は藤本美貴さんだった。子供たちは保護者とともに、舞台上の特設席に、客席と向かい合うような形で座った。娘は落ち着いてステージに立ち、『陽のあたる坂道』という歌を熱唱した。その後、合格を知らせるメロディーが流れた。森口さんは娘のところに走り寄り、インタビューをした。

森口　おめでとう。今はどういう気持ちですか。

娘　すごく嬉しいです。

森口　目が潤んでいるのですね。感激しちゃったのですね。クリアした時、思わずお父さんの方を向いちゃったね。

関口アナが保護者席にいる私に「お父さんはどうですか」と聞いてきた。

「とても幸せです。私は上海から帰国して、言葉の壁を乗り越え、いろいろな苦労をしてきました。今やっと一人前の日本人になったなと、つくづく感じています」と私は感想を述べた。

森口　そう言ってもらって、娘さんも頑張るのですね。お父さんの目も潤んでいますね。お父さんに注文があったと聞いていたのですけど。

娘　服とか、お父さんは昔の人みたいですね。いつも地味な服しか買ってこないんですよ。もうちょっと可愛い、綺麗な服を買ってほしいです。

森口さんと観衆はどっと笑った。

森口　えっ、今の服は。

娘　昔買ってきた物みたいですね。これをたんすから出してきました。

森口　お父さんが買ってきたの。これだって、すごいいいですね。マニッシュでいいじゃないですか。（観衆に）皆さんはどう思いますか。

観衆　可愛いよ（と観衆の一人から声援）。

森口　注文ばかりつけてきたけど、実はお父さんに言いたいことがあるのですよね。

娘　（私に向かって）今まで大事に育ててくれてありがとうございます。

関口　お父さんはどうですか。

私　とても幸せです。お父さんもうるうるしているのですね。

森口　お父さんもうるうるしているのですね。

私　ここまで頑張ってきて、本当によかったです。子供の喜んでいる姿を見て最高の幸せを感じています。

森口　お父さん、おめでとう。

娘はグランプリにはあと一歩及ばなかったが、見事に「藤本美貴賞」を勝ち取った。藤本さんは娘にトロフィーを渡し、「お父さんを大切にしてください」と声をかけた。

私が娘をその会場に連れていったのは、ただ、娘の出場の夢を叶えてやり、晴れ姿を見たかったからだ。まさか娘がその華やかな舞台で、私への感謝の気持ちを伝えてくれるとは思いもしなかった。「大事に育ててくれてありがとうございます」という言葉はよく結婚式でお嫁に行く娘が両親に贈る言葉だが、中学生にもなっていない娘からその重みのある言葉を聞き、あまりにも予期しないことに感激のあまり涙が出た。娘は藤本さんからトロフィーをもらったが、私は娘から子育ての「トロフィー」をもらった気がした。

だがその時、同時に中国での不幸な歳月も思い出していた。舞台といっても、母が中国で立たされたのは、糾弾の舞台だった。私も予備軍として、そのうちに母と同じ舞台に立たされるはずだった。そうした中国での苦難の中から這い上がってきて以来、祖国で二十四年間、様々な困難続きの道のりを経て、ようやく娘を晴れ舞台に立たせることができた。人生の逆転劇に私が感じた喜びはグランプリ以上のもので、他の人には到底推し量ることができない無上の喜びだった。

父は拘束されてから丸十九年経った頃、鈴木領事との面会で「最近、監獄側は私のために時々ラジオでニュースや革命歌、また私の大好きな子供の歌などを聞かせてくれます」と話した。

その話は、父が長い間、我が子の歌は言うまでもなく、中国の子供の歌さえ聞けなかったという思想改造の場の厳しい現実を領事たちに訴えたものだった。

父の話によると、牢屋での夢の中、時には我が子の泣き声が聞こえた。それは「お父さん、おなかが空いたよ」「お父さん、寒いよ」「お父さん、また日本の鬼の子と罵られたよ」といった悲痛な叫び声だった。驚いて目が覚めて耳にしたのは、公安の罵声、恐怖に身が凍ってしまう判決の生中継の放送や囚人が叩かれる音、苦しみで唸《うな》る声ばかりだった。そのため、十九年ぶりに監獄の放送から中国の子供の無邪気な歌声が流れてきた時、我が子が歌ってくれた様子が記憶から蘇って、思わず涙を流した。そして、祖国の代表にその感慨深い出来事を伝えずにいられなかったという。

その悲しい過去と打って変わって、父はこの時、テレビで十一歳の孫娘の歌声を聞き、堂々たる奮闘ぶりを見た。その感動はさぞかし深いものであっただろう。また、異国では子供たちには無縁だった栄光を、祖国で孫娘が手に入れてくれたという感激もあって、涙ぐむばかりだった。

4　故　郷――敏雄・記

中国の古代の詩人、李白は『静夜思』の中に「挙頭望山月、低頭思故郷」（頭をあげては、山の端にかかる月を見ている。うつむいては、故郷を偲んで想いに浸っている）という名詩を残した。

中国の刑務所での父との面会中、父が望郷の念に駆られ涙ぐむ姿がたびたび見られた。父は重病を患った後の面会の時、「恋しいのは、父母と一緒に過ごした平和な日々だ。一日でもいいから、懐かしい大田の実家でご飯を食べ、お風呂にゆっくりとつかりたい」と切に語った。また、領事たちには「故郷を離れて三十数年の現在、私は時々故郷に思いを寄せて、子供時代に歌った歌の一節、『姿も変えぬ山川の我を呼ぶよな声すなり』を口ずさみ、心が痛みます」と話した。

その時、父が欲しがっていたのは、特別なものではない、どこにでもよくある家庭の、ありふれた光景だった。しかし、父の四十一年の中国の生活で、そのように心を休められる日は一日もなかった。父の言葉に込められていたのはただひとつ、故郷に帰りたいという必死の叫びだけだった。

父は刑務所で幾千回も迫害を受けながらも、そのたびに歯を食いしばり、故郷に帰ってそこに骨を埋めることを決して断念しなかった。帰国後も「これからどんな苦労があろうとも、我が家を再び離れようという気持ちはまったくない」と決意を表した。

中国には「樹高千丈、落葉帰根」という諺がある。木が千丈の高さになっても、落ち葉は根元に戻るように、人が天寿を全うする場所は故郷であるという意味だ。人生の大半を異国で望郷の念にかられながら過ごし、辛うじて故郷に戻ってきた人間は、誰でも父と同様に、故郷で余生を送って我が家の畳の上で最期を迎えたいと願うだろう。

だが、父は母にさらなる苦労をかけないよう、帰国して戻った故郷・大田市を離れて入院することにした。私はその判断が理解できたと同時に、こんな高齢な父が再び望郷の辛さを背負うことに深い不憫を感じた。

私は車に父を乗せて広島に向かう時、父の本心に背き、最愛の故郷から無理やり引き離す親不孝をしているような気持ちを抱いた。ドラマ『おしん』のヒロインが死にかけた母親、ふじさんを背負って汽車ではるばる故郷の山形に帰るシーンを思い出して、自分がおしんとまったく正反対のことをしているのではないかと罪の意識さえ感じ、アクセルを踏むのも辛くなった。父はふじさんと同じように故郷をこよなく愛していて、命をかけて故郷にたどりついた。しかし、再び故郷を離れざるを得なくなった。父は報われるべきなのに、ふじさんのように「落葉帰根」という念願さえ叶えられなかった。一体なぜなのだろうと、私はハンドルを握りながら、切なる思いで中国山脈の山と峰に問いたくなった。

その後、母は実家に帰るたびに、庭で咲いた花を摘んで墓前に供え、父の健康と長寿を祈った。そして広島に戻れば島根での花が咲いた様子を父に報告するのだった。しかし、このような故郷の報告も、思いに反して我が家から離れざるを得なかった父の寂しさと悲しさを拭い去ることはできないだろう。

平成二十五年（2013年）の夏、実家の玄関から近いところに気性の優しい野生の蜜蜂が巣を作った。知人が巣から高級な蜜が取れると教えてくれたが、小蜂の心血でできた結晶を奪い取ってはいけないとの思いから、蜜や巣ごと、小蜂を家の守り神として残しておいた。

ところが二ヵ月後、実家に戻り、目に映ったのは恐ろしい光景だった。多数のスズメバチが小蜂の巣に侵入して、幼虫まで襲っていたのである。自然界の弱肉強食という残酷さを見せつけられ、父がこの家に住み続ければ、小蜂と同じように安住の地を追われ、命を脅かされる運命を辿ったのではないか、と気味が悪くなった。そして小蜂の運命を不憫に思って、私はすぐに殺虫剤スプレーでスズメバチを撃退した。

その一年後の初夏を迎え、私は実家に戻った時、思いもよらない嬉しい場面を目にした。小蜂たちがいつの間にか、また古巣に元気に出入りをしていたのである。しかし、父がいつ、彼らのように生まれ育った故郷に戻ることができるのだろうかと思うと、私の気分は一転し、悲しさで胸が詰まりそうになった。

上海生まれで上海育ちの私にとっては、上海は私の故郷であるが、少年期から青年期にかけてその地で味わってきたのは、たび重なる差別や困窮だけであった。そして、聞いてきたのは母のすすり泣く声と、哀れな我が家に同情してくれた黄浦江のむせび泣くような悲しい波音だけだった。そのような過去を引きずっているせいか、日本への帰国後、故郷である上海を恋しく思ったことは一度もなかった。

上海時代に、伊達、恒松両知事をはじめ島根県民の声援が届いた時、私は父の故郷を自分の故郷のように思い、ひたすら大田に心を馳せた。上海の代わりに心の故郷を見つけたような心境になった。初めて大田駅に着いた時は、まるで故郷に戻ってきたような懐かしい気分になり、父とともに帰郷の喜びを分かちあうことができた。しかしその後に父が遭遇したことを目にして、大田という地に対する私の第二の故郷のイメージは無残にも崩れてしまった。

それゆえに、「兎《うさぎ》追いしかの山、小鮒釣りしかの川、夢は今も巡りて、忘れがたき故《ふる》郷《さと》」という『故郷』の歌が流れると、私の心には真の故郷がないことを痛感し、いつもセンチメンタルな気持ちになる。

私は娘に「どこに行っても、自分の故郷である広島に誇りを持って、パパの人生の中で得られなかった故郷のありがたさをしっかりと感じてほしい」と何度も言い聞かせている。

5　孫である私の想い――深谷富美子

父とふたり暮らしを始めて二十年が経とうとしている。父が祖父に代わって筆を執ろうと決めたその日から、父がさまざまな困難に立ち向かう姿を私はそばで見てきた。初めの頃、父の文章を読んだ時、日本語の使い方にまだまだたくさんの課題があり、私はその内容をほとんど理解することができなかった。しかし、祖父が信念を貫き通したように、父も祖父の生涯を日本語で本に書き上げるという信念を一瞬たりとも曲げることなく貫き通し、六年経った今では、本書の制作の手助けをしていただいた多くの方の心に届く文章を書き上げられるまでになった。

その父に比べれば、第三世代の私が感じ、伝えられることは本当にささやかなものでしかないが、私から見た祖父や祖母の姿、そして父の語る歴史を知る中で抱いた私の気持ちを、少し書き綴《つづ》りたいと思う。

祖父は、とても寡黙な人である。静かさに包まれた威厳を、子供ながらに私は感じていた。彼の佇まいは、どこか常に緊張感を帯びていたように思う。だが、言葉数は少なかったものの、彼は常に行動で愛情を示してくれた。遊びにいく時にはいつも手を繋いで歩いてくれていたのを覚えている。私の運動会の時も、インフルエンザで寝込んでいた時も、わざわざ島根県から私と父が暮らしていた広島まで駆けつけてくれた。私が生まれた時も病院で見守ってくれていたそうだ。祖父母の温かさ、それはまるでかつて自分の子供たちに直接与えられなかった愛情を、孫に与えているかのようであった、と父は言う。

そんな愛情に支えられ、平成二十三年（2011年）、私は成人式を迎えることができた。その日、私は晴れ姿を見てもらおうと、祖父の入院する病院を訪れた。祖父の視界になんとか入ろうとベッドに寄りかかり振袖を披露した。かろうじて開いていた祖父の小さな瞳に、私が映っていたかはわからない。祖母が「富美ちゃんが綺麗な振袖を着てきたよ」と耳元で話しかけると、祖父は小さく頷《うなず》いていた。私はその時、祖父の硬直した表情から、喜びの感情が滲み出ているような気がした。きっと祖父は、自分の三人の息子が成人した時、彼らの生死さえわからなかったことや、帰国してから成人式を迎えた娘に振袖を着せてあげられなかったことを思い出しながら、私の成人を心から祝ってくれたのだと思う。

祖母はよく私に、アルバムに収められた家族の写真を見せてくれた。母国語が違う私たちにとって、これらの写真は深谷家の歴史を共有できる大切な資料であった。中国語で話す祖母が何を言っているのかは完璧には理解できないものの、写真を説明する時の彼女の楽しそうな表情を見るのが、私はとても好きである。

見せてくれる写真の中に、満開の桜を背に祖父母がふたりで写っているものがたくさんあった。祖父は桜がとても好きで、桜を見れば祖母の心も癒されるであろうと、日本に帰国してからは毎年、体が動く限りふたりで桜を見にいっていたそうだ。桜を初めて見て、祖母はすぐにこの花が好きになったという。祖父はそれを聞いて、いつでも桜を眺めることができるようにと、家の横に桜の木を植えた。

祖父が入院した当初は、まだ会話もでき、体も自由に動かすことができた。しかしその後、寝たきりの入院生活が続いたことで、次第に体は硬直し、会話も減っていった。今となっては、絞り出すように発する唸り声が、祖父の唯一の言葉である。

しかし、どれほど祖父の声や表情が減ってゆけども、祖母はいつも変わらぬ調子で、天気や家族のこと、ニュースで見聞きした話などを祖父に語りかける。雨の日も雪の日も毎日欠かさず見舞いに病院を訪れ、祖父のそばに寄り添い続けている。私も広島に帰省した際には祖母と病院へ行くのだが、言葉はなくとも通じあうふたりの様子を眺めながら、「愛情とは何か」「幸せとは何か」ということを私は自分の胸に刻み込んでいる。

私は四年間の大学生活の中で、いろいろな人と出会い、いろいろな話を聞き、いろいろなことを体験してきた。専攻していた社会学を通して、日本がどんな国で、そこにはどのような幸せがあり、また、どのような生き辛さが存在しているのかを学んだ。私なりに広い視野で物事を見られるようになったと感じると同時に、社会の醜い部分を目にする機会も増えていった。災いの火種は至る所に落ちていて、それを器用に避けることは私にはまだまだ難しい。

辛く悲しい出来事もたくさん経験してきた。その辛さや悲しさにいよいよ耐えられなくなったと感じる時、私は必ず祖父を思う。祖父を支え抜いた祖母や父たちを思う。彼らの生き様を思い起こすたびに、身が引き締まり、生気が湧いてくるのである。

日本兵の精神を貫いた祖父の生き方は、確かに一家に不幸を招いてしまったのかもしれない。しかし、祖父が自身の信念を最後の最後まで貫徹したからこそ、父が生まれ育ち、私が生まれ、そしてその私が今、こうして生きている。私にとって、彼は祖父である以上に、誇り高き「さむらい」である。

「七重八重咲かせて　結ばむ罪つぐないの気節は　大和の桜花」

祖父が牢獄で書いたその詩歌は、どんな言葉よりも美しい。信念、家族への愛、そして桜に託した郷愁の中で、生き抜いてきた祖父の一生。彼が心に咲かせた桜はきっと今、満開に咲き誇っていると私は心から信じ、願っている。

あとがき

父が故郷に戻ってから実家の庭に植えた種々の木は、随分大きく生長した。春はさくらんぼの花、白桃の花、紫木蓮《しもくれん》、夏は百日紅《さるすべり》、秋は萩《はぎ》、冬は紅白の椿《つばき》と、季節ごとに美しく咲き誇っている。

本書の執筆が「あとがき」に差しかかる頃、私は、父が日本陸軍入隊後に最初に配属された浜田歩兵第二十一連隊が、戦時中ニューギニアに派遣され、その兵士たちのほとんどが還《かえ》らぬ人となったことを知った。もし父が憲兵への志願をせずにこの部隊にとどまっていたら、父は戦死し、私たち子供は生まれず、そして父の実家の庭に四季折々の美しい花が咲くこともなかったであろう。現実には父は日本のために中国で命を懸けてスパイの任務を遂行し、そして犠牲にした家族のことを思い続けた。

父が上海市第一看守所に収監されていた時期、日本にいた祖母は、音信不通の父が死んだと同然に思われても父の年金を納付し続けた。一方、中国にいた母は四苦八苦しながらも、父の生存を信じ、父への差し入れを続けた。父と一緒に日本に来た母は、九十歳近くになる今もほぼ毎日のように、入院中の父の昼食の介助をしに病院に通っている。また、子である私たちは父から生を享《う》けた身として、父の釈放のために最善を尽くし、帰国後も精神的、経済的に父を懸命に支えてきた。娘も帰省のたびに父の見舞いに行っている。

だから、父の生涯が苦しみの塊のようなものであっても、一方では、祖母や母、子供たちと孫たちに愛された、幸運に恵まれた一生とも言えるであろう。

帰国後、私は様々な壁にぶつかった。祖国は自分がかつて中国で想像していた「蜃気楼」でもなければ「桃源郷」でもなかった。それでも日本人になれたことはよかったと常に思っている。最近、中国帰国者定着促進センターの通信教育も受けている。これからも日本語のみならず、英語もさらに上達できるよう我が身を磨き続けるつもりだ。

母は五十二年間大陸で過ごした後、日本で三十六年間生活してきた。日本の生活でうまくいかないことがあっても、大陸での悪夢のような過去を思うと中国に戻りたいと思ったことは一度もないという。

現在、私たち兄妹は別々の場所でそれぞれの生活を送っている。兄は身体障害者になったが、弟は自力で会社を興し、頑張っている。妹は帰国後間もなく島根県の書道展で銅賞をもらい、書道畑一筋に歩んでいる。弟の子供は関西学院大学を卒業し就職した。妹の長男は早稲田大学理工学部の大学院を卒業して社会人になり、次男は東京工業大学の大学院に在籍している。

風光明媚《めいび》な日本で、私たち一家の生活は、父が実家の前の畑に植えて大きくなったクルミの木のようにしっかりと根づいている。

戦争は日本国民に大きな災難をもたらした。戦争がなければ、広島や長崎への原爆の投下はなかっただろう。父が原始人さながらの極限の生活を余儀なくされ、兄が罪人に仕立てられ、家族が人質になるなどといった、一家の悲劇も生じなかっただろう。戦争が二度と起きないこと、そして私たちが受けたような悲しみを今後誰も味わうことのないようにと願い、平和都市である広島の地で深い祈りを捧げたい。

「飲水不忘掘井人」（水を飲む時、井戸を掘ってくれた人々の恩を忘れてはならない）という中国の言葉がある。

私たち家族が祖国の美味しい水を口にするたび、いつも心に湧いてくるのは、外務省、日本赤十字社の方々、伊達元島根県知事、恒松元島根県知事、林元大田市長の並々ならぬ努力、ならびに島根県民の皆さまから受けた絶大な支援への深い感謝の気持ちだ。鄧小平副首相が父を恩赦した英断にも感謝している。また、誠心誠意尽力してくれた京都の親族のことも忘れたことはない。

私たちの帰国後、憲友会の皆さまがあらゆる形で応援してくれた。日々、父への献身的な治療をしていただくだけでなく、父に安らぎを感じさせてくれている病院の院長先生をはじめ、主治医先生、看護師長と病院のスタッフの皆さまにも、心からありがとうと伝えたい。

また、私の日本語の習得はまだ不十分なので、本を完成させるのは決して容易なことではなかった。日本語ボランティアの先生たちの熱心な指導と尽力に深謝したい。

そして、本書を出版してくれた集英社に、一家を代表してお礼を申し上げる。父の白寿の祝いでは、はるばる花かごを病室に贈っていただいた。また、母の米寿の祝いでも、薫り高い花かごを贈っていただいた。父が祖国に帰還して以来、誕生日にこのような色とりどりの花をもらうことはなかったと母は喜び、日本人の温かさに感動していた。

最後に、本文中には敬語を省略させていただいている箇所があるが、どうかご了承願いたい。

平成二十六年十一月

深谷敏雄

深谷義治 略年譜

大正四年（1915年） 六月二十日 島根県大田市川合町に生まれる。
昭和七年（1932年） 四月 十六歳 旧制県立大田中学を中退。
大阪・伊藤岩商店に勤務。
昭和十二年（1937年） 八月 二十二歳 応召。
十二月 歩兵一等兵として、広島・宇品港から中国大陸の戦場へ向かう。
昭和十四年（1939年） 四月 二十三歳 日本陸軍憲兵志願試験に合格。
六月 北京の日本憲兵教習隊第二中隊に配属。
昭和十五年（1940年） 四月 二十四歳 明治勲章の勲八等を受章。
教習隊を卒業。
八月 二十五歳 陸軍憲兵伍長勤務上等兵になり、済南に赴任。

十二月　北支那方面軍司令部参謀部ならびに第十二軍参謀本部直属として、諜報謀略工作への従事を開始。

昭和十七年(1942年)　四月　二十六歳　中国人女性・陳綺霞（当時十五歳）と謀略結婚。

昭和十八年(1943年)　一月　二十七歳　勲七等に叙され、瑞宝章を受章。

十月　二十八歳　東京・中野の日本陸軍憲兵学校丙種学生隊入校。

昭和十九年(1944年)　四月　憲兵学校卒業。憲兵曹長に昇進。

昭和二十年(1945年)　八月　三十歳　敗戦。

九月　上官からの「任務続行」の命令を受け、以降、国や戦友たちのために中国・上海で潜伏と任務を続ける。

昭和三十三年(1958年)六月　四十二歳　中国公安当局によって逮捕。上海市第一看守所に投獄される。この時、妻三十一歳、長男十二歳、次男十歳、三男六歳、長女〇歳。

以降、あらゆる拷問や虐待を受け、結核などにも罹る。

昭和四十九年(1974年)三月　五十八歳　無期懲役の判決を受ける。

上海市監獄に移監。

四月　家族と十六年ぶりに面会。

昭和五十三年(1978年)十月　六十三歳　日中平和友好条約の締結を受けて、特赦。

十一月　五人の家族とともに大阪空港に帰還。島根県大田市に暮らす。

昭和五十四年(1979年)四月　重婚罪の疑いで告訴される。松江家庭裁判所出雲支部の審判で、無罪に。

昭和五十五年(1980年)三月　六十四歳　拘禁の後遺症により、身体障害者五級第二種に認定。

昭和五十九年(1984年)四月　六十八歳　テレビ朝日・水曜スペシャル『日本100大出来事』で歴史の真相を公表。

平成十七年(2005年)　九十歳　重度身体障害者となり、広島の病院に転院。

平成二十六年(2014年)六月　九十九歳　寝たきりの生活の日々。

解　説

佐藤　優

国家は、国家のために働いた人間を冷酷に切り捨てることがある。大日本陸軍憲兵曹長として、上官の命令に忠実に従い、戦後も中国でスパイ活動をしたが故に、20年間、劣悪な監獄で過ごすことを余儀なくされ、1978年11月12日午後6時20分に大阪（伊《い》丹《たみ》）空港に到着した深谷義治氏もその1人だ。

本書は、深谷義治氏の手記と次男の深谷敏雄氏の文章が混在する形になっているが、文体は同じだ。敏雄氏が、父の手記をベースに追加取材を加味して編集した作品である。このような記述法を取ることにより、獄中にいる父との連絡がほとんど取れなかった文化大革命時代の恐怖がリアルに迫ってくる。

逮捕と長期収監の原因となったのは、終戦後に義治氏が受けた、戦後も中国に残留して情報収集活動を続けよとの命令だ。

〈（一九四五年）八月三十日深夜、中国軍の捕虜キャンプになっていた北京市西四牌楼の東北の大きな四合院（北京の伝統的な形式の住宅）内に潜入。すでに連合国軍によって武装解除され、捕虜として拘束されている上官たちに面会した。ますます緊迫している状況を話し、「私の同期生であり親友である室岡憲兵曹長は八月二十五日に国民党の憲兵に『共産党に通じていた』との理由で逮捕され、北京で銃殺刑に処されたと聞きました。私も室岡曹長と同じ立場の工作をやってきているので、私は北京に身を置くことができません。私は自らの生命と私と関わりのある軍人たちの生命と利益を守るため、南方へ下る決心をしました。それをお許しください」と申し入れた。
九月に入ると、I司令官代理は上官たちの前で「きみは偉かった。日本は金がないから負けたのだ」と語り、私の南下を許し、「上海で任務続行せよ」という陸軍最後の極秘の任務を命じた。
敗戦国である日本が終戦後、「任務続行」という命令を出し、戦勝国である中国にスパイを潜入させたことは、繰り返しになるが国際法に違反する行為だった。しかし、特殊任務に従事してきた私にとっては、戦中にしろ終戦後にしろ、上官の命令に従いその通り実行することは決して辞することのできない使命であったため、了承した〉（37〜38頁）
根本問題は、I司令官代理が義治氏に与えた命令に重大かつ明白な瑕疵《かし》があることだ。大本営から降伏せよとの命令が出ているのであるから、それに反する命令にはそもそも効力がない。また、予算措置がついていない命令も、有効ではない。さらに、命令を解除する場合についての指示がまったくなされていない。陸軍士官学校を卒業したエリート軍人ならば、このような命令には瑕疵があるということをただちに認識したであろうが、叩《たた》き上げの義治氏には「国のために命を捧《ささ》げる」という思いが先行していて、自分が受けた命令に対して疑念を抱くことはなかったようだ。ちなみに現地の司令官代理が勝手に出した、常識で考えて重大かつ明白な瑕疵のある命令は、日本国家の命令でない。それだから、義治氏がリスクを冒して戦後の中国で行った情報収集活動に対する責任を日本国家はまったく感じなかったのだと思う。本書を通じても、日本の政府関係者は、義治氏とその家族の事案を、人道問題と考え、国家の命令によって生じた事態とは考えていない。

そのような状況での、義治氏、敏雄氏らと日本政府関係者の認識の差異を行間から読み取ることができ、何とも表現しがたい痛々しい思いがする。例えば、在上海日本総領事館員と義治氏が監獄で面会したときの様子だ。

〈「あなたの話された意味はよくわかりました。私たちは必ず三木総理大臣にお伝えいたします」

私は中国で犯した罪の重大さを強調するために、「中国人民に対して死刑に処せられてもあまりある大きな罪を犯した」という言葉を、短い会話の中でわざと二度も発した。極東国際軍事裁判がA級戦犯に下した最高刑は死刑だったが、「死刑に処せられてもあまりある」という婉曲《えんきょく》な言い方で、私が日中戦争に続き、戦後も任務続行して、日中戦争の戦犯以上の重罪を犯したことを伝えた。それに対する「あなたの話された意味はよくわかりました」という答えから、外務省は私が任務を続行したことをすでに把握している、と私は受け止めた。また、「私たちは必ず三木総理大臣にお伝えいたします」という言葉の「必ず」から、国の犠牲となった私に対する同情がいかに大きなものかを感じ取った。もちろん、国側に非があったという事実を把握していなければ、日本国の総理大臣に伝えるという返事に至ったはずがない。

「私は中国政府から寛大な措置を得られた日に、必ず自分で三木総理大臣に手紙を書きます」

「あなたは毎日『人民日報』を見ておられるのですから、中国に抑留されていた国民党の戦犯が全員釈放されたこと、また最近美蔣特務機関員が釈放されたこと、そしてその中に日本人のふたりも含まれていることをご覧になったことと思いますが」

美蔣特務機関員とは、蔣介石の国民党政権がアメリカ軍の協力を得て養成したスパイだった。彼らは元々私のような日本軍の工作員だったが、敗戦後、中国の国民党政権に投降し、共産党軍へのスパイ作戦に尽力したので、私と同様に重罪を犯したはずだった。だが、台湾は当時大陸の中国と依然として敵対状態を続けていたにもかかわらず、ふたりの日本人は自由の身になった。一方、すでに国交が樹立された日本国のスパイである私は拘禁され続けていた。同じ日本人のスパイなのに、なぜ中国政府がこんなに異なった対応をしたのか、田熊領事が理解できない思いをその言葉に込めているようだった。

「見ました。ふたりの日本人が釈放されたことも書いてありました」

「あと五分だ」と陳隊長は会話を邪魔した〉（218〜219頁）

ここで義治氏と面会した2人の総領事館員は、同氏の境遇には同情している。邦人保護並びに人道の観点から、最大限の努力をしようと考えていることは間違いない。決して冷たい人たちではない。しかし、日本軍が義治氏に、スパイ活動を命じたという事実については信じていない。義治氏が述べていることが事実であったとしても、それは現場の司令官代理が暴走したことによって起きたに過ぎず、日本国家として責任を負うべき筋合いの話とは考えていない。本書を読んでいて、温かいのか冷たいのか、日本政府の態度がわからずに読者は苛立《いらだ》ちを覚えると思う。元外務官僚だった評者には「人道的には最大限の配慮をし、義治氏とその家族の早期帰国を実現しなくてはならないが、日本の国家にも政府にも本件に対する責任はない」という発想がよくわかる。もっとも日本政府が、義治氏の情報収集活動に対して責任を感じていたとしても、そのことを中国政府に伝えたならば、義治氏が銃殺される危険があったので、結局、実際に行われたのと同じような働きかけしかできなかったと思う。戦争に敗れた場合、情報業務に従事していた人々は国家から切り捨てられ、辛酸をなめるというのが日本の伝統なのである。

しかし、このように冷たい日本国家を義治氏は信じ、愛した。その点について敏雄氏はこう記す。

〈言うまでもなく、中国政府の父への追及は想像を絶するものだった。密室の状態で行なわれた追及なので、虐待にしろ、拷問にしろ、完全にやりたい放題だった。その結果として、父の背骨は折れ、肺はボロボロになった。衣服はずたずたになり、原始人と同然の生活を強いられた。今でも父の体に残された傷跡は、受けた虐待の凄《すさ》まじさを物語っている。しかしそれは、残忍さの氷山の一角にすぎない。これは、いつの戦争でも自国に忠誠を尽くした戦士がたどりつく定めなのか。

このような極限の生活の中で、父は「七重八重咲かせて結ばむ罪つぐないの気節は大和の桜花」という詩歌を作り出した。常にその詩歌を詠んで自分を励ましながら、戦後の日本のスパイであったことを否認し続けていた。

また、父は上海市第一看守所での過酷な拘留中、「士は己を知る者のために死す」という言葉を常に胸に刻んでいた。この言葉は『史記』「刺客列伝」によれば、中国の戦国時代に晋の予譲がかつて仕えていた恩人である智伯の仇《かたき》を討つ際に放った名言だ。

父の解釈は、「士」は日本では「さむらい」のことであり、意味は自分の真価を認めてくれる知遇を得れば、その人のためには命も惜しまない、ということだ。その言葉通り、父は「さむらい」のように勲章と名誉を与えてくれた日本国のために死ぬ決意だった。『獄中記録』を書くことが許された時、その言葉を座右の銘として書き込んだ〉（434～435頁）

日本の今日の繁栄の裏には、義治氏のように日本国家を無条件に愛し、尽くした人々の人生があるのだ。そのことをリアルに認識するためにも1人でも多くの人にこの本を読んでもらいたい。

２０１７年６月18日、曙橋（東京都新宿区）にて

（さとう・まさる　作家・元外務省主任分析官）

本書は、二〇一四年十二月、書き下ろし単行本として集英社より刊行されました。

本書中における手紙や記事の引用部分において、明らかな誤字や事実誤認については、著者と編集部との判断の上、修正いたしました。

JASRAC 出 一七〇六七〇五-七〇一

集英社文庫　目録（日本文学）

集英社文庫　目録（日本文学）

集英社文庫 目録（日本文学）

集英社文庫　目録（日本文学）

三崎亜記　鼓笛隊の襲来
三崎亜記　廃墟建築士
三崎亜記　逆回りのお散歩
水上勉　故郷
水上勉　働くことと生きること
水谷竹秀　日本を捨てた男たち　フィリピンに生きる「困窮邦人」
水野宗徳　さよなら、アルマ　戦場に送られた犬の物語
未須本有生　ファースト・エンジン
水森サトリ　でかい月だな
三田誠広　いちご同盟
三田誠広　春のソナタ
三田誠広　永遠の放課後
道尾秀介　光媒の花
道尾秀介　鏡の花
美奈川護　ギンカムロ
美奈川護　弾丸スタントヒーローズ

湊かなえ　白ゆき姫殺人事件
宮尾登美子　影絵
宮尾登美子　朱夏(上)(下)
宮尾登美子　天涯の花
宮尾登美子　岩伍覚え書
宮木あや子　雨の塔
宮木あや子　太陽の庭
宮城谷昌光　青雲はるかに(上)(下)
宮子あずさ　看護婦だからできること
宮子あずさ　看護婦だからできることⅡ
宮子あずさ　老親《ろうしん》の看《み》かた、私の老い方
宮子あずさ　ナースな言葉　こっそり教える看護の極意
宮子あずさ　ナース主義！
宮子あずさ　卵の腕まくり　看護婦だからできることⅢ
宮沢賢治　銀河鉄道の旅
宮沢賢治　注文の多い料理店

宮下奈都　太陽のパスタ、豆のスープ
宮下奈都　窓の向こうのガーシュウィン
宮田珠己　ジェットコースターにもほどがある
宮田珠己　だいたい四国八十八ヶ所
宮部みゆき　地下街の雨
宮部みゆき　R. P. G.
宮部みゆき　ここはボツコニアン　1
宮部みゆき　ここはボツコニアン　2　魔王がいた街
宮部みゆき　ここはボツコニアン　3　二軍三国志
宮部みゆき　ここはボツコニアン　4　ほらホラＨｏｒｒｏｒの村
宮部みゆき　ここはボツコニアン　5　ＦＩＮＡＬ　ためらいの迷宮
宮本輝　焚火の終わり(上)(下)
宮本輝　海岸列車(上)(下)
宮本輝　水のかたち(上)(下)
宮本昌孝　藩校早春賦
宮本昌孝　夏雲あがれ(上)(下)

集英社文庫　目録（日本文学）

宮本昌孝　みならい忍法帖　入門篇
宮本昌孝　みならい忍法帖　応用篇
三好徹　興亡三国志一〜五
武者小路実篤　友情・初恋
村上龍　テニスボーイの憂鬱(上)(下)
村上龍　ニューヨーク・シティ・マラソン
村上龍　ラッフルズホテル
村上龍　すべての男は消耗品である
村上龍　龍言飛語
村上龍　エクスタシー
村上龍　昭和歌謡大全集
村上龍　KYOKO
村上龍　はじめての夜　二度目の夜　最後の夜
村上龍　メランコリア
村上龍・中田英寿　文体とパスの精度
村上龍　タナトス

村上龍　2days 4girls
村上龍　69 sixty nine
村田沙耶香　ハコブネ
村山由佳　天使の卵　エンジェルス・エッグ
村山由佳　BAD KIDS
村山由佳　もう一度デジャ・ヴ
村山由佳　野生の風
村山由佳　きみのためにできること
村山由佳　キスまでの距離　おいしいコーヒーのいれ方Ⅰ
村山由佳　青のフェルマータ
村山由佳　僕らの夏　おいしいコーヒーのいれ方Ⅱ
村山由佳　彼女の朝　おいしいコーヒーのいれ方Ⅲ
村山由佳　翼　cry for the moon
村山由佳　雪の降る音　おいしいコーヒーのいれ方Ⅳ
村山由佳　緑の午後　おいしいコーヒーのいれ方Ⅴ
村山由佳　海を抱く　BAD KIDS

村山由佳　遠い背中　おいしいコーヒーのいれ方Ⅵ
村山由佳　夜明けまで1《ワン》マイル　somebody loves you
村山由佳　坂の途中　おいしいコーヒーのいれ方Ⅶ
村山由佳　優しい秘密　おいしいコーヒーのいれ方Ⅷ
村山由佳　聞きたい言葉　おいしいコーヒーのいれ方Ⅸ
村山由佳　夢のあとさき　おいしいコーヒーのいれ方Ⅹ
村山由佳　天使の梯子
村山由佳　ヘヴンリー・ブルー
村山由佳　蜂蜜色の瞳　おいしいコーヒーのいれ方 Second Season Ⅰ
村山由佳　明日の約束　おいしいコーヒーのいれ方 Second Season Ⅱ
村山由佳　約束　—村山由佳の絵のない絵本—
村山由佳　消せない告白　おいしいコーヒーのいれ方 Second Season Ⅲ
村山由佳　凍える月　おいしいコーヒーのいれ方 Second Season Ⅳ
村山由佳　雲の果て　おいしいコーヒーのいれ方 Second Season Ⅴ
村山由佳　彼方の声　おいしいコーヒーのいれ方 Second Season Ⅵ
村山由佳　遥かなる水の音

集英社文庫

日本国最後《にほんこくさいご》の帰還兵《きかんへい》 深谷義治《ふかたによしはる》とその家族《かぞく》

2017年7月25日 第1刷 定価はカバーに表示してあります。

著　者　深谷敏雄《ふかたにとしお》

発行者　村田登志江

発行所　株式会社 集英社

東京都千代田区一ツ橋2-5-10 〒101-8050

電話 【編集部】03-3230-6095

【読者係】03-3230-6080

【販売部】03-3230-6393(書店専用)

印　刷　図書印刷株式会社

製　本　図書印刷株式会社

フォーマットデザイン アリヤマデザインストア　マークデザイン 居山浩二

ISBN978-4-08-745615-8 C0195